BREVE HISTORIA

DE LAS GUERRAS

PÚNICAS

BREVE HISTORIA
DE LAS GUERRAS
PÚNICAS

Javier Martínez-Pinna López

Diego Peña Domínguez

nowtilus

Colección: Breve Historia
www.brevehistoria.com

Título: *Breve historia de las Guerras Púnicas*
Autor: © Javier Martínez-Pinna López, © Diego Peña Domínguez

Copyright de la presente edición: © 2016 Ediciones Nowtilus, S.L.
Doña Juana I de Castilla, 44, 3º C, 28027 Madrid
www.nowtilus.com

Elaboración de textos: Santos Rodríguez

Diseño y realización de cubierta: Universo Cultura y Ocio
Imagen de portada: Arista romano, battaglia di zama, 1570-1600 ca

ISBN edición impresa: 978-84-9967-844-3
ISBN impresión bajo demanda: 978-84-9967-845-0
ISBN edición digital: 978-84-9967-846-7
Fecha de edición: Noviembre 2016

A mis hijas, Sofía y Elena, y a mi mujer, Ade,
nunca os dejaré de amar.

A mi hijo de ochos años, Héctor,
y a mi compañera y esposa Lucía con todo mi amor.

Índice

Introducción

Desde las poderosas murallas de la ciudad de Sagunto, un joven vigía que acababa de comenzar su turno de guardia logró divisar en la distancia una enorme columna de polvo que informaba sobre la llegada de un descomunal ejército norteafricano. Por fin, las fatales previsiones que anunciaban un inminente ataque por parte de las huestes púnicas parecían cumplirse para condenar a la desaparición, y al exterminio, a una comunidad que tenía puestas sus esperanzas de supervivencia en una anhelada intervención romana.

Había llegado el momento de la verdad, pero los iberos eran un pueblo antiguo y noble, celoso guardián de su independencia y libertades, y por eso lucharían hasta el último suspiro para mostrar a todos, y especialmente a estos malditos cartagineses, hasta qué punto podía llegar el arrojo de unos cuantos valientes a la hora de defender la tierra de sus antepasados.

Superado el impacto inicial, y siendo ya consciente del peligro que se cernía sobre todos ellos, el joven saguntino dio el grito de alerta para ver cómo, poco a poco, las murallas de su ciudad se iban poblando de guerreros que observaban, apesadumbrados, el lento pero decidido avance del contingente púnico, al frente del cual cabalgaba el valeroso Aníbal, hijo del temido caudillo Amílcar Barca, largamente recordado en unas tierras que fueron testigo de su bravura.

Aprovechando la claridad y la intensa luz matinal de esa fresca mañana de primavera, los saguntinos trataron de forzar la vista para intentar calcular el número de tropas que los cartagineses habían desplazado para tomar un enclave cuya situación era fundamental en su intento de establecer su hegemonía en esta inhóspita y áspera tierra. Cuanto más se acercaban, más obvia se hacía su determinación, porque pocas horas después la enorme llanura situada frente a la ciudad fue ocupada por un ejército compuesto por varios miles de soldados de a pie apoyados por una numerosa caballería.

Las primeras acciones bélicas se iniciaron con un ataque repentino para arrasar los campos de cultivo situados alrededor del *oppidum*. Las intenciones de Aníbal eran claras, con esta acción pretendía destruir los recursos agrícolas de los saguntinos sometiéndolos a un duro asedio regido por el implacable suplicio del hambre. Además, el general cartaginés se sentía forzado por las prisas y por el temor de la llegada de un ejército romano que desbaratase sus planes de conquista, por lo que trató de forzar a los defensores de la plaza a actuar precipitadamente e incluso intentó imponer un tratado de paz cuando se vieron privados de su sustento.

Las primeras jornadas transcurrieron sin que los sitiados pudiesen hacer nada más que contemplar a sus enemigos mientras se apoderaban de toda la cosecha que ellos necesitaban para poder resistir al largo asedio que estaba a punto de iniciarse. Encaramados en lo alto de las torres defensivas que reforzaban la seguridad de sus murallas, los iberos asistían impotentes al movimiento de las tropas púnicas, que empezaron a maniobrar para cerrar definitivamente el cerco en torno al perímetro de la ciudad. Sus defensores, dispuestos a resistir hasta el final, rogaban desesperados a sus dioses, al mismo tiempo que miraban hacia el horizonte, hacia el extenso mar, tratando de atisbar en la lejanía la existencia de una flota romana que provocase la retirada del odiado enemigo y les salvase de su exterminio. Pero nada de eso sucedió.

Pasaron los días, y el general cartaginés ordenó un primer ataque masivo para intimidar a los defensores de la plaza. No sin motivos, Aníbal planteó una ofensiva por tres puntos distintos de la muralla, con la intención de dividir el potencial defensivo de los saguntinos y evitar que su fuerza se concentrase en el punto débil del entramado ibero, un ángulo de la muralla que se abría hacia el valle y en donde el terreno era, sin duda, más favorable para el empleo de las máquinas de guerra con las que pretendía destrozar las defensas del *oppidum*.

Fue en este punto en donde el caudillo centró su atención, y hacia donde dirigió su ofensiva más letal, haciendo avanzar varias cohortes de cartagineses apoyadas por todo tipo de armas arrojadizas que pusieron en serio compromiso la resistencia de unos defensores afanados en tratar de mantener la seguridad de sus posiciones. Afortunadamente para los sitiados, estos habían reforzado en los días previos la seguridad y la altura de la muralla, y no sólo eso; en esta zona fueron ubicados los efectivos más potentes del reducido contingente saguntino. Pero todas estas precauciones no parecían ser suficientes para compensar la fuerte acometida de los mercenarios norteafricanos, que protegidos por sus escudos fueron progresando poco a poco hasta acercarse peligrosamente a la ciudad. Animados por la fulgurante ofensiva de la infantería púnica, los oficiales de Aníbal decidieron enviar nuevos refuerzos para terminar, lo más rápidamente posible, con la resistencia ibera, pero en ese momento los saguntinos empezaron a utilizar toda su fuerza para entorpecer las maniobras de sus enemigos, que vieron cómo una lluvia de dardos y jabalinas se abatía sobre sus cabezas.

Las bajas cartaginesas se contaban por cientos. Los hombres de Aníbal, que apenas daban crédito a lo que empezaba a ocurrir a su alrededor, se concentraron instintivamente para reforzar su seguridad y avanzar nuevamente, protegidos por sus escudos, hasta rozar con sus dedos los lienzos de una muralla que contra todo pronóstico seguía resistiendo. En ese momento, los defensores arrojaron pez ardiendo y enormes piedras sobre los atacantes, provocando el pánico y la desesperación entre las filas cartaginesas, conscientes de que nada se podía hacer para evitar esta primera derrota.

Durante las siguientes semanas los saguntinos pudieron descansar tranquilos, confiados en la férrea determinación de los intrépidos defensores de su comunidad, unos guerreros que habían hecho retroceder al todopoderoso ejército de Aníbal. Lo que no sabían es que este momentáneo sosiego estaba a punto de llegar a su final.

Desde el mismo momento en el que llegaron a Sagunto, los cartagineses habían esperado con impaciencia la llegada de nuevas armas y máquinas de guerra. Estas arribaron desde el sur, desde la lejana Cartago Nova, desplazándose poco a poco, con una lentitud exasperante que hizo desesperar al mismísimo Aníbal. Cuando al fin llegaron a su destino, el caudillo púnico ordenó concentrar una enorme cantidad de catapultas frente a la muralla oeste y empezar un bombardeo, obligando a los saguntinos a redoblar su trabajo para reconstruir las secciones del muro destrozadas como consecuencia del impacto de los cientos de proyectiles que cayeron sobre el lienzo y sus torres defensivas. Poco a poco, los defensores vieron cómo sus fortificaciones iban perdiendo altura, de nada parecía servir el denodado esfuerzo con en el que participaron todos los miembros de la comunidad. Nuevamente cundió el desánimo entre los iberos, especialmente porque no tenían ningún tipo de arma capaz de alcanzar las posiciones de unos cartagineses que disparaban a discreción sin que nada pudiese importunarlos. Por miedo a que alguno de estos proyectiles cayese sobre sus viviendas, los habitantes de la ciudad sitiada decidieron abandonar sus hogares para buscar cobijo en algún lugar cercano de la muralla, pero la situación era desesperada y por eso los saguntinos adoptaron una decisión suicida: había llegado el momento de abrir las puertas de la ciudad, pero no para someterse a un paz deshonrosa, sino para cargar heroicamente contra unas tropas infinitamente más numerosas que las suyas.

Una calurosa mañana de verano, un pequeño contingente de infantería saguntina se lanzó abiertamente sobre las posiciones que ocupaban las máquinas de artillería del ejército cartaginés. Debían de ganar el tiempo suficiente para permitir a sus vecinos reparar el muro y reorganizar las defensas de la plaza. El golpe debía de ser certero, además jugaban con una ventaja añadida, porque los púnicos ni siquiera podían imaginar un ataque de este tipo, por eso los servidores de las máquinas cartaginesas se encontraban prácticamente desprotegidos. Poco después de iniciar la escaramuza, los iberos lograron dar muerte a muchos de sus enemigos, y tampoco desaprovecharon la oportunidad de destrozar todas las catapultas que encontraron a su paso. La cosa parecía ir bien, pero de pronto los saguntinos se vieron rodeados por centenares de hombres de la infantería norteafricana. Esta había llegado hasta el campo de batalla para protagonizar un combate encarnizado contra unos saguntinos que aún necesitaban ganar más tiempo para poder restaurar la seguridad en el perímetro defensivo de su ciudad.

Los iberos estiraron sus líneas para no ser copados por los cartagineses, que cada vez empujaban con más fuerza, mientras que los saguntinos se afanaban en reparar los desperfectos provocados por unas armas de asedio que ahora se encontraban totalmente silenciadas. De pronto un sonido estridente anunció a los atacantes que había llegado el momento de replegarse y volver a una ciudad que se preparaba para recibir una esperanzadora noticia.

A lo lejos, desde lo alto de las torres defensivas que miraban hacia el este, los defensores edetanos llevaban tiempo observando la figura de una pequeña embarcación que poco a poco se iba acercando hasta la costa. A medida que fueron pasando las horas se fue haciendo más evidente que ese barco era romano, y por lo tanto portador de una misión diplomática encargada de detener la guerra. La noticia se fue extendiendo entre los habitantes de la ciudad, que lanzaron vítores de alegría cuando fueron conscientes de que allí se encontraban dos senadores de Roma para entrevistarse con el mismo Aníbal y pedirle un inmediato cese de las hostilidades. Pero el entusiasmo duró poco, porque el caudillo cartaginés no iba a permitir que nadie se interpusiese en la conquista de esta localidad que tanto ansiaba y con la que pretendía forzar a los romanos a declarar una guerra que él deseaba más que nadie.

Había llegado el momento de hacer pagar a la República de Roma por todas las afrentas que había padecido Cartago desde que su pueblo perdió la primera guerra entre ambas potencias hacía más de veinte años, así que Aníbal ni siquiera se molestó en recibir a Valerio Flaco y a Quinto Baebio. Además, las nuevas máquinas de guerra estaban a punto de llegar desde Cartago, unos poderosos escorpiones que causarían estragos entre sus enemigos.

Casi de forma inmediata, y una vez repuestos del ataque sufrido en las últimas jornadas, los cartagineses llevaron a cabo un nuevo bombardeo sobre la ciudad, pero en esta ocasión los saguntinos tenían un arma secreta preparada para responder a la agresión. No sin dificultades lograron situar sobre las torres defensivas unas pequeñas catapultas diseñadas para lanzar jabalinas con puntas de hierro, y sus objetivos fueron nuevamente los soldados cartagineses que, sin descanso, lanzaban proyectiles contra las murallas, edificios y casas de la ciudad sitiada. El intercambio de golpes parecía no tener fin, y por eso Aníbal decidió hacer acto de presencia para animar a sus hombres a no desfallecer en un momento en el que tanto se les necesitaba. La batalla estaba siendo más dura de lo que todos habían creído en un principio, pero su general estaba allí, compartiendo los mismos peligros que ellos, cuando de repente, sin saber muy bien cómo, una jabalina cayó del cielo hiriendo gravemente a Aníbal.

Esa terrible herida tardó mucho tiempo en cicatrizar, y durante semanas el general cartaginés se vio postrado en su cama mientras los iberos daban gracias al cielo por el serio contratiempo que supuso para los sitiadores la retirada temporal de su líder. Mientras tanto, Maharbal se esforzaba para que sus hombres continuasen con el bombardeo de Sagunto. Algo debía de hacer, y aunque él era consciente de que así nunca lograría tomar la ciudad, al menos tendría la ocasión de debilitar moralmente a unos enemigos que empezaron a ganarse una fama imperecedera para todos los que asistieron a la lucha.

Una mañana, Aníbal salió por fin de la tienda y mirando alrededor sintió por primera vez que esta primera batalla no podría ganarla si no se le ocurría alguna estratagema que lograse vencer la resistencia de esos formidables guerreros iberos. En ese momento llamó a sus hombres más leales para comunicarles una nueva orden: sus hombres deberían trabajar duro para construir una enorme torre de asedio, la más alta construida en todos los tiempos, en la que debería haber un espacio suficiente para alojar en su interior todo tipo de armas arrojadizas.

Los saguntinos no daban crédito a lo que veían sus ojos: frente a esa espectacular mole de tres pisos de altura nada se podía hacer pero, por muy desesperada que pareciese la situación, no estaban dispuestos a dejar de combatir por su propia libertad. Rápidamente lograron levantar aún más la altura de la muralla, preparándose para una batalla definitiva que comenzó una fría mañana de octubre.

Poco a poco, la torre cartaginesa fue ascendiendo con pesadez por la pendiente que conducía hasta el sector occidental de la muralla saguntina. En esta ocasión, los resultados del bombardeo que se produjo inmediatamente desde las catapultas que se encontraban ocultas en las entrañas de este monstruo fueron distintos, porque al disparar desde las alturas, los cartagineses no sólo lograron destrozar la muralla, sino también a todos los defensores que estaban apostados en ella. De nada sirvieron ya los esfuerzos por reparar un lienzo que amenazaba con desplomarse si algo no lo impedía, por eso recurrieron a todas las jabalinas que tenían a su disposición y las arrojaron contra los hombres que servían en la torre. De repente, una nueva andanada de rocas cayó sobre una de las torres principales de la muralla, siendo su impacto tan grande que terminó por desmoronarse, mientras que los defensores saguntinos observaban cómo, finalmente, los cartagineses habían hecho brecha en las defensas de la ciudad. Con la seguridad de que ya nada podría impedirle la toma de Sagunto, Aníbal ordenó a la infantería que terminase con el trabajo y tomase, de una vez por todas, este anhelado enclave.

Siendo conscientes de que la caída de la ciudad era inminente, muchos de sus habitantes, llevados por la desesperación, ordenaron encender una enorme hoguera para arrojar sobre ella todos los objetos de valor y evitar así que cayesen en manos de sus enemigos. Algunos de ellos, previendo el horrible destino que les estaba reservado, no dudaron incluso en arrojarse a las llamas para eludir su trágico y violento final. El olor a carne quemada empezó a extenderse por los alrededores del *oppidum*, mientras que los cartagineses redoblaban sus esfuerzos después de oír por boca de su general la promesa de una enorme recompensa para todos aquellos que participasen en la toma de Sagunto.

En esos momentos, algo insólito ocurrió, algo que ni siquiera los más optimistas imaginaron que pudiese suceder, porque los jóvenes saguntinos, en un último acto de dignidad, lograron establecer una frágil línea defensiva entre los escombros de la muralla recientemente destruida. Cada uno de ellos luchaba únicamente buscando una forma honorable de morir. Algunos incluso pretendían burlar al tiempo para retrasar la hora de su muerte, pero aun así, sin esperanza y sin ningún tipo de ayuda por parte de unos romanos que los habían abandonado a su suerte, lograron presentar una inusitada resistencia que llegó a maravillar al todopoderoso Aníbal que, desde ese momento, aprendió a admirar a este pueblo ibero, más que a ningún otro con el que hubiera luchado hasta ese momento.

El combate cuerpo a cuerpo se fue haciendo cada vez más sangriento; después de todo, los defensores de la ciudad no tenían ya ningún tipo de posibilidad de retroceder para buscar posiciones más seguras. Los gritos de terror y el olor a sangre se mezclaban en una orgía de horror que hizo palidecer a los mercenarios africanos, que tuvieron que redoblar su ímpetu para obligar a los defensores saguntinos a dar un paso atrás y reagruparse en zonas más seguras de la plaza. Aun así, los cartagineses no se sentían seguros con el control de esa zona tan reducida de la muralla, por eso Maharbal ordenó a sus tropas de retaguardia avanzar junto a tres enormes arietes que terminaron por derrumbar todo el lienzo que aún protegía a los iberos de un ataque frontal por parte de los cerca de veinte mil soldados de infantería púnicos, que esperaban ansiosos a caer sobre su presa para hacerse con un inmenso botín.

Sagunto iba a caer en manos de Aníbal, y por eso los romanos no tardaron en declarar la guerra contra Cartago. En esta ocasión, la lucha entre las dos grandes potencias del Mediterráneo sería a muerte, un auténtico pulso para establecer su hegemonía en el mundo. Con la toma de Sagunto se iniciaba la Segunda Guerra Púnica, pero el conflicto había comenzado mucho tiempo atrás.

1

La Primera Guerra Púnica

EL MUNDO MEDITERRÁNEO EN EL SIGLO III A. C.

Según nos cuentan las tradiciones, Cartago fue en un principio una pequeña colonia fenicia fundada por Tiro en el año 814 a. C., algo sumamente lógico por la privilegiada situación geográfica y estratégica del enclave. Estaba situada al noreste de lo que hoy en día es la ciudad de Túnez, sobre unas tierras fértiles que se extendían a ambos lados del río Bagradas y en el interior de un gran golfo que le permitió disponer de un puerto fundamental para terminar convirtiéndose, con el tiempo, en un importante centro de actividad comercial. Su posición, justo frente a las costas de Sicilia, le permitió extender su influencia sobre las antiguas fundaciones de Tiro y Sidón, una vez que estas terminaron cayendo ante el irrefrenable avance de los imperios orientales.

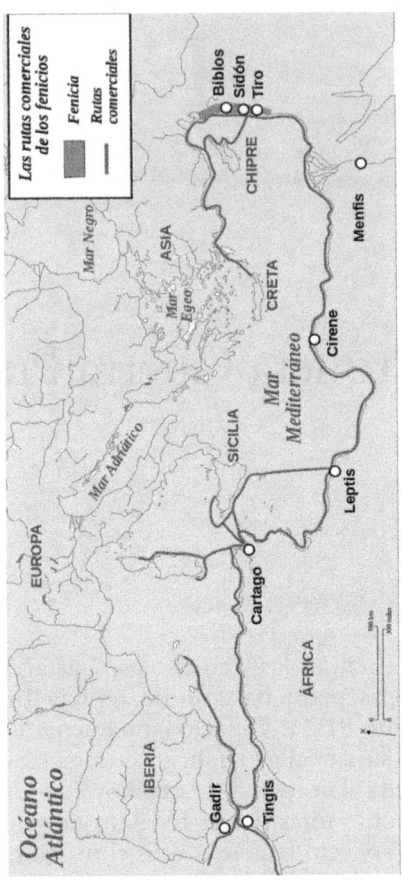

Expansión fenicia en el Mediterráneo. El pueblo fenicio se asentó sobre una región llamada Canaán, caracterizada por la existencia de unos suelos áridos y montañosos, muy poco aptos para la agricultura, razón por la cual terminaron orientando sus actividades económicas hacia el comercio. De entre todos los enclaves que fundaron por el Mediterráneo destacó, por encima de todos, Cartago.

A partir de ese momento la iniciativa pasó a manos de Cartago, la cual vamos a ver al frente de un número cada vez mayor de enclaves que se extendían a lo largo de la costa africana, pero también por las islas mediterráneas y finalmente por el sur de Hispania, en donde Gades tendría un papel fundamental como principal centro de distribución comercial.

El problema fue que el control de estas estratégicas regiones metalúrgicas del lejano Occidente despertó las ambiciones de nuevos pueblos que, poco a poco, empezaron a tantear el terreno haciendo peligrar el monopolio cartaginés desde principios del siglo VII a. C. Tras afianzar sus posiciones en la Magna Grecia, los griegos, especialmente los focenses, fueron estableciéndose en la desembocadura del Ródano, cerca de la que más tarde será la importante colonia de Massalia, y desde allí fueron progresando hasta asentarse en la costa levantina y meridional española, muy cerca por tanto de la región metalífera de Tartessos.

Este choque de intereses propició el establecimiento de un complejo sistema de alianzas que finalmente terminó por unir a Cartago con la otra potencia marítima del Mediterráneo occidental, Etruria, cuyos intereses se habían visto perjudicados como consecuencia del establecimiento de una colonia griega, Alalia, en las costas de Córcega, región que se encontraba en su ámbito de influencia.

Había llegado el momento de ir a la guerra. Hacia 540, una flota etrusco-cartaginesa compuesta por algo más de cien buques se hizo a la mar con rumbo a Alalia bajo el pretexto de que se trataba de un peligroso refugio de piratas. Antes de llegar a su destino, se encontraron con una escuadra griega compuesta por unas sesenta naves que, a pesar de su inferioridad numérica, logró imponer su superioridad táctica hasta destruir, casi totalmente, la flota enemiga. A pesar de todo, esta partida parece que quedó en tablas, porque los focenses quedaron tan debilitados después de la guerra que se vieron obligados a frenar su avance por el Mediterráneo occidental, renunciando definitivamente al establecimiento de colonias en la costa meridional ibérica para pasar, definitivamente, a manos de Cartago.

Indudablemente y durante mucho tiempo, su fuerza no pudo ser contestada por ninguna otra potencia. Grecia, a duras penas, mantuvo su influencia sobre las colonias situadas entre Massalia y el levante peninsular, mientras que el radio de acción de los etruscos se fue replegando hacia el norte de la península itálica, y todo ello en un momento en el que Roma no era más que una pequeña urbe agraria y ganadera.

El problema para los cartagineses fue que la hegemonía impuesta en el Mediterráneo occidental después de Alalia quedó en entredicho pocos años más tarde, como consecuencia del aumento del poder de las ciudades griegas asentadas en la isla de Sicilia. Siracusa destacó por encima de las demás, tal vez por eso intentó ponerse al frente de una especie de federación de enclaves comerciales de tradición helena para poder establecer un dominio más o menos claro en una región geoestratégica. Estos acontecimientos, que no podían pasar desapercibidos, llamaron la atención de una Cartago que decidió intervenir para no ver amenazada su preeminencia en esta región vital para su economía.

La oportunidad de inmiscuirse en los asuntos sicilianos llegó muy pronto. En el 480 a. C., Hímera, una localidad cercana a Siracusa, se negó a ser anexionada, y por ello solicitó ayuda a los cartagineses que, como no podía ser de otra manera, no se lo pensaron ni un solo instante. Inmediatamente enviaron un ejército al mando de Amílcar, quien logró desembarcar en la isla sin muchas

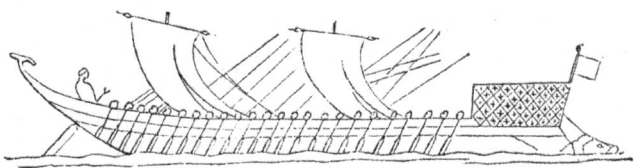

Pentecóntera griega. Esta embarcación fue la que utilizaron los focenses durante sus largos viajes de colonización. El barco era impulsado por cincuenta remeros, aunque también podía navegar a vela. Su utilización fue muy habitual hasta el siglo VI a. C. en el que fue sustituido por los trirremes.

dificultades. Una vez allí, fueron conscientes de la fuerza de Siracusa, cuyo ejército logró derrotar rápidamente a los púnicos, obligándoles a atrincherarse en las bases que aún controlaban en la costa para esperar el momento oportuno de cobrarse cumplida venganza.

La derrota le hizo comprender a la gran Cartago el enorme esfuerzo que le podía suponer mantener su política expansiva por el Mediterráneo. Este era, sin duda, el espacio geográfico en donde sus interés podrían entrar en colisión con un mayor número de competidores como los griegos y más tarde los romanos; por ese motivo, una parte de la aristocracia púnica decidió centrar su atención en un nuevo ámbito que sin duda le podía proporcionar amplios beneficios, y aún más importante, a un coste mucho menor. Se inició así un proceso de conquista de la zona costera norteafricana, una región fértil propicia para la agricultura, siendo este un sector económico que, junto al comercio, se convertirá en la principal fuente de riquezas del estado cartaginés.

A pesar de todo, Cartago nunca pudo olvidarse de la importancia que seguía teniendo Sicilia para reforzar su hegemonía comercial en el mar, y por eso siempre la miraron de reojo, atentos a la primera oportunidad que les permitiese recuperar el terreno perdido. Esta se presentó en 409 a. C., cuando la ciudad siciliana de Segesta sufrió en sus propias carnes el nuevo resurgir del poder de Siracusa. Al ver amenazada su propia supervivencia, pidió ayuda a la única potencia que por aquel entonces podía frenar la progresión de los siracusanos. Cartago aún recordaba la humillación padecida setenta años atrás, y por eso envió un nuevo ejército, este mucho más poderoso que, esta vez sí, logró aplastar a los griegos y ganar nuevos territorios para adquirir una posición de privilegio en el teatro de operaciones mediterráneo.

Ya nadie podía obviar la importancia que la cuestión siciliana tenía para el estado cartaginés, más aún después de que la región despertase las apetencias de un nuevo actor que pronto se aseguró el control de la península itálica.

A pesar de todo, a mediados del siglo IV a. C., entre Roma y la potencia africana se impuso la prudencia, ya que ambos estados miraban con preocupación los progresos de Siracusa, lo que propició la firma de dos tratados en 348 y 343 a. C., por los que Cartago reafirmaba su hegemonía en el mar, a la vez que Roma hacía prevalecer su influencia en Italia, especialmente en el Lacio.

El entendimiento entre ambos estados no significó el final de los problemas para Cartago. Una y otra vez los africanos se vieron envueltos en una dinámica que no parecía tener fin, abocados a una lucha que amenazaba con perpetuarse. El conflicto volvió a reproducirse con toda su crudeza en 311 a. C., cuando Agatocles, el nuevo tirano de Siracusa, se lanzó a la guerra contra unos cartagineses que, de nuevo, tuvieron que recurrir a la épica para no verse acorralados en sus amenazadas posesiones isleñas. Aun así, la jugada más difícil de esta compleja partida por el dominio de Sicilia no se produjo hasta la llegada de

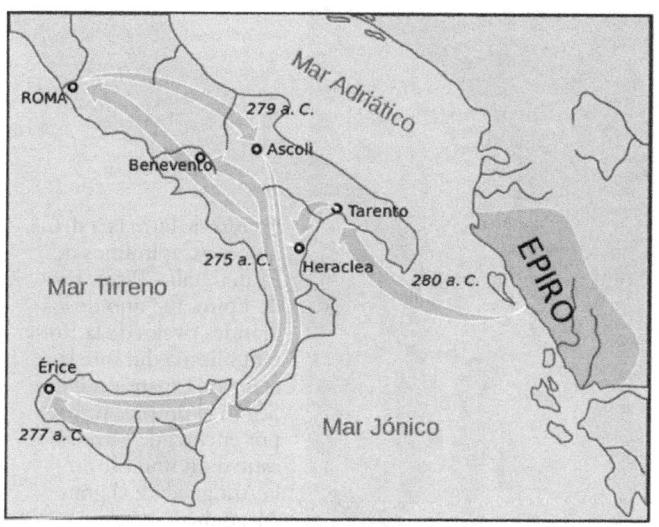

Pirro en Italia. Antes del estallido de la Primera Guerra Púnica, los romanos y los cartagineses tuvieron que unir sus fuerzas para frenar las acometidas del gran Pirro, uno de los mejores estrategas del mundo antiguo.

Pirro, lo que obligó a romanos y cartagineses a la firma de un nuevo tratado entre 279 y 278 a. C. La situación fue tan crítica que ni siquiera la unión de las dos potencias pudo evitar el asedio de Lilibeo, el enclave púnico más importante en la isla, que sólo pudo ser liberado después de la marcha de Pirro hacia Italia para frenar la progresión del ejército romano que, desde el norte, venía empujando con fuerza para tomar posiciones en este tablero en el que pronto se iba a jugar una partida cuyas consecuencias fueron fundamentales para forjar el mundo que conocemos en la actualidad. Fue este interés de Roma por Sicilia, y su indisimulado deseo de beneficiarse del

29

Estatua de Pirro (s. I d. C.). Museos Capitolinos de Roma, Italia. Pirro, rey de Epiro, fue uno de los grandes rivales de la Roma republicana durante la etapa de expansión itálica. Según el propio Aníbal, por encima de Pirro sólo estuvo un hombre en la Antigüedad: el gran Alejandro.

eterno conflicto entre cartagineses y siracusanos, lo que a la postre provocó el inicio de la guerra más decisiva del mundo antiguo.

EL *CASUS BELLI* MAMERTINO Y EL INICIO DE LAS HOSTILIDADES

En nuestra historia, todo gran conflicto está precedido de una serie de condicionantes que han empujado a distintos estados a solucionar sus problemas mediante el uso de la fuerza. En el caso de la Primera Guerra Púnica, el elemento que propició el enfrentamiento fue, sin lugar a dudas, los intereses que Roma y Cartago tuvieron a la hora de reclamar su protagonismo sobre una zona con una importancia geoestratégica fundamental para conseguir la hegemonía comercial en el Mar Mediterráneo. A esta necesidad se le unió, en el caso romano, la voluntad de desalojar a los cartagineses de Sicilia para no ver comprometido su domino en una Italia que acababan de someter tras varios siglos de guerra ininterrumpida.

Es aquí en donde reside la parte esencial a la hora de comprender la naturaleza de las guerras que enfrentaron a romanos contra cartagineses, y que por lo tanto van a influir en la toma de decisiones por parte de ambos estados durante un largo período de tiempo iniciado con el establecimiento de las primeras relaciones diplomáticas en momentos muy anteriores al estallido del conflicto y que no se cerrará hasta después de la batalla de Zama.

En este sentido, el *casus belli* de la Primera Guerra Púnica se nos antoja como un simple pretexto a la hora de justificar unas acciones que ya estaban tomadas de antemano, y que se fueron fraguando desde el mismo instante en el que Cartago y Roma comprendieron que sus respectivas zonas de influencia no tardarían en colisionar en su lucha por controlar el Mediterráneo. Llegados a este punto, el lector comprenderá que los principales acontecimientos que provocaron el inicio de las guerras púnicas no pudieron darse en otro sitio más que en la isla de Sicilia, y el pretexto aprovechado por ambos contendientes, especialmente por los romanos, fue la solicitud de ayuda de los mamertinos de Mesana al gobierno de la República.

El ejército cartaginés estaba nutrido por un gran número de mercenarios para defender un imperio comercial cada vez más extenso. La necesidad de controlar un espacio tan amplio así lo aconsejaba, haciendo inviable la participación de un ejército ciudadano al no poder sustraer a los propios cartagineses de sus responsabilidades económicas tanto en la agricultura como en el mundo del comercio. Por este motivo se recurrió al reclutamiento de soldados profesionales cuya procedencia era muy diversa, pero entre las zonas de provisión destacó por encima de todas la de Campania, que es precisamente hacia donde acudieron los púnicos, pero también las polis griegas de Sicilia, para contratar los servicios de un nutrido grupo de mercenarios samnitas, lucanos y bruttios, cuya existencia se podría explicar si tenemos en cuenta la escasa calidad de las tierras de cultivo de la Italia central y meridional.

Todos ellos encontraron en el recurso del mercenariado la única posibilidad de supervivencia que la tierra se empeñaba en negarles, obligándoles a partir hacia el rico pero fragmentado ámbito siciliano y así ponerse al servicio de aquellos estados que más pujasen por ellos. Pretendientes tuvieron muchos, y por eso se curtieron en los campos de batalla de una región largamente disputada. El gran problema fue que una vez firmada la paz entre las ciudades y estados contendientes, estos mercenarios quedaron privados de su sustento, y por ello decidieron, en muchas ocasiones, continuar guerreando por su propia cuenta, convirtiéndose en una banda de simples asesinos que durante mucho tiempo se dedicó a saquear ciudades y masacrar a sus habitantes, para posteriormente quedarse con sus tierras y repartirse sus riquezas. Uno de estos grupos fue el de los mamertinos.

El aumento de la fuerza de los mercenarios itálicos, al igual que la mayor influencia de los cartagineses en Sicilia, hizo que muchas ciudades griegas se sintiesen seriamente amenazadas, entre ellas Siracusa, que a pesar de todo parecía estar tocada por la diosa Fortuna, porque nuevamente logró encontrar la solución a todos sus males gracias a la actividad de un nuevo tirano, Hierón II, convertido en héroe y salvador de su pueblo después de su gran victoria sobre los mamertinos.

Estos no eran más que un grupo de violentos mercenarios que la historia se encargó de recordar al ser protagonistas involuntarios del estallido de la Primera Guerra Púnica. Su nombre procedía de Mamers, que en osco significaba Marte, dios de la guerra, al cual rendían culto. Estos soldados campanos lucharon durante muchos años en Sicilia, pero el cese de las hostilidades obligó a muchos a regresar a sus lugares de origen, mientras que otros trataron de medrar en una zona totalmente devastada por la guerra y que poco podía hacer para apaciguar su sed de riquezas. Mesana, tal vez para beneficiarse de sus servicios, tal vez para no correr la misma suerte de otras localidades que habían sucumbido ante la violencia de los mamertinos, decidió acogerles en su ciudad, pero al cabo de un tiempo los desagradecidos huéspedes decidieron pasar a cuchillo a casi todos sus anfitriones, para después repartirse a sus mujeres y hacerse con el control de la ciudad.

Desde su nueva posición, los mamertinos se dedicaron a devastar y saquear todo lo que tenían a su alcance, algo muy similar a lo que por aquel entonces estaba haciendo otro grupo de mercenarios establecidos en la ciudad de Regium, al otro lado del estrecho, lo que terminó provocando la intervención de Roma de la forma más expeditiva que pudo, porque después de arrasar la ciudad, logró capturar a trescientos presos que fueron llevados hasta el Foro para ser decapitados públicamente. Mientras tanto, los insaciables mamertinos seguían avanzando, poniendo en peligro a la todopoderosa Siracusa que, ahora sí, decidió intervenir.

Hierón II, forzado por los acontecimientos, ordenó a su ejército avanzar hasta el río Longano, en donde los dos contingentes se encontraron frente a frente. El caudillo siracusano, que sin duda era mucho mejor estratega, ordenó a un grupo de infantería ocupar una zona elevada para obtener una inestimable ventaja táctica, por lo que esta posición se terminó convirtiendo en el

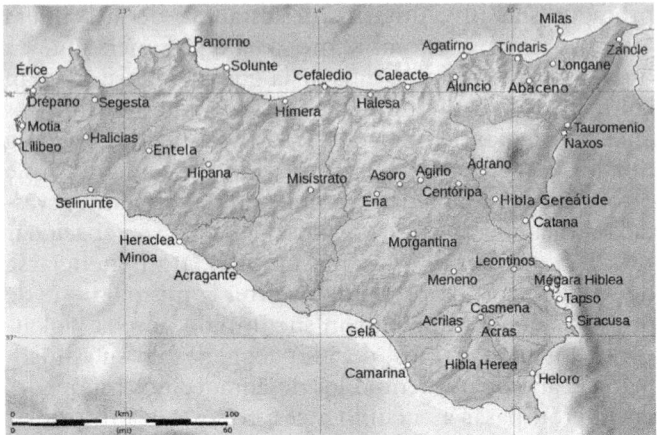

A diferencia de lo que ocurrió durante la Segunda Guerra Púnica, los escenarios en donde se desarrollaron los principales acontecimientos en este primer enfrentamiento fueron mucho más reducidos. Durante años, los ejércitos de Roma y Cartago mantuvieron una auténtica guerra de posiciones en la isla de Sicilia, pero la presencia de estos enormes contingentes sólo fue posible asegurando las rutas de avituallamiento, lo que provocó una feroz lucha por controlar el mar.

eje alrededor del cual empezaron a maniobrar las huestes siracusanas. Por si fuera poco, los griegos contaban con una muy superior fuerza de caballería, que esperaba en el llano el momento oportuno para asestar el golpe definitivo a los mercenarios itálicos, aunque el elemento fundamental que terminó por desequilibrar la batalla fue un pequeño destacamento de unos seiscientos infantes de Siracusa, que inmediatamente se pusieron en movimiento para rodear una colina que estaba en uno de los flancos mamertinos para posteriormente caer sobre su retaguardia cuando los dos ejércitos ya habían comenzado el intercambio de golpes.

Su derrota fue tan definitiva que los mercenarios llegaron a poner en duda su propia supervivencia. Según Polibio, los mamertinos enviaron una inmediata petición de ayuda para no verse expulsados de Mesana. Según, el historiador griego, la opinión no fue unánime; algunos habrían preferido buscar el apoyo de los cartagineses, otros en cambio se habrían sentido más cómodos recurriendo a los romanos. En la actualidad, la mayor parte de los estudiosos del mundo romano no tienen dudas a la hora de interpretar esta petición de ayuda en una única dirección, ya que el apoyo púnico tuvo que resultar más lógico debido a la manifiesta rivalidad entre los cartagineses y los siracusanos. En este sentido, la llamada al auxilio hacia Roma sólo podría explicarse como un intento de Polibio por encontrar una causa para justificar la intervención de los romanos, y además en una zona a la que los tratados púnico-romanos, como el del 306, establecían como un área de influencia exclusivamente cartaginesa.

Si de algo estamos seguros es que esta fue la ocasión ideal para que los romanos «metiesen las narices» en un lugar en donde nunca habían sido invitados. Los motivos de esta intromisión parecen claros, ya que una facción cada vez más poderosa de la aristocracia senatorial romana, venía presionando para ver satisfechos sus intereses mercantiles en el Mediterráneo, y Sicilia era un plato demasiado apetitoso para dejarlo escapar.

Nuevamente Polibio es el que asegura, en una nueva maniobra de manipulación política para defender a la oligarquía romana, que los viejos senadores republicanos nunca se plantearon movilizar a las legiones para acudir en ayuda de un grupo de criminales similares a aquellos que con tanta intensidad habían combatido en Regium. Por este motivo los patricios se habrían desentendido de tan infame propuesta, trasladando a los Comicios la decisión última de acudir en apoyo de los mamertinos. El pueblo, reunido en Asamblea, y totalmente manipulado por un tribuno llamado Claudio, habría votado unánimemente la guerra después de que el tribuno les prometiese un botín rápido.

Indudablemente, una decisión de este tipo nunca pudo tomarse sin el consentimiento de un Senado que, en definitiva, era el que dirigía la política exterior de la Roma republicana. Además, en los años anteriores al estallido de la Primera Guerra Púnica, una serie de actuaciones nos demuestran el interés senatorial por hacerse fuertes en el mar, como la formación de cuatro nuevos magistrados, los *quaestores classici*, encargados de organizar la flota.

De todas formas, el transcurso de los acontecimientos no hace entrever el deseo romano de iniciar una confrontación bélica a gran escala, tal vez por eso el Senado romano decidió enviar un contingente militar muy modesto al mando de Cayo Claudio. Este se dirigió a Mesana, una acción que a la postre significó el estallido del conflicto en el año 264 a. C. Allí les esperaban los imprevisibles mamertinos, cansados ya de la estrecha vigilancia a la que se vieron sometidos por parte de los cartagineses, a pesar de que fueron ellos los que anteriormente la habían solicitado. Mediante una serie de embustes y añagazas, los mercenarios lograron expulsar al destacamento púnico del interior de Mesana, un acto que aprovechó Claudio para situar una guarnición romana en un enclave de una importancia estratégica fundamental para controlar el estrecho que les separaba de Italia.

Todas las cartas estaban sobre la mesa. Por fin los cartagineses eran conscientes del peligro al que se enfrentaban, y esta vez no podían vacilar. Había llegado el momento de la verdad, de demostrar al mundo que ellos estaban llamados a ser dueños de su propio destino. Un nuevo general, Hannón, fue enviado inmediatamente hacia Lilibeo con un potente ejército, y desde allí se dirigió lo más rápidamente posible hasta Mesana. Tal vez ahora, con esta espectacular demostración de fuerza, esos malditos romanos comprendiesen que no se podía desafiar impunemente a las prestigiosas tropas de una gran nación llamada a controlar todo el orbe. Mientras los hombres de Hannón se desplegaban ante las mismas murallas de Mesana, una delegación púnica acudía hasta Siracusa para cerrar una alianza con su prestigioso rey Hierón II. Los motivos de este rápido entendimiento entre dos estados que hasta ese mismo momento habían rivalizado por el control de Sicilia no es fácil de comprender, pero todo parece indicar que los griegos de Siracusa nunca se sintieron cómodos ante la constatación de la presencia de un nuevo estado que rivalizase por el control de una región considerada suya.

Las cosas se ponían mal para los romanos. La unión de Cartago y Siracusa era algo que el Senado nunca había previsto, pero aun así Roma decidió dar un golpe sobre la mesa, ordenando el envío de un nuevo contingente militar formado por unos veinte mil hombres. El principal escollo fue superar el estrecho, algo realmente complicado teniendo en cuenta que la temida marina de guerra cartaginesa se había desplazado hasta el lugar para imponer su hegemonía en el mar. Aprovechando la oscuridad de la noche, los romanos lograron finalmente su objetivo al introducirse sigilosamente en Mesana, totalmente rodeada por los cartagineses y sus nuevos amigos de Siracusa.

La declaración de guerra

Los romanos pudieron respirar tranquilos al verse protegidos por los muros de Mesana. Pero para su desgracia pronto comprendieron que no todo estaba ganado. Subido en lo alto de una muralla, el cónsul Claudio fue consciente de la grave situación en la que se encontraba, de espaldas al mar y rodeado por un ejército muy superior en fuerzas al suyo.

Con la intención de evitar un enfrentamiento directo cuyo resultado se mostraba incierto, el romano optó por enviar una delegación diplomática exigiendo a las fuerzas coaligadas de Cartago y Siracusa el levantamiento inmediato del asedio al que estaba sometida su nueva base de operaciones.

No sabemos cómo transcurrieron las conversaciones, aunque nos atrevemos a pensar que no fueron fáciles para ninguno de ellos, pero especialmente para el rey de Siracusa, al comprender que se estaba jugando todo, incluso su propia supervivencia, a una sola carta. Desgraciadamente, una vez más, la fuerza de la diplomacia no pudo imponerse ante la locura de la guerra, y por ese motivo el cónsul terminó por declararla en nombre de Roma.

Para los romanos, lo más importante era actuar con premura. Claudio no podía contar con un posible avituallamiento desde Italia al no estar la flota romana preparada para enfrentarse a la de Cartago. El contingente romano de Mesana estaba por lo tanto aislado, rodeado y sin suministros, y por eso, para no ver menguada su fuerza y su moral, el cónsul ordenó un ataque directo, y en cierta forma inesperado, contra las huestes del rey Hierón II y de su aliado, el general púnico Hannón.

Las fuentes no son claras en cuanto al resultado de la batalla. Historiadores como Filino, procartaginés, y Polibio, de reconocidas simpatías romanas, ofrecen incluso una información contradictoria, aunque si hay algo que no podemos dudar es que el ejército de Claudio consiguió que sus contrincantes levantasen el asedio, a pesar de que las bajas romanas fueron tan altas que no tuvieron más remedio que renunciar a futuras campañas, limitando su actividad en 264 a. C. a la realización de limitadas acciones de escasa relevancia en los enclaves cercanos a Mesana.

La campaña de 263 fue radicalmente distinta y se caracterizó por la ausencia de grandes operaciones militares, a pesar de que el estado romano había hecho un enorme esfuerzo con el envío de los dos cónsules, Manio Valerio y Manio Otacilio, al mando de un ejército compuesto por unos cuarenta mil efectivos.

Los estados contendientes iniciaron esta partida colocando todas sus piezas en el tablero siciliano, el lugar en donde en un principio pensaban que se iba a decidir la contienda. Y en este segundo año de guerra, la estrategia de los cónsules se centró en el intento de romper la alianza entre Cartago y Siracusa, puesta en entredicho después de que los cartagineses no hubiesen sido capaces de evitar el desembarco de las tropas romanas en la ciudad de Mesana. La fruta estaba madurando y sólo faltaba el último toque para hacer añicos una amistad forzada por los acontecimientos.

Manio Valerio avanzó entonces con la mayor parte del ejército hasta plantarse ante las murallas de Siracusa, una plaza que él sabía era inexpugnable, pero ante la evidencia del poder romano y la exasperante inactividad del ejército púnico, especialmente de su flota de guerra que contra todo pronóstico se empeñaba en no dejarse ver, Hierón II firmó una paz por separado con el gobierno de la República Romana a cambio de ver reconocidos sus derechos al trono y

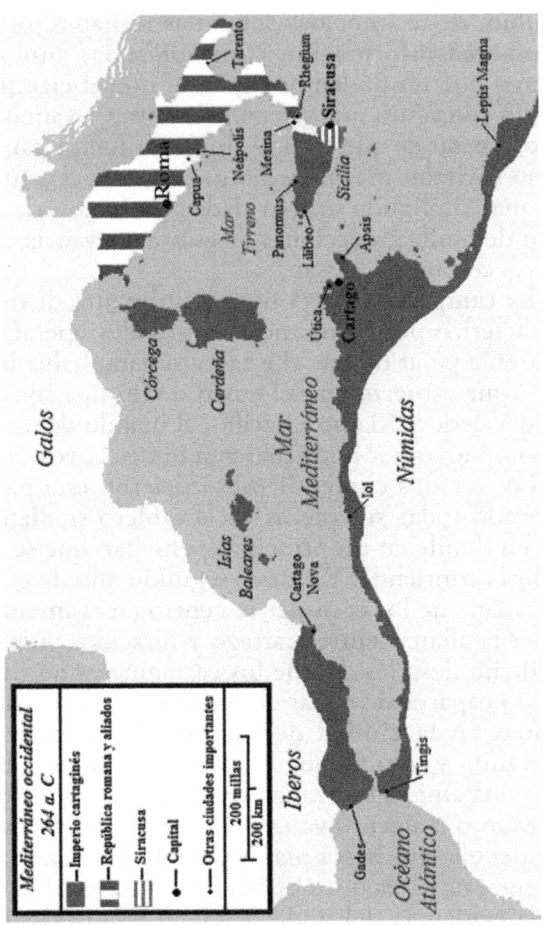

La expansión de Roma y su control definitivo de la península itálica precipitó el choque con la poderosa Cartago, dueña hasta ese momento del Mediterráneo occidental. En el 264 a. C. se inició un conflicto que enfrentó a dos colosos por el control de su mundo conocido.

a la posesión de un extenso territorio alrededor de la ciudad.

Con la defección siracusana, los romanos consiguieron hacerse con un poderoso aliado y además esto animó a muchas pequeñas localidades, hasta ese momento en la órbita cartaginesa, a pasarse al bando romano, cuya situación se vio desde entonces terriblemente fortalecida. Mientras tanto, los cartagineses, cada vez más arrinconados, decidieron tomarse las cosas más en serio al iniciar el reclutamiento de un ejército mercenario para poder emplearlo, con toda su fuerza, en la campaña siguiente, en la que volvieron a hablar las armas.

Así se llegó hasta el año 262, en el que los romanos volvieron a tomar la iniciativa ante un enemigo cuya falta de determinación favoreció el inicio de una nueva campaña cuyo objetivo fue la captura de la principal base de operaciones púnica en territorio siciliano: Agrigento. Los nuevos cónsules, Lucio Postumio y Quinto Mamilio, movilizaron sus tropas, pero no sin antes asegurarse el apoyo de Segesta, y de esta forma evitar un posible ataque cartaginés desde retaguardia. Rápidamente, las legiones romanas pusieron cerco a Agrigento, una ciudad de origen griego que se vio sometida a un asedio de cinco meses, mientras sus habitantes intentaban responder a una pregunta para la que nadie tenía respuesta ¿Dónde demonios estaba la flota cartaginesa y su prestigioso ejército?

Por fin, las tropas mercenarias de Hannón pudieron desembarcar cerca del teatro de operaciones de Agrigento, pero su principal problema era la escasa fiabilidad de sus hombres, cuya procedencia era diversa y con deficiente preparación. Tal vez por ese motivo, Hannón tomó la decisión de establecer un contracerco para dejar a los romanos aislados, y así cortar su línea de suministros con Siracusa.

Pero el tiempo jugaba a favor de los romanos, además el rey Hierón II fue capaz en repetidas ocasiones de romper el cerco para abastecer a sus nuevos amigos romanos, y por eso el comandante cartaginés, que ya era consciente de la crítica situación de Agrigento, se decantó por presentar batalla en campo abierto.

La victoria de las armas romanas fue total, pero en esta ocasión los cónsules cometieron un doble error cuyas repercusiones fueron devastadoras para Roma en los años siguientes. En primer lugar, no fueron capaces de cerrar las vías de repliegue del ejército púnico, que a pesar de lo delicado de su situación fue capaz de salvar la práctica totalidad de sus efectivos y llegar hasta las plazas cartaginesas del oeste de Sicilia, donde tomó posiciones para resistir indefinidamente contando con el apoyo de su marina de guerra. Es más, después de la victoria romana, Lucio Postumio y Quinto Mamilio sometieron a la ciudad de Agrigento a un duro saqueo, en el que sus habitantes fueron víctimas del asesinato, la tortura y la violación. Siendo una ciudad que de origen griego, estos actos provocaron la ira de muchas comunidades que empezaron a mirar con desconfianza, e incluso con poco disimulado odio, a los nuevos conquistadores romanos.

La batalla del Mediterráneo

Durante la Primera Guerra Púnica se hizo necesario para ambos contendientes controlar los mares, y así poder abastecer a los grandes contingentes militares que operaban en la isla de Sicilia. Esto era algo para lo que los romanos no se encontraban preparados, más aún si tenemos en cuenta las circunstancias de su expansión por la península itálica en los siglos anteriores al enfrentamiento con Cartago.

Por otra parte, los reveses militares sufridos ante la infantería pesada romana, hicieron ver a los cartagineses la necesidad de poner en funcionamiento su arma de guerra más temida: la flota, que inmediatamente se dispuso a tomar posiciones en el mar Tirreno. Roma era perfectamente consciente de su evidente desventaja en el mar. Sus escasos barcos poco podían hacer contra la experimentada armada púnica, por eso rápidamente empezaron a aumentar el número de unidades y se preocuparon por mejorar el adiestramiento de sus tripulantes.

No nos debe extrañar que la primera batalla en mar abierto se saldase con una sonada derrota para Roma, cuando diecisiete de sus barcos, comandados por Cneo Cornelio Escipión, fueron capturados prácticamente sin resistencia en el puerto de Lípara, algo que le valió a su protagonista el humillante sobrenombre de *Asina,* el 'Asno'.

Este primer golpe lo encajó Roma con cierta preocupación. El Senado se dio cuenta de la gravedad que suponía dejar a su ejército de Sicilia incomunicado, por lo que rápidamente se pusieron manos a la obra en su intención de preparar a un mayor número de oficiales capaces de compensar la incontestable superioridad táctica de los comandantes púnicos. No sólo eso, sus barcos eran extremadamente lentos, pocos manejables y por lo tanto poco efectivos para utilizarlos en una lucha convencional en el mar con mínimas garantías de éxito. Ellos siempre habían luchado en tierra, sus legiones se habían curtido después de siglos de enfrentamientos en las campañas italianas, pero en esta ocasión el enemigo al que se enfrentaban era mucho más poderoso, y además debían de combatirlo en un medio totalmente desconocido para ellos.

Para colmo de males, el ejército romano de Sicilia se mostró incapaz de quebrar la resistencia de las plazas

Corvus romano. Los romanos eran conscientes de su manifiesta inferioridad en el mar. Las armas romanas siempre habían confiado la victoria a su poderosa infantería, y por eso tuvieron el acierto de convertir los enfrentamientos navales en auténticas batallas libradas por sus soldados de a pie mediante la invención del *corvus*, un ingenio que permitió a los barcos romanos atrapar a los cartagineses para forzarles a un enfrentamiento cuerpo a cuerpo.

fuertes cartaginesas durante el año 261 a. C. Pero lo peor aún estaba por llegar, porque en este mismo año los romanos tuvieron que hacer frente a la presión de la flota púnica que, ahora sí, desplegaba toda su fuerza, al mando del almirante Aníbal, en una ofensiva cuyo objetivo era arrasar todas las localidades costeras italianas, totalmente indefensas ante la incontestable superioridad de la escuadra africana. Después de los primeros éxitos romanos, el equilibrio de fuerzas parecía restituirse e, incluso, desnivelarse en favor de los cartagineses.

Roma no sabía cómo encajar el golpe. No parecía existir una solución posible para librarse de la presión a la que se vio sometida por parte de la flota cartaginesa. Pero si desde el punto de vista militar las cosas no pintaban bien, quiso la diosa fortuna que los ingenieros romanos aplicasen un nuevo sistema de lucha a sus barcos cuyos resultados podrían hacer cambiar el curso de los acontecimientos. La idea era utilizar una especie de ganchos situados sobre unos puentes móviles, que por su aspecto fueron llamados *corvi*, o 'cuervos', para inmovilizar a los barcos enemigos y permitir el abordaje con su infantería. Sobre el papel el plan parecía bueno, ahora sólo faltaba encontrar la oportunidad para ponerlo en práctica, y esta no se hizo esperar.

En el 260, las flotas romana y cartaginesa se encontraban en Milas. Cada una de ellas estaba formada por algo más de ciento treinta navíos de guerra. Los púnicos, dirigidos por Aníbal Giscón, estaban tan convencidos de su victoria que ni siquiera se preocuparon por desplegar sus naves de forma conveniente, sino que empezaron a atacar a los barcos romanos individualmente, dispuestos a darse un festín a costa de sus poco experimentados contrincantes. Con lo que no contaron fue con los *corvi* de los barcos romanos, que pronto empezaron a ponerse en funcionamiento hasta atrapar e inmovilizar a cerca de treinta naves cartaginesas, cuyos tripulantes se vieron obligados a luchar cuerpo a cuerpo con la todopoderosa infantería romana. Los africanos no podían ni siquiera comprender lo que sus ojos estaban viendo; la batalla naval se había convertido en una contienda terrestre, y ahí los romanos tenían todas las de ganar.

Uno de los navíos apresados fue el del almirante Giscón, que pudo escapar en un barco de remos para ver cómo los suyos empezaban a maniobrar para rodear a los navíos romanos, mucho más lentos pero que aun así lograron girar sobre sí mismos para amenazar de nuevo con sus cuervos a los buques púnicos. Estos no se arriesgaron a caer de nuevo en la trampa, por lo que decidieron dar media vuelta y retirarse en desbandada, dejando atrás cincuenta unidades en la que fue la primera gran batalla ganada por Roma en el mar.

Cayo Duilio fue reconocido con el triunfo, y las proas de los barcos capturados fueron utilizadas para decorar el foro. Aníbal Giscón fue, en cambio, arrestado por sus oficiales y sacrificado por su incompetencia al dejar la parte superviviente de su flota atrapada en un puerto de Cerdeña.

La victoria romana no fue, ni mucho menos, decisiva, aunque sí logró establecer un equilibrio de fuerzas que se mantuvo en los años siguientes, durante los cuales se sucedieron una serie de batallas navales de escasa relevancia y de resultado desigual, y todo ello en un momento en que ambas flotas hacían un esfuerzo titánico por controlar un espacio marítimo cada vez más amplio.

En 259 un nuevo Escipión, Lucio Cornelio, iniciaba una campaña en Córcega y Cerdeña, coronada con éxito por su sucesor frente a las costas de Sulci, en Cerdeña. Más tarde, en 257 los romanos volvían a derrotar a los cartagineses en Tyndaris, pero su triunfo no fue suficiente como para poder interrumpir el aprovisionamiento de las ciudades púnicas que continuarán manteniendo sus posiciones en la zona occidental de Sicilia en una línea comprendida entre Heraclea y Panormo.

Para estas fechas, nada hacía entrever un temprano fin de las hostilidades. Los romanos llevaban la iniciativa y se anotaban a su favor la mayor parte de las batallas tanto en tierra como en mar, pero los cartagineses, a pesar de la ineptitud de gran parte de sus generales, mostraban una envidiable capacidad de resistencia. El Senado romano decidió entonces imponerse con una acción que terminase desequilibrando, de una vez por todas, el punto muerto establecido después de tantos años de guerra.

El plan consistía en preparar un enorme ejército para dar el salto hasta África, y de esta forma atacar el corazón del estado cartaginés. Esta operación exigió un enorme esfuerzo por parte de una Roma cuyas necesidades bélicas absorbían la mayor parte de los recursos y el presupuesto de la República. No sin dificultades se logró poner a disposición del ejército un total de doscientos cincuenta barcos de guerra, además de ochenta buques de transporte, y lo más increíble de todo, una dotación que rondaba los cien mil efectivos.

Obviamente, la organización de esta gigantesca expedición no podía pasar desapercibida para los servicios de espionaje púnicos que operaban en territorio enemigo. Cuando fueron conscientes del peligro al que se enfrentaban, los cartagineses pusieron a toda su flota en estado de alerta, tomando posiciones en las costas meridionales de Sicilia, dispuestos a frenar, costase lo que costase, al ejército de invasión que amenazaba la supervivencia de la propia Cartago.

De esta forma se llegó al año 256, momento elegido por los cónsules Lucio Manlio Vulso y Marco Atilio Régulo para hacerse a la mar. Durante varias jornadas de navegación tranquila, los romanos no se cruzaron con ningún barco cartaginés que retrase su decidida marcha en busca de su oportunidad de terminar, de una vez por todas, con esta interminable guerra. Todo estaba yendo mejor de lo que habían imaginado desde un principio, e incluso el buen tiempo se empeñaba en hacer del trayecto una marcha apacible. Pero esas esperanzas de una victoria fácil se esfumaron de golpe cuando, de improviso, vieron a la flota cartaginesa situada frente al cabo Ecnomo. El aspecto que mostraba la armada púnica era sobrecogedor, con unos doscientos cincuenta barcos desplegados en una interminable línea en cuyo centro destacaba el buque insignia comandado por Amílcar. A sus lados se situaban los flancos ligeramente adelantados, amenazando con iniciar un movimiento de ataque para rodear a los barcos enemigos.

Frente a ellos, los romanos formaban con sus naves de guerra divididas en tres grandes escuadras, estando las dos primeras en vanguardia y en forma de cuña, comandadas por ambos cónsules, mientras que detrás de ellos estaban los barcos de transporte cuya seguridad era primordial, ya que en ellos se apelotonaban la mayor parte de los cien mil soldados de infantería que deberían conquistar África. Por este motivo, la tercera escuadra romana cubría la retaguardia para evitar que ningún barco cartaginés cayese sobre unos buques grandes, pesados y sin ningún tipo de protección.

Inmediatamente los cónsules ordenaron a sus barcos cargar directamente sobre el centro de la formación africana, cuya disposición en forma lineal se mostraba débil frente a un ataque directo con barcos perfectamente agrupados y dispuestos a romper la formación de la armada enemiga. El avance fue rápido, pero incomprensiblemente los buques púnicos no hicieron el menor movimiento que les permitiese a los romanos adivinar las intenciones de Amílcar. Poco después, el almirante inició una rápida retirada de todos los barcos que se situaban en el centro de la formación cartaginesa, animando a los romanos a iniciar una persecución para terminar de golpe con una batalla que se empezaba a poner muy bien para sus propios intereses.

Lenta pero inexorablemente, los barcos romanos fueron picando el anzuelo y cayendo en la trampa que les había preparado Amílcar. Después de varias horas de navegación, Marco Atilio Régulo y Lucio Manlio Vulso decidieron mirar hacia atrás para descubrir que sus barcos de transporte se encontraban situados a una gran distancia de las dos escuadras romanas que seguían

Batalla del Cabo Ecnomo (Primera Guerra Púnica), 256 a. C.

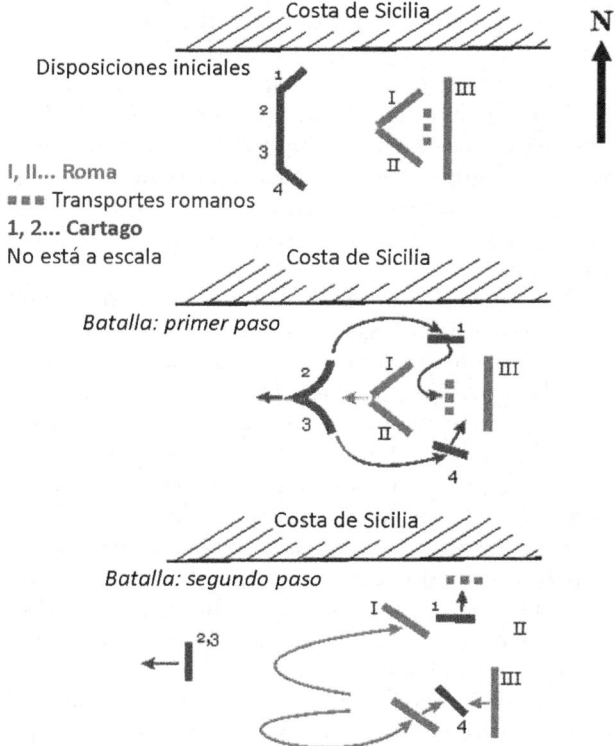

Batalla de Ecnomo. La batalla de Ecnomo es, sin duda, una de las más grandes y mortíferas batallas navales de todos los tiempos, ya que enfrentó a dos enormes escuadras formadas por cientos de barcos y tripuladas por más de cien mil hombres cada una.

empeñadas en buscar una victoria fácil destrozando el centro de formación púnica. Pero eso no era todo, pronto comprendieron que los flancos de sus adversarios no habían retrocedido, sino todo lo contrario, y que ahora se encontraban navegando a toda prisa para atacar a los barcos de transporte romanos, lo cual demostraba el auténtico objetivo del plan ideado por Amílcar. Frente a dicha situación, los grandes buques itálicos no tuvieron más remedio que retroceder, poco a poco, hasta las costas de Sicilia, intentando por todos los medios no encallar para no sucumbir ante los barcos cartagineses que ya se encontraban casi encima de ellos.

Afortunadamente, la columna dejada en retaguardia por los cónsules llegó en el momento oportuno para interponerse entre los barcos de transporte y las naves comandas por Hannón, las cuales iniciaron un ataque desde los flancos para evitar los devastadores efectos de los *corvi* romanos. La situación era desesperada; era poco lo que podían resistir frente a unas fuerzas mucho más numerosas y perfectamente alineadas.

Mientras todo esto ocurría, los dos escuadrones de vanguardia romanos alcanzaban por fin el centro de la línea cartaginés, cuya resistencia se vino abajo cuando las dos formaciones en cuña romanas desgarraron la formación de las naves enemigas obligándoles a huir de forma desordenada. Inmediatamente, los cónsules dieron media vuelta y se dirigieron con la mayor rapidez posible para solucionar el problema que se había generado en la retaguardia. Las unidades de Vulso llegaron justo a tiempo de frenar el ataque que el ala izquierda cartaginesa estaba iniciando contra los transportes, mientras que los barcos de Régulo, con el apoyo del escuadrón de retaguardia, cayeron sobre Hannón, quedando rodeado y sin poder evitar una enorme derrota que al final de la jornada significó la destrucción de casi la mitad de la flota cartaginesa.

La guerra en África

Los barcos cartagineses supervivientes de la batalla de Ecnomo se retiraron apresuradamente hasta África, con la intención de organizar la defensa de su capital y evitar el desembarco de las legiones romanas, que al final lograron hacerlo cerca de la plaza de Aspis, al este de Cartago. Desde ese momento este enclave se convirtió en la principal base de operaciones del ejército de invasión.

Desgraciadamente para los intereses de Roma, la llegada del ejército al continente africano se produjo con cierta demora, ya que después de su brillante victoria naval los cónsules se vieron obligados a permanecer en Sicilia para reparar todos los daños sufridos en su enfrentamiento con la flota de Amílcar. Este retraso provocó que el desembarco se produjese justo en el momento en el que el final de la campaña anual se encontraba cerca, por lo que los romanos no pudieron hacer progresos significativos, contentándose con la realización de unas razias para devastar las tierras cercanas a la capital púnica.

Mientras todo esto sucedía, las gentes de Cartago se preparaban para ofrecer una resistencia desesperada ante una fuerza tan extremadamente poderosa como la que tenían ya en su propio territorio, casi a la vista de sus murallas. Un suspiro de alivio se escuchó cuando fueron conscientes de las últimas noticias procedentes del campo de batalla, porque incomprensiblemente los romanos empezaron a reembarcar a la mayor parte de sus hombres, y lo más extraño de todo, a dirigirlos de vuelta a Roma y dejar en África un pequeño contingente formado por dos legiones y sus tropas auxiliares; en total unos quince mil hombres, con lo que se desvanecía el temor de una invasión inminente.

Mucho se ha dicho de los motivos por los que el Senado tomó esta polémica decisión. Posiblemente en el espíritu de los senadores romanos pesaba la preocupación de dejar a Italia desguarnecida, abandonada a su suerte, al estar la mayor parte de sus reservas militares en escenarios muy lejanos a la península itálica. A pesar de todo, desde nuestro punto de vista este temor sería infundado, al encontrarse el ejército púnico lo suficientemente comprometido como para ni siquiera plantearse una incomprensible expedición contra la propia Italia.

Las motivaciones de la República fueron otras, tal vez mucho más sencillas, por lo que para entender las causas de este aparente contrasentido, deberíamos tener en cuenta el momento en el que se produce la orden de evacuación, justo antes de terminar la campaña del 259 a. C., pero también el reducido espacio que controlaba el ejército romano, algo que sin duda hizo inviable el mantenimiento de un contingente de estas características y con tan evidentes problemas de aprovisionamiento.

La decisión de Roma supuso un respiro para los cartagineses, pero para ellos no iba a resultar nada fácil expulsar a sus enemigos de unas posiciones tan fáciles de defender. Por otra parte, después de la batalla de Ecnomo, los romanos se habían asegurado el control de los mares, por lo que las comunicaciones con Italia estaban prácticamente garantizadas. Por este motivo, Cartago empezó a concentrar sus fuerzas en territorio africano, aun a costa de desguarnecer otros frentes como el siciliano. Mientras tanto, el cónsul Atilio Régulo ordenaba a sus quince mil hombres no dar tregua a sus oponentes para, de esta forma, interrumpir en la medida de lo posible los intentos de reorganización cartagineses en la zona de Túnez. Una y otra vez lanzaron continuas incursiones para arrasar los territorios bajo dominio cartaginés en una zona tan próxima a su capital.

Para colmo de males, los cartagineses fueron testigos del levantamiento en armas de las tribus númidas, las cuales se alzaron en rebelión al ver tan cerca la caída de la antigua potencia africana. Todas estas circunstancias adversas obligaron a Cartago a enviar un ejército hasta la fortaleza de Adys, por aquel entonces sitiada por las tropas de Régulo, pero una vez más, los oficiales cartagineses no lograron estar a la altura porque, movidos por la precipitación y el desconcierto, eligieron un lugar abrupto y desfavorable para presentar batalla.

Régulo fue consciente del error de su oponente: en esas condiciones sus enemigos no podrían utilizar de forma conveniente su poderosa caballería y el cuerpo de elefantes. Inmediatamente Régulo ordenó el avance de su infantería pesada, que sin muchas dificultades dio buena cuenta de un ejército mercenario cansado y desmoralizado por los continuos fracasos militares de los últimos años. Los cartagineses empezaron a huir en desbandada, dejando sin protección la estratégica ciudad de Túnez, que cayó sin apenas resistencia.

En estas condiciones, los cartagineses ya no podían confiar en la victoria. Su poderosa armada había sido derrotada y humillada por unos enemigos que pocas veces antes se habían subido a un barco. En cuanto a su caballería y elefantes, habían sido llevados hasta la muerte guiados por unos oficiales incompetentes y sin ningún tipo de honor. En Sicilia, las escasas guarniciones no podían garantizar por mucho tiempo la resistencia de los últimos enclaves púnicos al estar totalmente rodeados de enemigos y sin una armada que garantizase su viabilidad.

Había llegado el momento de negociar y de plegarse ante la voluntad de una República que debería de comportarse magnánimamente. El gobierno de Cartago envió inmediatamente a sus emisarios para iniciar conversaciones de paz, pero sus intenciones pronto se vieron truncadas como consecuencia de la actitud despótica e inflexible de Régulo. Ante Roma no había otra opción

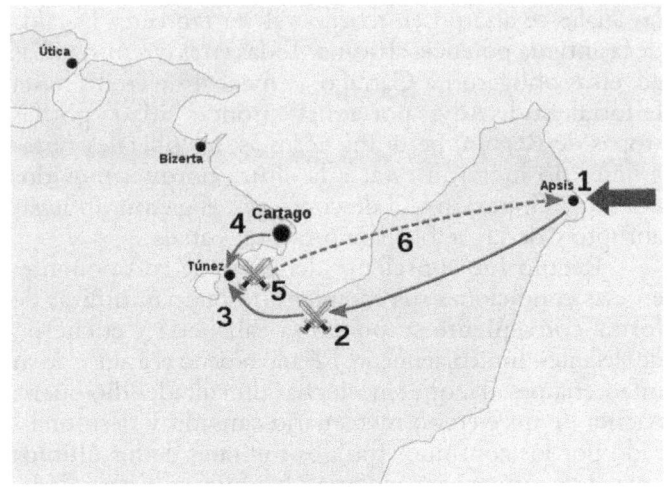

Invasión de África en 256 a. C. En esta fecha, Roma intentó terminar definitivamente con la resistencia cartaginesa atacando directamente a la ciudad de Cartago. La victoria estuvo al alcance de su mano, pero la actitud de los cónsules romanos hizo imposible la firma de un tratado de paz que hubiera puesto fin a un conflicto que parecía no tenerlo.

más que una rendición incondicional. Posiblemente, la actitud del cónsul se vio influenciada por su interés de no alargar las negociaciones y llevarlas más allá de su mandato, y por lo tanto no ceder el mérito de la victoria a su sucesor. Las condiciones de Régulo fueron por tanto inasumibles, lo que significó el final de las negociaciones.

Cartago había sido una y otra vez golpeada, apenas quedaba margen para la esperanza, pero de una cosa estaban seguros: nunca dejarían que nadie humillase a un pueblo orgulloso, con un pasado heroico, del que ellos eran dignos sucesores. Debían seguir luchando, seguros como estaban ya de que esta guerra sería a muerte, y por eso no tenían otro remedio más que conseguir la victoria. Inmediatamente, los cartagineses se centraron en preparar una nueva batalla con la intención de expulsar, de una vez por todas, a los romanos de las tierras de sus antepasados.

Esta ocasión no la podían dejar escapar, porque contaban con una ventaja añadida, la del prestigioso estratega espartano Jantipo, llegado hasta Cartago junto a un grupo de mercenarios griegos para tomar el mando de las operaciones y organizar un nuevo ejército, que poco a poco fue concentrándose en la capital para marchar contra los romanos. Al menos en esta ocasión, Jantipo no se precipitó. Él era muy consciente, al contrario que los anteriores generales cartagineses, de la fortaleza de la infantería pesada romana, especialmente cuando se asentaban en un terreno favorable a sus intereses, y por eso sólo decidió moverse cuando se sintió seguro de sí mismo y en unas condiciones idóneas para presentar batalla a Régulo.

El lugar escogido fue la llanura del Bagradas, y hasta allí dirigió sus tropas para enfrentarlas con las del cónsul, que ya se encontraban perfectamente formadas y dispuestas a infligir una nueva derrota a sus adversarios. Pero esta vez las cosas no iban a resultar tan sencillas, porque Jantipo había logrado encontrar un lugar propicio para luchar y asumir la iniciativa. En primer lugar, ordenó a sus falanges griegas que ocupasen el centro de la formación púnica en unas líneas compactas que pronto se vieron flanqueadas por fuertes destacamentos de caballería.

La inquietud y el desánimo empezaron a cundir entre los legionarios romanos, especialmente cuando una unidad de cien elefantes de guerra se alineó justo frente a la infantería. Durante unos minutos, el silencio reinó sobre el campo de batalla, hasta que Jantipo dio la orden de avance de sus elefantes, que no tardaron en abatirse sobre unos legionarios indefensos ante la fuerza de estas enormes bestias, cuya misión era hacer añicos la formación manipular del ejército romano. Régulo no daba crédito a lo que veían sus ojos, y por eso multiplicó sus esfuerzos para evitar la ruptura de su frente de batalla, pero esta vez todo estaba en su contra. Los manípulos quedaron aislados unos de los otros, obligados a luchar contra un ejército que se acercaba en perfecto estado de formación. De nada servían los intentos del cónsul pidiendo una retirada parcial para recomponer las líneas, porque en esta ocasión la derrota iba a resultar inevitable. De la llanura del Bagradas sólo escaparon con vida dos mil romanos, cuya única posibilidad de supervivencia fue guarnecerse en la cercana localidad de Aspis. Régulo fue hecho prisionero y trasladado hasta Cartago, la ciudad que tan cerca estuvo de doblegar.

La derrota fue demoledora para el estado anímico de una República, que hasta ese momento se había visto vencedora en la guerra. Por este motivo, Roma organizó una nueva armada dirigida por los cónsules Emilio Paulo y Servio Fulvio, cuyo objetivo era navegar hacia África con un gran ejército y hacer una exhibición de fuerza para mostrar al mundo quien era el más fuerte. Roma había sido derrotada, al menos en esta ocasión, pero el resto de pueblos del Mediterráneo debía saber que la victoria sería para ellos.

En un principio todo pareció transcurrir conforme establecía el guion, porque el primer enfrentamiento contra la flota púnica se saldó con una fácil victoria, endulzada con la captura de veinte naves enemigas. Posteriormente los barcos romanos rescataron a los legionarios supervivientes de Aspis, pero ante la imposibilidad de atacar directamente la ciudad de Cartago, los cónsules decidieron dar media vuelta para dirigirse a Sicilia y esperar el momento propicio para volver a probar suerte.

Fue en ese momento cuando todos los elementos conspiraron para poner contra las cuerdas a los romanos, justo cuando los buques se aproximaban a las costas meridionales de Sicilia, quiso la diosa Fortuna que se desatase un terrible temporal exactamente al frente de la ciudad de Camarina. Los barcos romanos se vieron sometidos a la voluntad de unas fuertes ráfagas de viento que los terminaron empujando contra las recortadas costas de Sicilia. Doscientos barcos repletos de hombres terminaron estrellándose contra unas enormes rocas para perecer ahogados unos cien mil romanos, en el que se ha venido a considerar como la mayor catástrofe naval de todos los tiempos. Sólo ochenta naves pudieron volver a puerto. Este fue un golpe del que Roma tardaría mucho en recuperarse.

La guerra de posiciones en Sicilia. Una guerra por la supervivencia

En 254 a. C., después del desastre naval de Camarina, las fuerzas de ambos contingentes volvieron a equilibrarse, pero una vez más los romanos supieron sobreponerse con mayor rapidez gracias a la posibilidad de acceder a nuevos recursos humanos y materiales, con los que organizaron una nueva flota cuyo objetivo era desplazarse hacia Sicilia para recuperar la hegemonía en el mar. En esta ocasión Cartago no quiso quedarse atrás, y por eso el nuevo general púnico, Cartalo, hizo avanzar a su ejército con la intención de ocupar la ciudad de Agrigento, casi al mismo tiempo que Asdrúbal se desplazaba con la flota hasta situarla frente a la ciudad de Lilibeo. Con lo que no contaron fue con la inesperada llegada del contingente

romano para asestar un duro golpe a la potencia africana con la conquista de Panormo. Como suele suceder
en estas ocasiones, las malas noticias no llegaron solas,
porque inmediatamente los númidas supieron aprovechar la debilidad de sus vecinos para levantarse en rebelión contra ellos, obligando a los púnicos a redoblar sus
esfuerzos para recuperar la región.

La pérdida de Panormo y la rebelión númida volvía
a situar a Cartago en una situación crítica, pero a pesar de
todo, las fortalezas púnicas seguían resistiendo en la parte
occidental de Sicilia. Nada parecía ser suficiente para
desalojar a los mercenarios cartagineses de unas plazas
que seguían demostrándose inconquistables, y por eso los
romanos, obsesionados por llevar la iniciativa, volvieron
a planificar una nueva ofensiva sobre África, ya no con la
intención de conquistar Cartago, sino con el objetivo de
arrasar todos los enclaves situados alrededor de la gran
ciudad norteafricana.

La idea era interesante. Los romanos habían demostrado en más de una ocasión su valía en sus combates de
altamar, pero el gran problema era el desconocimiento
de esas mismas costas en donde tenían proyectados dar
unos rápidos golpes de mano para sembrar el terror en las
poblaciones cercanas a Cartago, donde se estaba encen-
diendo la llama de la rebelión. Fue su falta de pericia lo
que provocó la pérdida de varios buques romanos frente a
Syrte, cuando apenas se habían iniciado las operaciones,
y por eso los romanos decidieron suspender el ataque y
ordenar el regreso de la flota a Italia, pero esta vez para
volver a sucumbir ante la furia de un destino que volvía
a comportarse de forma caprichosa al cebarse contra los
intereses de las armas romanas. Cuando estaban frente
al cabo de Panormo, sus barcos fueron víctimas de un
nuevo temporal que sembró de cadáveres las aguas de
un mar que ya se había cobrado demasiadas víctimas.

Ni siquiera a Roma le resultó fácil sobreponerse de este nuevo desastre. Sus reservas ya empezaban a escasear, algo que hizo imposible la organización de nuevas operaciones militares de envergadura. Otra vez, los elementos habían devuelto el equilibrio de poderes a las dos potencias que, ahora sí, presentaban claros síntomas de agotamiento.

Los años 252 y 251 a. C., van a ser de relativa tranquilidad, con una serie de reducidos movimientos en el escenario siciliano que a la postre no significaron un avance significativo para ninguno de los dos contendientes. Esta situación de inactividad no podía prolongarse durante mucho tiempo; además, para los cartagineses era fundamental recuperar la ciudad de Panormo para no ver comprometida su posición en las costas occidentales de Sicilia. La conquista de este enclave les habría supucsto, por otra parte, asumir la iniciativa perdida en aguas del Tirreno, y por eso se decidió reemprender la lucha con el envío de un nuevo ejército mercenario cuyo objetivo fundamental fue recuperar la ciudad. El general Asdrúbal se puso al frente de las operaciones, pero pronto se dio de bruces contra la realidad, porque la ciudad terminó resistiendo para posteriormente infligir una humillante derrota al cartaginés, que presenció con sus propios ojos cómo los romanos llegaban a capturar sus preciados elefantes de guerra para más tarde trasladarlos hasta Roma, y así servir de espectáculo en unos juegos circenses, antes de ser cruelmente sacrificados.

El fracaso púnico animó a los romanos a devolver el golpe, pero esta vez con la clara intención de tomar el control de la estratégica base de Lilibeo, en la parte oeste de la isla, y por lo tanto en una posición inmejorable para dar el salto y amenazar, en futuras campañas, el territorio africano. Una nueva flota romana fue trasladada hasta la plaza púnica para ser sometida a bloqueo, pero

Moneda cartaginesa con la efigie de Amílcar. Durante los años finales de la Primera Guerra Púnica, asumió un enorme protagonismo un general cartaginés que, con el paso del tiempo, se convirtió en una figura imprescindible para comprender las relaciones entre Roma y Cartago, y los motivos por los que estas potencias se volvieron a enfrentar unos pocos años más tarde.

cuando Lilibeo estaba a punto de claudicar, un convoy de cincuenta barcos cartagineses dirigidos por Aníbal logró burlar la vigilancia enemiga y desembarcar en el puerto con gran cantidad de víveres y cerca de diez mil hombres para reforzar la guarnición y hacer de Lilibeo un enclave inconquistable.

Ante esta situación, los cónsules romanos del 249, tomaron la decisión de centrar su atención sobre el puerto de Drépano, y motivos tenían para ello porque desde hacía meses la flota púnica operaba desde este lugar ante la imposibilidad de utilizar su base de Lilibeo. Hacia este lugar se dirigió entonces Claudio Pulcro, con ciento veinte barcos de guerra, dispuesto a terminar de una vez por todas con la exasperante resistencia de los cartagineses en Sicilia. Si sus enemigos perdían la flota ya no podrían abastecer sus posiciones en la isla y por eso era necesario mandar sus barcos hasta el fondo del mar.

El objetivo del cónsul era precipitarse sobre Drépano, lo más rápidamente posible, para encerrar y bloquear a la flota enemiga en su propio puerto, pero el almirante púnico no se dejó engañar y rápidamente logró sacar sus unidades a mar abierto para después rodear a unos barcos romanos que fueron inmediatamente superados y derrotados.

La catástrofe fue total, porque sólo treinta barcos lograron huir, y lo peor de todo es que los otros noventa cayeron en manos de sus enemigos. La balanza se volvía a poner a favor de Cartago, mientras que Roma quedaba en una situación complicada, con sólo una flota para no perder las comunicaciones entre Italia y la isla. Un nuevo tropiezo podría resultar definitivo, y este se produjo cuando el otro cónsul, Junio Pulo, junto a otros ciento veinte barcos, fue interceptado frente a la ciudad de Lilibeo por una flota púnica que nuevamente destrozó los últimos barcos que una Roma extenuada tenía a su disposición.

Ya era poco lo que los romanos podían hacer para revertir la situación. En sólo cinco años se habían perdido cuatro flotas. Una vez más, las costas italianas volvieron a sufrir las depredaciones del nuevo general púnico, Aníbal (este no es el mítico Aníbal que veremos durante el desarrollo de la Segunda Guerra Púnica, aunque sí perteneciente a la saga de los Barca), el primer representante de la familia Barca que tanta importancia tendrá a partir de ahora. Las bajas romanas se contaban por cientos de miles, y por eso la posibilidad de formar nuevas legiones se vio seriamente comprometida en una Italia totalmente desgastada por la guerra. Aun así, Roma no podía darse por vencida, su honor y su determinación por la victoria se lo impedía. Además, su derrota frente a Cartago le habría dejado en una situación muy incómoda frente a sus aliados itálicos, que durante tantos años habían confiado ciegamente en el poder de una República intratable en el campo de batalla.

En este contexto, y para complicar más las cosas, los cartagineses, con Amílcar a la cabeza, lograban desembarcar en el 246 a. C. con un gran ejército cerca de Panormo, iniciando una serie de maniobras que pusieron contra las cuerdas a los ejércitos romanos ocupados en el sitio de Drépano y Lilibeo. Esta situación fue aprovechada por Aníbal para lanzar nuevos ataques sobre la Italia meridional, uno de los cuales llegó incluso a Cumas. Durante los cuatro años siguientes, la flota del almirante bárcida golpeó impunemente los puntos neurálgicos de una Roma que se desangraba inexorablemente, pero para desesperación de Amílcar, el gobierno cartaginés no se comprometía con un nuevo esfuerzo militar y con el envío de unos necesarios refuerzos que habrían supuesto la derrota definitiva de Roma.

Fue precisamente esta inactividad y la escasa determinación del gobierno púnico la que le permitió a los romanos contar con una última oportunidad de asestar un golpe definitivo en un combate que Cartago estaba ganando por puntos. Lo malo es que el estado romano estaba cerca de la bancarrota, sin ninguna posibilidad de permitirse una inversión para construir una nueva flota. Por este motivo, la única posibilidad fue recurrir a la iniciativa privada, la cual hemos de suponer generosa, porque para el 242 a. C. el cónsul Cayo Lutacio Cátulo se hacía a la mar con unos doscientos quinquerremes rumbo a Drépano. El trayecto fue tranquilo; esta vez el mal tiempo no se cebó con los romanos, y además los cartagineses, que ni siquiera imaginaban la existencia de este peligro, no hicieron nada para interceptar la flota. Cuando el estado cartaginés fue consciente de la gravedad de la situación a la que se enfrentaban decidió el envío de Hannón con todos los barcos que formaban la armada púnica, pero cuando este llegó frente a las islas Egates, junto a Lilibeo, se encontró con la flota de Cátulo en perfecto estado de formación y en una situación claramente favorable para afrontar una batalla que se antojaba definitiva. Cartago fue derrotada en el 241 a. C. y de pronto se vio sin barcos y sin ninguna posibilidad de abastecer al ejército siciliano de Amílcar. En esta situación, no había más remedio que iniciar las conversaciones de paz. Amílcar asumió plenos poderes para cerrar un tratado lo más favorable posible, pero Hannón no tuvo tanta suerte. Fue crucificado como castigo por su incompetencia y por haber sacrificado el destino de un pueblo al que le quedaban muchas pruebas que superar.

2

El período de entreguerras

EL TRATADO DE LUTACIO Y LA REBELIÓN DE LOS MERCENARIOS

El final de las hostilidades con Roma no supuso para Cartago el tan deseado inicio de un período de paz. Las condiciones estipuladas en las conversaciones entre Amílcar y el cónsul Lutacio han sido objeto de debate historiográfico, aunque en general se suele admitir que los cartagineses se comprometieron a pagar una fuerte indemnización de guerra valorada en dos mil doscientos talentos a pagar en veinte años. También fueron obligados a devolver a los prisioneros de guerra sin pedir nada por su rescate y a abandonar todas sus posesiones en Sicilia para que esta quedase definitivamente bajo la órbita de influencia romana.

Según Polibio, los resultados de las negociaciones fueron considerados demasiado generosos para unos ciudadanos romanos que por aquel entonces se mostraban deseosos por resarcirse de todos los padecimientos sufridos después de tantos años de guerra, por lo que una segunda comisión fue enviada nuevamente por el Senado para lograr arrancar a los vencidos nuevas concesiones, como el aumento de las indemnizaciones en otros mil talentos y la reducción del pago a diez años. A pesar de lo controvertida que ha resultado esta información transmitida por Polibio, debemos suponer que el pueblo de Roma quedó finalmente satisfecho, especialmente las clases más adineradas, porque por fin vieron la posibilidad de recuperar la enorme inversión realizada para construir la última flota que al final le dio la victoria a la República.

La paz de Lutacio significó el inicio de un largo período de entreguerras, en el cual Cartago tuvo que pagar por las consecuencias derivadas de un conflicto que, a su vez, fue causa del estallido, algunos años después, de la Segunda Guerra Púnica. Ese es el motivo por el que los historiadores han planteado el enfrentamiento en tres actos entre Cartago y Roma como parte de un mismo conflicto, algo parecido a lo que ocurrió muchos siglos más tarde cuando Alemania, después de su proceso de unificación, trató de asumir la hegemonía europea dando lugar al estallido de unas guerras mundiales cuya naturaleza sólo puede ser comprendida si se estudian en conjunto.

Llegados hasta este punto, es hora de preguntarnos por los motivos de la derrota cartaginesa en su primer enfrentamiento con Roma, especialmente porque la posición de partida, si no favorable, era al menos propicia para el estado cartaginés, claramente superior en el mar. Las fuentes prorromanas han insistido en el ardiente

Templo de Juturna (s. III a. C.), Roma. El Tratado de Lutacio puso fin a la Primera Guerra Púnica. La victoria de Cayo Lutacio Cátulo en la batalla de las islas Egadas fue conmemorada con la construcción del templo de Juturna en Roma.

patriotismo y la férrea determinación de unos ciudadanos romanos que, en definitiva, tomaron las armas movidos por el deseo de asegurar la supervivencia de su pueblo y la grandeza de su incipiente imperio. Frente a ellos, los hombres del ejército cartaginés habrían sido en su mayoría simples mercenarios, movidos únicamente por el ansia de botín y sin ningún tipo de fidelidad hacia un estado con el que no habrían tenido nada en común.

No nos cabe duda sobre la importancia que tienen la determinación y el espíritu con el que los ejércitos afrontan una guerra para influir en el resultado final de la misma, aunque del mismo modo sería totalmente descabellado interpretar el resultado mismo del conflicto atendiendo a este único factor. En este caso, la victoria romana se tuvo que sustentar en unos elementos materiales y estructurales que a la postre resultaron inigualables para Cartago. Roma contaba con una ventaja evidente, su enorme capacidad de aportar reservas humanas suficientes para sobreponerse a todos los sinsabores padecidos en unas batallas, especialmente navales, que se cobraron cientos de miles de vidas. Fue aquí en donde residió la gran diferencia, porque a Cartago siempre la resultó más difícil equipar nuevos ejércitos y dotarse de nuevos materiales para reponer las enormes bajas sufridas a lo largo de los más de veinte años que duró la guerra. La incapacidad de los africanos para financiar el reclutamiento de nuevos ejércitos fue aún mayor debido a sus dificultades para conseguir recursos monetarios con los que hacer frente a dichos pagos, siendo este el motivo por el que algunos años más tarde, los generales púnicos pusieron tanto empeño en controlar las minas de plata situadas en la península ibérica después de la conquista de los Barca. Además, después de todo, en esta Primera Guerra Púnica el que se llevó la victoria no fue el que tenía los soldados más arrojados y decididos, sino el que tuvo más fondo para soportar la devastación producida por el mismo desarrollo de las operaciones militares. Algo parecido a lo ocurrido con otras guerras a lo largo de la historia, y valga como ejemplo lo acontecido con la Unión Soviética durante la Segunda Guerra Mundial, cuya victoria se explica por su enorme capacidad para restituir hombres y medios en el que fue, sin duda, el mayor enfrentamiento armado de todos los tiempos.

A todo ello debemos de añadir la suficiencia de los romanos para adaptarse a todo tipo de situaciones y circunstancias a las que se vieron sometidos conforme fueron avanzando los acontecimientos. La utilización del *corvus* en sus barcos para derrotar a la experimentada flota púnica, o su competencia para sobreponerse al peligro que para ellos suponía el enfrentamiento contra los temidos elefantes africanos, es sólo una prueba de ello. Finalmente, no debemos de olvidar la extraordinaria relevancia que al final supuso la unidad de los pueblos itálicos frente a las tendencias disgregadoras de los territorios controlados por Cartago, especialmente cuando los reveses militares incitaron a la rebelión de los desleales pueblos númidas y libios.

Después de la guerra, Roma empezaba a respirar pero Cartago se dispuso a sufrir un auténtico calvario que llegó a amenazar su propia supervivencia. Al agotamiento provocado por la contienda se le vinieron a sumar las imposiciones de Roma después del conflicto, algo que terminó con su inmersión en una gravísima crisis económica para la que no se vislumbró ningún tipo de solución. Su territorio y el imperio colonial se habían visto irremediablemente mermados, y no sólo eso, porque el estado cartaginés debía de buscar un dinero que no tenía para pagar no sólo la deuda contraída hacia Roma, sino también a los miles de mercenarios desmovilizados como consecuencia del final de la guerra.

A las lógicas dificultades por la mala situación financiera, se le terminó uniendo la sempiterna incompetencia de la clase oligárquica púnica, ya que en su intento de solucionar el problema y de agilizar el proceso no tuvieron mejor idea que concentrar en la capital a todo un conglomerado de soldados cabreados de procedencia diversa, que ante la falta de avances y su dilatada espera fueron pasando desde el desencanto inicial a la más firme hostilidad. La torpeza del gobierno cartaginés no se sació con tan absurda decisión, porque en una nueva demostración de miopía política decidieron solucionar el problema trasladándolo hasta otro lugar, en este caso hasta la localidad de Sica, en donde los mercenarios iberos, africanos, itálicos y galos se levantaron en abierta rebelión. Para complicar aún más las cosas, la insurrección de los mercenarios terminó degenerando en una revolución social, al atraer hacia su seno a grandes masas de población campesina, asfixiada ante la desesperante presión fiscal impuesta por el estado cartaginés. Ante dicha situación, el gobierno de Cartago no tuvo más remedio que ceder ante las pretensiones de los insurrectos, enviando a Giscón con el dinero prometido y así saciar las justas reivindicaciones de los mercenarios. Pero la decisión fue tomada demasiado tarde.

Cuando llegó hasta el campamento de los insurrectos, Giscón comprobó, para su desdicha, que ante sí tenía algo mucho más grave que una simple revuelta. Los mercenarios más radicales habían logrado deshacerse de los elementos moderados, partidarios de la negociación, para iniciar un conflicto cuyo único objetivo era destruir al estado cartaginés, apoyándose en los miles de campesinos hambrientos que en el último momento decidieron unirse a sus filas. Giscón no tuvo ni siquiera la posibilidad de iniciar nuevas conversaciones, porque fue inmediatamente detenido y encadenado.

Entre los motivos por los que ambos bandos no lograron entenderse, debemos tener en cuenta la presencia de unos personajes temerosos de la posibilidad de una solución pactada. El primero fue Estipendio, un esclavo itálico que poco antes había escapado de su amo, y cuya supervivencia se vería comprometida si se llegaba a un acuerdo. El segundo era Mato, un soldado libio que había comprometido tanto a su pueblo que temía las posibles represalias cartaginesas una vez superado el conflicto.

Cuando aún no habían cicatrizado sus heridas, Cartago se vio abocada a una nueva guerra que duró tres años, desde el 241 al 238 a. C. Aprovechando el desconcierto de los cartagineses, los insurrectos, con un ejército

Caricatura de Hannón mostrando las arcas vacías de Cartago.
Imagen de John Leech, en el cómic *Historia de Roma* (1850).
Después de la derrota cartaginesa en la Primera Guerra Púnica,
la ciudad de Cartago fue sometida a unas duras condiciones
que, al final, precipitaron el inicio de un nuevo período de
conflictos que llevarán al estallido de la Segunda Guerra Púnica.
Durante este período de entreguerras, los cartagineses tuvieron
que sobreponerse a situaciones muy complejas, entre otras a la
rebelión de los mercenarios.

compuesto por unos veinte mil mercenarios y unos siete mil campesinos, marcharon hacia la capital púnica para después sitiar las ciudades de Útica y Bizerta con lo que Cartago quedó incomunicada con el resto de su territorio. La situación era insostenible, tanto que se redoblaron sus esfuerzos para organizar un ejército a cuyo frente se puso al prestigioso Hannón, cuyo avance permitió descongestionar la presión sobre la ciudad al derrotar rápidamente a las tropas rebeldes situadas en la zona de Útica. A pesar del golpe, los antiguos mercenarios de Amílcar Barca consiguieron reagruparse en una colina cercana para iniciar un contundente contraataque ante el que poco pudo hacer Hannón, al enfrentarse a un rival desorganizado pero muy superior en número.

El miedo comenzó a extenderse entre los habitantes de la otrora potencia mediterránea, por eso se tomó la decisión de llamar al gran Amílcar, que una vez más intentó recuperar Útica y atraerse a los sectores más moderados de los insurrectos. A pesar de su esfuerzo los resultados no fueron positivos, porque desgraciadamente los más extremistas consiguieron imponer su jacobina voluntad después de masacrar a todos aquellos que una vez más volvieron a abogar por el diálogo con el enemigo. La iniciativa partió de uno de los miembros más extremistas de la revuelta, el gálata Autárito, el cual logró imponer su criterio al ordenar a los suyos torturar y matar a todos los que pretendiesen dialogar con los púnicos. Y para dar ejemplo, a Giscón y sus acompañantes les cortaron las manos, después la nariz y las orejas, y no saciados con ello, les castraron, les quebraron las piernas y los arrojaron a una fosa para enterrarlos en vida.

Ya no había más salida para este nuevo conflicto, porque el terror desatado entre las filas mercenarias empujó a ambos contendientes hacia una guerra salvaje, sanguinaria y de exterminio, cuya solución sólo fue

posible merced a la cooperación de las distintas facciones representadas por Hannón y Amílcar, que hasta ese
momento habían rivalizado por el poder en Cartago.

Esa unión, en el momento más delicado de la
historia de la urbe africana, fue la que permitió a Amílcar
rechazar a un nuevo ejército mercenario dispuesto a
conquistar y saquear la capital púnica, para después ir
mermando sus fuerzas a partir de una serie de emboscadas que fueron reduciendo su moral. Pero si algo terminó
por desequilibrar esta nueva guerra, fue la transcendental
victoria del general bárcida, cuando logró cercar al ejército de Estipendio, formado por cuarenta mil soldados,
en un desfiladero para después aplastarlo con su cuerpo
de elefantes. A partir de ese momento muchos africanos
se pasaron a las filas de Cartago, la cual pudo recuperar
la mayor parte de las ciudades que hasta ese momento
habían permanecido en manos rebeldes. Había llegado el
momento de acabar de una vez por todas con este temor
desatado por los mercenarios, pero para ello Amílcar aún
debía doblegar la resistencia de Tinete, lugar en donde
estos tenían establecido su campamento. Hasta allí llegó
acompañado de su revitalizado ejército con la intención
de iniciar un largo asedio, pero su plan inicial se vio
entorpecido por la actitud de su segundo en el mando,
el general Aníbal, que frente a la tolerancia y sensatez
de su superior, decidió crucificar a Estipendio frente a
la muralla de la localidad y ante los ojos de Mato, que
aprovechando un descuido de Aníbal, cayó sobre su
campamento para capturarle y crucificarle en la misma
cruz en donde había muerto el líder revolucionario.

El final del conflicto se antojaba cercano, especialmente porque Amílcar y Hannón volvieron a unir sus
fuerzas para derrotar, definitivamente, a los pocos mercenarios que seguían defendiendo la causa de Mato, el cual
no pudo evitar su captura y traslado hacia Cartago, en

donde fue ejecutado después de participar en el desfile de la victoria púnica.

Mientras todo esto ocurría, y la potencia norteafricana luchaba por sobrevivir, el Senado romano empuñaba un cuchillo dispuesto a clavarlo en la espalda de su antiguo enemigo. La guerra de los mercenarios había tenido un doble escenario, en parte porque los primeros éxitos de las tropas rebeldes habían animado a las guarniciones de Cerdeña a levantarse en armas contra la metrópoli. Tal y como estaban las cosas, nada se pudo hacer por evitar la pérdida de la isla, pero es en estos momentos cuando se produce un episodio cuya interpretación ha generado un nuevo debate entre los estudiosos del mundo antiguo, cuando Roma decidió intervenir, pero en este primer momento para prestar ayuda a la agonizante Cartago. En nuestra opinión, los motivos de la intervención romana fueron puramente pragmáticos, ya que nunca se pudo ver con buenos ojos la posibilidad de que esta incipiente revolución social se extendiese por el Mediterráneo, aunque otros investigadores han preferido destacar la intención de Roma de garantizar la supervivencia de su antigua enemiga para ver satisfechas todas las deudas que había contraído con ella. Si hacemos caso de las noticias transmitidas por Polibio, los motivos romanos serían establecer un nuevo tratado por el que Cartago se comprometía, a cambio de la ayuda prestada en Cerdeña, a dar un trato preferencial a los comerciantes romanos para poder negociar en territorio africano.

Poco importa si fue por una razón o por otra, porque en el 238 a. C., cuando los cartagineses terminaron de una vez por todas con las tropas mercenarias en suelo africano, los rebeldes de Cerdeña, en una situación desesperada, pidieron ayuda al Senado romano que, ante el asombro de todos, decidió dar un golpe de timón en su política con respecto a la isla y enviar un contingente militar para expulsar a unos cartagineses que no podían imaginar tan flagrante felonía. Ante la injusticia, el Senado cartaginés emitió una protesta exponiendo la validez y la vigencia de la paz de Lutacio, aunque en esta ocasión Roma decidió aplicar la política del más fuerte, exponiendo, con indisimulado cinismo, que tanto Cerdeña como Córcega estaban entre las islas situadas entre Sicilia e Italia que los mismos cartagineses se habían comprometido a evacuar después del 241 a. C. Para colmo de males, a Cartago se le impuso una nueva indemnización: otros mil doscientos talentos que se vinieron a sumar a los estipulados anteriormente y a la perdida de todo el imperio colonial que los cartagineses llegaron a forjar en el Mediterráneo.

Cartago no sólo había sido derrotada, sino también asfixiada económicamente, humillada y vejada territorialmente. La sed de venganza se empezó a fraguar en el ánimo de muchas familias de la aristocracia púnica que, desde ese mismo momento, pondrían todo su empeño en devolver el golpe y recuperar su honor perdido.

LA EVOLUCIÓN DEL ESTADO ROMANO EN EL PERÍODO DE ENTREGUERRAS

La política exterior de Roma en los años posteriores al final del conflicto se caracterizó por el establecimiento de un cinturón de seguridad para proteger su recién adquirida hegemonía. Alrededor de Italia, los romanos organizaron una auténtica línea de defensa para mantener alejado el peligro de un posible renacimiento del poderío africano.

En el interior, la dinámica de los acontecimientos a partir del 241 a. C. dependió, en buena medida, de las repercusiones sociales y económicas que tuvo para la República el final de la Primera Guerra Púnica. Como ya dijimos, el conflicto supuso una enorme cantidad de pérdidas humanas que terminaron por trastocar las bases estructurales de la agricultura romana. Pero el final de la guerra también supuso la introducción de una ingente cantidad de dinero como consecuencia del pago de las indemnizaciones a las que tuvo que hacer frente la derrotada Cartago. No nos debe de extrañar, por tanto, que los dos ámbitos en donde más se notaron las transformaciones sociales y económicas de la vieja República fuesen en el campo y en el mundo del comercio.

Durante más de veinte años de guerra ultramarina, los campesinos romanos, empeñados en la defensa de su patria, se vieron irremediablemente alejados de sus propiedades y sin ninguna posibilidad de trabajar unas tierras que más tarde no pudieron volver a poner en funcionamiento. El problema no fue únicamente la dificultad de recuperar unas parcelas totalmente improductivas después de tantos años de abandono, sino la actitud egoísta y desleal de la minoría latifundista romana que contaba con mejores medios contra los que no se podía competir.

Por estos motivos, volvieron a ponerse sobre la mesa cuestiones tales como el reparto de nuevas parcelas individuales entre los ciudadanos romanos, y así favorecer a la enorme cantidad de campesinos que en ningún momento se habían visto beneficiados, más bien todo lo contrario, de las ventajas obtenidas por el estado romano tras la sufrida victoria del 241 a. C. Al frente de esta justa reclamación se situó el tribuno de la plebe Cayo Flaminio, considerado como uno de los más directos precursores de los Graco y de su revolucionaria política de reparto del *ager publicus*. Sobre su biografía, los pocos datos con los que contamos proceden de unas fuentes historiográficas de clara tendencia senatorial, todas ellas contrarias a su persona. En este sentido, Polibio, cercano al círculo de

Escipión, y por lo tanto enemigo de Flaminio, llega a considerarlo como uno de los causantes de la crisis de la República y de ser responsable directo de la guerra contra los galos, al verse estos amenazados por el asentamiento de campesinos romanos en unas tierras consideradas de su propiedad.

Al margen de este debate, a Flaminio no se le puede negar su impecable progresión en el *cursus honorum*, llegando a desempeñar las magistraturas más importantes, entre ellas el consulado en dos ocasiones. En este sentido, y por lo radical de sus reivindicaciones, Flaminio terminará convirtiéndose en un personaje clave para entender la política romana en este período de entreguerras. Para los pequeños campesinos todo parecía jugar en su contra, porque la aristocracia terrateniente había centrado su atención en el *ager gallicus* para adquirir nuevas propiedades y de esta manera ampliar las bases latifundistas del estado. A su favor contaban con una enorme cantidad de dinero que esperaba expectante las nuevas posibilidades de inversión, y no sólo eso, sino que los grandes terratenientes contaban además con mano de obra esclava, utilizada para trabajar sus extensas propiedades.

Ante dicha situación, Flaminio intentó aliviar la precaria situación económica de la plebe rural ofreciéndoles unas parcelas de tierra en un área apartada de Roma y de las molestas injerencias senatoriales. Como más tarde pasará con las reformas de los Graco, la oposición a esta nueva política por parte de la oligarquía terrateniente fue atroz, y por eso Cayo Flaminio no tuvo otro remedio más que aprobar su proyecto por la Asamblea Plebeya, mediante un *concilium plebis*. Fue en ese momento cuando la enemistad de la clase dirigente hacia el decidido defensor de las clases populares se convirtió en odio declarado, iniciando una férrea presión para intentar desprestigiar su causa.

Los motivos del rechazo por parte del Senado hacia la política del reformador romano parecen estar relacionados con los deseos de los grandes propietarios de ver aumentadas sus posesiones a costa de un *ager gallicus* cuya posesión se disputarían con la plebe rural. En sentido contrario, también se ha aludido a una cierta preocupación por el asentamiento de miles de familias campesinas en unas tierras que los galos consideraban suya, y que pocos años después del inicio de su colonización llevaron a cabo una invasión, aunque con unas intenciones distintas a las propuestas por la historiografía oficial de corte senatorial. Para autores como José Manuel Roldán, otra de las explicaciones que nos permitiría interpretar el obstinado rechazo por parte del Senado a la política de Flaminio fue la preocupación de emplear una extraordinaria cantidad de población campesina en la colonización de una zona que ellos no consideraban estratégica, algo que habría dificultado, e incluso paralizado, la incipiente política de expansión en el área mediterránea, y más concretamente en las grandes islas arrebatadas a los cartagineses, pero también en la costa iliria, cuyo control se consideró prioritario para garantizar la seguridad de la propia Italia.

El protagonismo de Flaminio en la política interior de la República no se limitó a la aprobación de su Ley Agraria en el 332 a. C. porque su papel fue fundamental en la reforma de los comicios centuriados, la cual supuso una nueva distribución de las centurias con respecto a las clases, para que las más altas perdiesen su mayoría absoluta y se rebajasen las diferencias entre estas y las más desfavorecidas. Con su reforma también se intentó reducir el peso de los nuevos grupos sociales, enriquecidos gracias al comercio y la economía de tipo especulativo, para favorecer a los propietarios de tierras y consolidar de esta manera el predominio del campo sobre la ciudad.

Después de la Primera Guerra Púnica, el campesinado romano estaba totalmente arruinado, más aún como consecuencia de la introducción de un nuevo modelo caracterizado por la utilización de mano de obra esclava contra lo que poco podían hacer los pequeños propietarios libres. Cayo Flaminio inició un proceso que alcanzó unas cotas más altas con los Graco. En la imagen: MIRYS, Silvestre David. «Graco dirigiéndose a la asamblea de la Plebe». En: *Figures de l'histoire de la république romaine accompagnées d'un précis historique.* París: Chez le Citoyen Mirys, rue des Poules, n.º 6, près le Panthéon, 1799.

Esto es algo que volveremos a ver con los Graco, porque detrás de unos cambios que en un principio podrían interpretarse como revolucionarios, se esconde un movimiento claramente conservador que empezó a dar sus últimos coletazos para tratar de evitar algo para lo que ya no había remedio: la introducción de una nueva forma de entender el estado y las relaciones socioeconómicas que a la postre significó el final de la vieja república.

Los continuos desafíos al Senado terminaron por unir al grupo de los *optimates,* que no perdieron oportunidad de acusar a Flaminio de querer atentar contra la ley y las tradiciones sagradas del estado. Su continuo desafío a la *mos maiorum* ('las costumbres de los ancestros'), no debía quedar incólume, y por eso le amenazaron con declararlo enemigo público y marchar contra él si seguía en su empeño de hacer la puñeta a los que más tenían.

Durante la guerra con los galos, cuyas circunstancias veremos en páginas venideras, Flaminio consiguió ser elegido cónsul, pero los senadores tuvieron la mala idea de acusarlo por no haber resultado los auspicios preceptivos apropiados para lo que dictaban las tradiciones y su soberana voluntad. Por este motivo le enviaron una carta, en donde le reclamaban su vuelta inmediata a Roma, pero el líder revolucionario hizo oídos sordos y excusándose en la inmediatez de la guerra decidió seguir en su cargo, para después cosechar una decisiva victoria con la que al fin se pudo someter la voluntad de los bárbaros.

A su regreso a Roma, el Senado procuró juzgarle por su manifiesta desobediencia, pero el pueblo no estaba dispuesto a permitir este nuevo ultraje al que ya consideraban como su nuevo líder, y por eso decidió otorgarle un merecido triunfo, después del cual dejó el consulado. Para los patricios, esta nueva ofensa fue intolerable y desde luego nunca estuvieron dispuestos a perdonarla. En el 221 a. C. cuando en Roma ya se volvían a respirar nuevos aires de guerra, Flaminio fue nombrado *magister equitum* de Marco Minucio Rufo, pero fue obligado a dimitir después de que varios miembros del Senado asegurasen haber oído el chirrido de un dichoso roedor durante el proceso de elección. La señal no podía ser más clara, los dioses, siempre favorables a los más poderosos, interpretaron el sonido de la rata como una inconfundible señal procedente desde el más allá para despojar a Flaminio de su cargo, y de paso de su *dignitas*. Aun así, la prometedora carrera del líder reformista siguió adelante, por un camino no exento de problemas, llegando a asumir la censura, desde la que impulsó la reforma de los comicios y realizó nuevas colonias en Cremona y Placentia.

Su prestigio, alcanzó cotas más altas en el 217, momento en el que fue elegido nuevamente cónsul de Roma, un cargo que asumió con honor y valentía hasta su derrota final en la batalla del lago Trasimeno, en donde junto a sus hombres perdió la vida frente al ejército del gran Aníbal Barca.

LA POLÍTICA EXTERIOR ROMANA EN EL PERÍODO DE ENTREGUERRAS

Tradicionalmente se ha relacionado el final de la Primera Guerra Púnica con el inicio de un nuevo período para la historia de Roma, marcado por la asunción de una política imperialista, que la alejaba definitivamente de su costumbre pactista llevada a cabo con los pueblos itálicos. Aunque nos negamos a desechar por completo esta hipótesis, hemos de reconocer que el estudio de las relaciones exteriores de la República triunfante con las recién adquiridas posesiones mediterráneas nos llevan a pensar que este proceso, si cabe, fue bastante gradual, al primar entre los grupos de poder senatoriales la asunción de una política de contención para dar respuesta a los peligros que amenazaban a una Roma sometida a una enorme presión por entrar en contacto con nuevas potencias que van a querer disputarle su recién asumida hegemonía.

Después de todo, esta no fue la última vez que una potencia vencedora en un conflicto de tan grandes y desastrosas consecuencias intentó escudarse con un infranqueable cinturón defensivo para mantener la seguridad de sus inestables y amenazadas fronteras. Esto fue, precisamente, lo que intentará Roma a partir del 241 a. C. al reforzar sus posiciones alrededor de Italia.

Por el oeste, en las islas de Sicilia, Cerdeña y Córcega, pero también llevando su frontera septentrional hasta la Galia Cisalpina, con la intención de rebajar la presión de los pueblos bárbaros sobre sus aliados itálicos, o con el establecimiento de un protectorado en Iliria como paso previo a establecer su dominio sobre el Adriático. En este período también se establece una nueva alianza con Marsella para vigilar los movimientos de los cartagineses en la aún lejana y desconocida Hispania.

Los primeros años del período de entreguerras estarían marcados por el interés de una de las facciones del Senado por continuar con la expansión de Roma en el Mediterráneo. El objetivo era reafirmar las posesiones de la República en el Tirreno, y lógicamente la isla de Sicilia fue la que centró su atención. A pesar de todo, la explotación económica de Sicilia tuvo un interés secundario frente a la necesidad de controlar un territorio que debería de jugar un papel activo en la defensa de Italia si, llegado el caso, se volvían a iniciar las hostilidades. La isla fue sometida al pago de un tributo, pero no hubo ningún intento de integrar a Sicilia dentro de la confederación itálica.

La progresión de Asdrúbal por la península ibérica y la presión de los galos por el norte terminarían por forzar a Roma a consolidar sus fronteras con el envío de nuevas legiones. Dos fueron hacia Sicilia y otras dos hacia Córcega y Cerdeña. La presencia de un auténtico ejército de ocupación obligó al estado romano a nombrar a un magistrado revestido de *imperium* para poder ejercer el control de sus nuevos territorios.

Sobre la conquista de Córcega y Cerdeña, ya sabemos que esta se produjo en el contexto de la rebelión de los mercenarios contra los intereses de la ciudad de Cartago. La segunda petición de ayuda hacia Roma por parte de los rebeldes, significó el envío de un ejército para desalojar, contra toda justicia, a los púnicos de sus posesiones. A pesar de todo, la expulsión de los cartagineses no significó el control automático de las islas, porque desde ese momento se inició una guerra de guerrillas que se prolongó hasta el 231 antes de Cristo.

En la frontera norte, más allá de los ríos Arno y Po, ni siquiera hubo tiempo para la paz. Hacia allí marcharon los romanos para pacificar a las tribus bárbaras y aliviar la presión que ejercían sobre los pueblos de la confederación itálica nada más terminar las operaciones militares contra los cartagineses. Los resultados no fueron excesivamente brillantes porque los únicos avances significativos se produjeron en el Arno, cuya orilla derecha fue ocupada permitiendo recuperar algunos enclaves como Pisa. Mucho más peligroso fue el siguiente conflicto, el acontecido en 236 en el que una peligrosa coalición de pueblos galos, encabezados por los boyos, tomó la decisión de marchar sobre la colonia romana de *Ariminum*. En esta ocasión, y para fortuna de Roma, los servicios de espionaje funcionaron a la perfección, lo que le permitió al Senado anticiparse al peligro y enviar un ejército que logró repeler sin demasiadas dificultades la agresión. Roma había triunfado; en este y en todos los frentes, y por lo tanto nada impedía que las puertas del templo de Jano se cerrasen para conmemorar la paz en el año 235 a. C. Lo que ni siquiera podían imaginar los romanos era que estas no volverían a estar cerradas hasta el siglo I a. C., bajo el gobierno de Augusto.

La guerra contra los galos no tardó en volver a estallar, y esta vez en más grandes proporciones. En el 225 a. C. un extraordinario ejército bárbaro cruzó los Apeninos con la intención de devastar una Roma en donde se desató el terror. Esta vez, el Senado romano entendió el auténtico peligro al que se enfrentaba una República cuyas heridas aún no habían cicatrizado. Nuevamente, la ciudad del

Lacio supo luchar por su supervivencia y por eso armó un contingente compuesto por ciento cincuenta mil hombres que puso rumbo al norte decidido a presentar batalla. A pesar de la determinación romana, nada pudo hacerse para evitar la conquista y saqueo de la ciudad de *Clusium*. Los galos, cargados con un enorme tesoro, marcharon posteriormente hacia la costa del Tirreno, pero en esta ocasión los cónsules Atilio Régulo y Emilio Papo no dejaron pasar la oportunidad de unir sus fuerzas y cercar a sus enemigos en Telamón para infringir una derrota a los galos cuyas bajas se contaron por millares. La victoria fue total, pero el gobierno de la República no se conformó con restablecer el equilibrio de sus fronteras, y por eso decidió continuar con la ofensiva para, de una vez por todas, conquistar el territorio de la Galia Cisalpina y evitar, en la medida de lo posible, una futura invasión. En el 224 se sometieron los boyos, y un año más tarde Flaminio consiguió una gran victoria sobre los ínsubres, que finalmente fueron reducidos en el 222 por los cónsules Cornelio Escipión y Marcelo.

La Galia Cisalpina era ya romana, por eso el Senado redobló sus esfuerzos por integrarla dentro de la alianza itálica mediante un proceso de colonización y la fundación de las ciudades de Placentia y Cremona. Unos años después, Aníbal comprobaría hasta qué punto esta región iba a seguir siendo fiel a Roma durante la Segunda Guerra Púnica.

El último ámbito en el que el estado romano se vio obligado a intervenir para de esta forma satisfacer sus necesidades de contar con un cinturón de seguridad que le aislase de nuevos conflictos internacionales fue el Adriático. Mucho se ha debatido sobre los motivos por los que se embarcó en esta nueva empresa, aunque tradicionalmente se ha querido relacionar el inicio de la presencia romana en la región con el intento de limpiar

Recreación de un galo. Museo de la Civilización Celta, Francia. La política exterior de la República centró su atención en tratar de solucionar un grave problema que llegó a amenazar la supervivencia de la propia ciudad de Roma, al menos hasta el gobierno de Julio César. Este fue el peligro que para ellos suponía la existencia de las poderosas tribus celtas situadas en la Galia, contra las que lucharon sin tregua para garantizar la seguridad de las fronteras septentrionales.

de piratas las costas dálmatas como consecuencia de los problemas que estos estaban provocando a los comerciantes itálicos en sus relaciones con el mundo griego. En este sentido, la actitud romana no habría estado forzada por ningún tipo de pretensión de tipo imperialista, ni tampoco en su interés por dejar notar su presencia en un espacio tan complejo como el helenístico.

Las últimas investigaciones ponen en entredicho esta absoluta falta de interés por parte del Senado hacia los asuntos de Oriente, porque la consolidación del reino de Macedonia y su entendimiento con Iliria tuvo que verse como una amenaza para Italia, y por ello se hizo necesario actuar para establecer una zona de dominio que les permitiese mantener las espaldas a cubierto en previsión de un nuevo conflicto con Cartago, que conforme pasaba el tiempo, todos daban por hecho.

Por aquel entonces las costas de Iliria eran, efectivamente, un auténtico refugio de piratas, cuya proliferación se terminó convirtiendo en una pesadilla para los comerciantes griegos y romanos. Al mismo tiempo, Macedonia trataba de imponer su hegemonía en la Grecia continental, tal vez tratando de emular el enorme prestigio adquirido cien años atrás por el gran Filipo II, padre de Alejandro. Las pretensiones de los monarcas macedonios terminaron chocando con los intereses de las polis griegas, aglutinadas en las ligas aquea y etolia, que para colmo de males terminaron sufriendo, en sus propias carnes, las ansias expansionistas del rey Agrón, monarca de un nuevo estado surgido en las costas de Iliria y cuya ansia expansionista le llevó a iniciar una campaña de conquistas de las pequeñas ciudades helénicas situadas en las islas del Adriático. Una tras otra, todas fueron cayendo en mano de estos inclementes conquistadores, que además tuvieron el acierto de ganarse la simpatía del nuevo rey de Macedonia, Demetrio II, cuyo interés por controlar Grecia le llevó a pactar una alianza con Teuta, viuda de Agrón, y regente de un reino que ahora con la ayuda de los macedonios, prosiguió con su política de conquistas hasta amenazar la pequeña localidad de Issa, cuyo grito de auxilio provocó la intervención romana.

Según Polibio, las razones por las que Roma se decidió a intervenir y a poner el pie en la otra orilla del Adriático fue la necesidad de acabar con los ataques de los piratas, un problema que sin duda tuvo que afectar a los senadores romanos, aunque nos atrevemos a pensar que esta no habría sido la causa principal, entre otros motivos porque la piratería era un mal endémico en la región y hasta ese momento el gobierno de la República aún no había movido ni un dedo para resolver la situación. Las pretensiones romanas debieron ser otras y, como dijimos, más relacionadas con la política defensiva de la Roma de entreguerras, además de para satisfacer los intereses de los comerciantes itálicos en sus relaciones con el mundo griego.

Sin ser causa directa, el apoyo a la piratería por parte del gobierno ilirio fue la excusa perfecta para el envío de una embajada a Teuta, y es en este contexto cuando se produce el *casus belli* de la primera guerra iliria, cuando uno de los embajadores romanos, Lucio Coruncanio encontró la muerte en extrañas circunstancias. Al parecer, el romano habría muerto como consecuencia de un ataque de los piratas ilirios, aunque Polibio nos relató que fue Teuta la responsable de su asesinato al sentirse ultrajada por el trato altanero recibido en su encuentro con el embajador.

Fuese como fuese, el Senado terminó declarando la guerra, e inmediatamente ordenó el traslado de los dos cónsules del 229 a. C., Cneo Fulvio Centumalo y Lucio Postumio, al mando de una poderosa flota compuesta por doscientos barcos de guerra. Ajena al peligro y a la determinación de Roma por imponer su voluntad en la zona, Teuta continuó adelante con su política expansiva sobre las ciudades griegas situadas en el estrecho de Otranto, con la clara intención de controlar los accesos al mar Adriático. Sin apenas resistencia, las ciudades

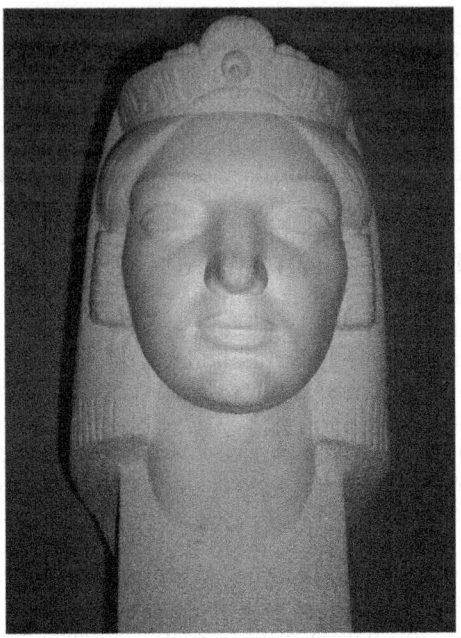

Busto de la regente Teuta en el Museo de Skodres. A pesar de la escasa relevancia que tuvo la primera guerra en Iliria, para Roma las consecuencias fueron muy notables porque supuso una primera toma de contacto con el complejo mundo oriental.

griegas fueron cayendo en manos ilirias, por lo que no dudaron en pedir ayuda a las ligas etolia y aquea, cuya extrema debilidad se puso de manifiesto con el envío de un insignificante contingente de diez barcos, que fueron rápidamente vencidos por los numeroso *lemboi* ilirios, cerca de los islotes de Paxoi.

Rápidamente, Corcira cayó en manos de Demetrio de Pharos, general al mando de las tropas ilirias, justo en el mismo momento en el que los cónsules ordenaban dirigir sus barcos hasta esta estratégica ciudad para llevar a cabo una espectacular demostración de fuerza que terminó por convencer a los corcirios de la necesidad de entregar el enclave a los todopoderosos romanos. Desde Corcira cundió el ejemplo, reavivando las ansias de libertad de unas pequeñas urbes griegas que empezaron a considerar a los romanos como sus auténticos libertadores. Los cónsules fueron rescatando las ciudades de sus aliados, hasta que Teuta, superada por los acontecimientos, terminó pidiendo la paz en el 228 a. C., comprometiéndose a pagar una fuerte indemnización de guerra y a respetar el establecimiento de un protectorado romano en la costa adriática situada en Otranto y de espaldas al reino de Macedonia.

Fue precisamente Macedonia uno de los estados más perjudicados por la situación creada tras del final de esta primera guerra iliria. El choque con Roma se empezaba a asumir como algo inevitable, lo que le llevó al lógico entendimiento con el enemigo natural de la ciudad del Lacio, y este no podía ser otro más que Cartago.

Con el establecimiento del protectorado ilirio, Roma le arrebataba a Macedonia su salida natural al mar Adriático. De igual forma, su alianza con las ligas aquea y etolia atentaba contra los intereses macedonios de conseguir un control efectivo de la Grecia continental. El nuevo rey, Antígono III Dosón, decidió continuar con su política expansiva aprovechándose de la situación creada de antemano cuando el reino de Iliria cayó en manos de Demetrio de Pharos, en un momento en el que Roma redoblaba esfuerzos para terminar con el problema de los galos, permitiendo al ilirio sacudirse su dependencia con respecto al gigante latino y reemprender su política de conquistas en la región.

Para Macedonia había llegado el momento de ver cumplido su sueño. La situación no podría ser más propicia, porque Roma aún no había estabilizado su frontera septentrional, y para colmo miraba de reojo los avances de los cartagineses en la lejana Iberia. Es más, la alianza con Iliria le permitió a Macedonia debilitar a sus enemigos, por lo que su rey movió ficha e inició el esperado ataque para derrotar a los helenos en el 222 a. C., en la batalla de Selasia, consiguiendo una brillante victoria que le permitió dejar a Grecia como un gran protectorado bajo la influencia de Macedonia.

Roma decidió hacer de tripas corazón, actuando con cautela hasta verse exenta de responsabilidades y tener las manos libres para recuperar el terreno perdido. En el 219 a. C., una vez sometidos los galos, el Senado envió a los dos cónsules con sus ejércitos hacia la isla de Pharos, defendida por Demetrio que, pese a su empeño, nada pudo hacer para evitar su caída ante la manifiesta superioridad romana. Casi de forma inmediata terminó esta efímera segunda guerra en Iliria, pero el gobierno de la República, al menos esta vez, decidió no ser demasiado exigente. En ningún momento se trató de ampliar sus posesiones en la otra orilla del Adriático, contentándose con restaurar el protectorado en Iliria. No había tiempo para más, porque en ese momento los romanos ya eran conscientes de su necesidad de prepararse para un conflicto de mayores proporciones. En la península ibérica, los cartagineses aceleraban su progresión para controlar una región que iba a tener una importancia fundamental en el desarrollo de la siguiente guerra entre los dos colosos del Mediterráneo.

La conquista de Iberia por parte de los cartagineses había empezado muchos años atrás, cuando Amílcar, resentido por el inhumano trató que había recibido Cartago después de la Primera Guerra Púnica, llegó a Hispania con la intención de recuperar la grandeza de la ciudad africana.

3

Cartago conquista Hispania

AMÍLCAR EN IBERIA

El final de la guerra contra Roma significó la pérdida de una serie de territorios clave para garantizar la supervivencia de Cartago como lo que siempre había sido: una gran potencia colonial y comercial en aguas del Mediterráneo. Como ya vimos, este no fue el único problema que tuvieron que afrontar los cartagineses, porque los romanos sometieron a sus antiguos enemigos al pago de unas fuertes indemnizaciones de guerra, que hicieron temblar las bases económicas de la ciudad africana al tiempo que hacían aumentar el ansia de revancha entre el partido militarista representado por la poderosa familia de los Barca.

Lamentablemente, los romanos no supieron interpretar de otra manera el final de un conflicto en el que

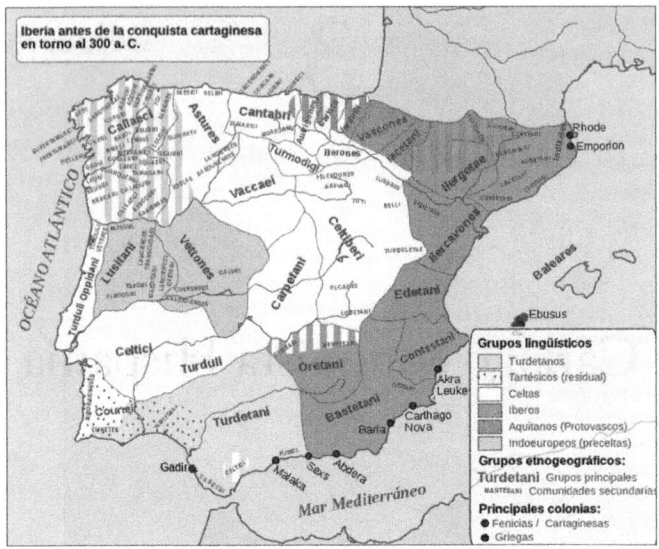

Iberia en el siglo III a. C. Después de su derrota frente a Roma, Cartago se vio privada de casi todas sus fuentes de riqueza. Sus posesiones en el Mediterráneo habían pasado a manos de su enemiga, y por eso una facción importante de la aristocracia africana empezó a interesarse por la conquista de un enorme espacio geográfico en el que podría conseguir metales preciosos y jóvenes mercenarios para reformar su debilitado ejército.

Cartago habría sido derrotado, pero no exterminado. No fue esta la única vez en la que la inclemencia de un estado vencedor con respecto a sus antiguos enemigos hizo despertar un odio indisimulado y un ansia por resarcirse de todas las injusticias a las que habrían sido sometidos hasta dejarles en una situación crítica. Después del final de la Primera Guerra Mundial, mientras en París se debatían las condiciones a las que debía ser sometida Alemania, surgió una controversia entre el presidente Wilson, de Estados Unidos, defensor de una política de apaciguamiento y de generosidad en el trato a los países derrotados en la Gran Guerra, y la propuesta por la delegación francesa que pretendía hacer pagar bien caro todos los padecimientos sufridos por su país, obligando a pagar a la ahora república alemana de Weimar una enorme indemnización de guerra, además de verse sometida a la humillante vejación territorial y a la obligación de desmovilizar a su ejército. La victoria de la propuesta francesa no hizo sino incrementar el nacionalismo exacerbado alemán, el auténtico caldo de cultivo en donde empezó a fraguarse el triunfo de Hitler y del temido Tercer Reich.

Para complicar aún más las cosas, el estallido de la guerra de los mercenarios fue aprovechado por Roma para continuar humillando a los desahuciados cartagineses, al quitarles sin ninguna justificación previa los restos de su imperio colonial: las islas de Córcega y Cerdeña. Cartago quedó reducida, a partir de ese momento, a sus posesiones africanas, sin ninguna posibilidad de expandirse por el Mediterráneo Central para no despertar los recelos de Roma, y con una clase dirigente definitivamente fraccionada en dos grandes grupos cuyos intereses comenzaron a chocar, a veces de forma irreconciliable. El primero de estos grupos defendía la expansión de Cartago por territorio africano con el objetivo de potenciar una economía basada en la extensión de la agricultura latifundista. Frente a ellos estaba la facción que pretendía la revitalización del comercio y la conquista de nuevos mercados, para conseguir recursos suficientes y saldar, de una vez por todas, la deuda con los romanos.

Desde el principio, la existencia de estas tendencias se vio representada en dos personajes que habían tenido un protagonismo especial en los momentos finales de la Primera Guerra Púnica y en la inmediata rebelión de los mercenarios. Hannón fue el gran defensor de la facción africana, y frente a él se situó el prestigioso Amílcar Barca, apoyado por las clases medias y por los miembros de la oligarquía cartaginesa proclives a buscar nuevos mercados, para de esta manera solucionar la desesperada situación en la que habían quedado los miles de artesanos y comerciantes una vez acabada la revuelta de los mercenarios en el 237 antes de Cristo.

Para Amílcar y sus defensores, la solución a todos estos problemas pasaba por conquistar la lejana Iberia, una región rica en minerales pero también en hombres, necesarios para recomponer su ejército en vistas a reafirmar su poder y no quedar relegada a una potencia de segunda fila, y lo peor aún, sometida a la voluntad de la odiada República Romana.

La aventura ibérica se mostraba incierta y no exenta de problemas, para un estado que había salido de un conflicto totalmente agotado y sin energías para afrontar este esfuerzo cuyos resultados no se podían prever. Un elemento fundamental que podría explicar el éxito de Amílcar en su idea de conquistar Hispania fue el decidido apoyo de su yerno Asdrúbal, representante de los intereses de las clases emprendedoras y más activas de la sociedad púnica. Pero la puesta en práctica de esta nueva política expansiva de Cartago, sin ser discutida en su desarrollo, generó una controversia historiográfica, generada en parte por la tendenciosa visión que nos dieron los autores prorromanos sobre cuáles habrían sido los auténticos condicionantes del estallido de la Segunda Guerra Púnica.

Para ellos, la decisión de los Barca se habría tomado de espaldas a los intereses y a la opinión del Senado cartaginés, y habría estado motivada por su intención de contar con una nueva base de operaciones desde la cual poder prepararse para el nuevo enfrentamiento con Roma, que los Barca deseaban más que nadie. Así, frente a la cautela y la prudencia del Senado cartaginés, se habría impuesto el ansia revanchista del pueblo, totalmente manipulado por el líder del partido militarista, Amílcar y su familia, auténticos responsables de estallido de la Segunda Guerra Púnica. Esta posibilidad, en la actualidad prácticamente descartada, guardaría una estrecha relación con el famoso juramento de odio eterno hacia Roma que Amílcar obligó a hacer a sus hijos antes de partir hacia Hispania junto a un altar en el que el general Barca acostumbraba a hacer sacrificios a Zeus. A pesar de que, según Polibio, fue el propio Aníbal el que reconoció a Antíoco III, casi al final de su vida, que esta historia, mezclada con la leyenda, era verídica, la crítica actual tiende a negar la existencia del juramento de Aníbal, por considerarlo como un nuevo intento de responsabilizar a Aníbal como único responsable del inicio de la guerra en el 218 antes de Cristo.

Una vez terminados los problemas con las tropas mercenarias, y sometido el alzamiento de los númidas, Amílcar logró convencer al ejército para iniciar una nueva campaña, en esta ocasión para conquistar Iberia, bajo la promesa de generosos botines. Esa es al menos la explicación ofrecida por Apiano, coincidiendo con lo que nos transmite Polibio, algo que, como dijimos, debemos matizar, porque el estudio atento de las fuentes nos permite intuir el apoyo constante del Senado cartaginés a los movimientos de los Barca, como lo demuestran los abundantes donativos enviados por Amílcar y sus sucesores para ganarse la voluntad de la oligarquía cartaginesa en su política de ocupación de la península ibérica.

Con el apoyo mayoritario de la aristocracia púnica, Amílcar partió hacia Hispania en el 237 a. C., llegando a la antigua ciudad de Gadir de tradición fenicia, acompañado por su yerno Asdrúbal el Bello (no confundir con su hijo Asdrúbal Barca, hermano de Aníbal), su hijo

Aníbal y un importante contingente militar cuyo objetivo primordial era asegurar y extender el área de influencia en torno a esta ciudad, que a partir de entonces se convertirá en la primera base de operaciones cartaginesa en la Península. El siguiente paso fue consolidar el control sobre un extenso territorio situado en el valle del Guadalquivir y, de este modo, asegurarse el control de las ricas minas de oro y plata situadas en Sierra Morena, para finalmente conquistar la costa suroriental, en la que establecerían nuevos enclaves comerciales desde los que favorecerían la explotación de las riquezas de una región bendecida por la naturaleza.

El esfuerzo del estado cartaginés fue amplio, pero los beneficios que prometía la conquista de este vasto espacio geográfico no eran menores. Además del acceso a los ricos filones de plata del sur peninsular, los cartagineses anhelaron con indisimulada codicia los recursos agrarios necesarios para apuntalar su renqueante economía. Tampoco podían obviar la inagotable fuente de recursos humanos que llegado el caso volverían a utilizar como tropas mercenarias en previsión de un nuevo enfrentamiento militar con Roma.

Para Amílcar la empresa no resultó nada fácil. En primer lugar tuvo que vérselas con una denodada resistencia de pueblos indígenas como los turdetanos, apoyada por una firme coalición de tribus del interior como los lusitanos, cuya unión le puso contra las cuerdas tanto a él como a su aún pequeño contingente militar. Aun así, esta primera prueba de fuego en territorio peninsular fue definitivamente superada, dejando al general bárcida como dueño de una extensa región en torno al río Guadalquivir. Una vez afianzada su posición, el siguiente objetivo de Amílcar fue la conquista, después de una lucha sin tregua contra los pueblos edetanos y contestanos, de la zona sureste, en donde poco tiempo

Tossal de Manises. Después de asegurarse el control del sur peninsular, Amílcar Barca decidió establecer su principal base de operaciones en la ciudad de Akra Leuka, que cada vez tiende a identificarse más con el yacimiento alicantino del Tossal de Manises.

después fundó una nueva ciudad conocida como *Akra Leuka*, identificada por muchos con el yacimiento alicantino del Tossal de Manises, que convirtió en su nueva capital debido a la lejanía de Gades.

Desde el principio a los cartagineses les resultó muy difícil mantener sus posiciones en esta estratégica región, en parte porque el control de los pueblos del interior aún no era efectivo. Además, estos avances habían llamado la atención de los romanos, preocupados por la nueva situación generada en la lejana Hispania. Según las fuentes, el Senado habría mandado una embajada en el 231 a. C. para descubrir las auténticas intenciones del general púnico. La existencia de esta delegación es difícil de demostrar desde un punto de vista historiográfico, pero de lo que no tenemos dudas es de la nueva campaña encabezada por Amílcar para someter a los oretanos del interior, una empresa que no tuvo el final esperado, ya que en ella encontró la muerte el prestigioso caudillo púnico en el 229 antes de Cristo.

El final del gran general cartaginés se produjo mientras estaba ocupado en la conquista de la ciudad de Helike, cuya ubicación nos es desconocida, aunque tradicionalmente la historiografía la ha identificado como la ciudad de Elche, donde Roma fundará su colonia Iulia Ilici Augusta en tiempos de Augusto. En ese momento llegó en ayuda de los sitiados, a marchas forzadas desde la parte alta del Guadalquivir, el rey de los oretanos para poner en fuga a Amílcar. Este, debido a la precipitación, hizo un desesperado esfuerzo por salvar a su hijos Aníbal y Asdrúbal Barca, que inmediatamente pusieron rumbo a Akra Leuka. Amílcar trató de atraer la atención de sus enemigos desviándose por otro camino y siendo perseguido por el rey de los oretanos, por lo que en un último intento de salvar la vida atravesó un caudaloso río (¿Vinalopó?), pereciendo bajo su caballo debido a la fuerte corriente del mismo.

LA CONSOLIDACIÓN DEL PODERÍO CARTAGINÉS EN HISPANIA

Tras la muerte de Amílcar, el ejército cartaginés establecido en la península ibérica aclamó a Asdrúbal el Bello como su nuevo caudillo. Aníbal era aún muy joven, demasiado inexperto como para asumir una responsabilidad de tales proporciones, además Asdrúbal ya había demostrado su valía como un líder competente y arrojado en el campo de batalla, por lo que la elección del yerno de Amílcar resultó incontestable. Los acontecimientos futuros demostraron que, al menos en esta ocasión, los soldados de Cartago no erraron en su decisión.

En el momento de la elección, Asdrúbal el Bello se encontraba lejos de las tierras hispanas, porque poco tiempo antes había sido enviado hacia África para sofocar una peligrosa revuelta de los pueblos númidas. Superado el peligro, consiguió la ratificación del nombramiento por parte de la Asamblea Popular de Cartago, a pesar de la disconformidad de una importante facción nobiliaria, contraria al aumento del poder los bárcidas en sus nuevas posesiones. Inmediatamente Asdrúbal marchó hacia Akra Leuka, en donde reunió sus fuerzas, compuestas por unos cincuenta mil soldados de infantería, perfectamente adiestrados, más unos seis mil jinetes y elefantes, con los que consiguió aplastar la resistencia de los oretanos, y ya de paso vengar la muerte de su suegro. La concentración de efectivos le permitió anotarse una importante victoria, con la que pudo afianzar la lealtad del ejército, y hacerse con nuevas ciudades en la región para, de esta manera, establecer de forma efectiva el poder púnico sobre todo el sur peninsular.

Después de su incontestable triunfo, Asdrúbal dio un giro de ciento ochenta grados a su política con respecto a los pueblos indígenas peninsulares, cambiando la guerra por la paz, la diplomacia y el intento de establecer lazos de hospitalidad a partir de una política matrimonial que no siempre fue bien vista por los miembros más conservadores de su estado mayor. Tanto él como Aníbal terminaron contrayendo matrimonio con las hijas de dos poderosos reyezuelos iberos, haciendo saltar la voz de alarma entre aquellos que consideraban estos matrimonios de los Barca como el establecimiento de una especie de monarquía helenística en Hispania, al margen del poder del Senado cartaginés.

Busto dedicado al general cartaginés Asdrúbal el Bello en Cartagena (España), ciudad que fundó en el 227 a. C. Tras la muerte de Amílcar, el mando de las tropas cartaginesas acantonadas en Iberia recayó sobre Asdrúbal el Bello, el cual trató de pacificar sus posesiones e iniciar una auténtica explotación económica del territorio. Uno de los grandes logros del nuevo caudillo fue la creación de una nueva capital para los dominios púnicos en España situada en la actual Cartagena.

Este temor se acrecentó cuando los prohombres de la ciudad fueron conscientes de las últimas noticias que les llegaban desde Hispania, porque allí Asdrúbal y Aníbal habrían ordenado acuñar moneda en donde aparecían sus efigies claramente divinizadas. El estudio de las fuentes, y la lógica de los acontecimientos, nos indican que ninguno de ellos se habría ni siquiera planteado esta absurda posibilidad. Su única intención fue crear lazos de amistad con las díscolas tribus iberas, pero siempre dentro de la legalidad y la obediencia hacia las instituciones de Cartago.

De lo que no podemos dudar es de su intento por establecer una nueva forma de organización administrativa que le diese algo más de coherencia al dominio púnico en la península ibérica. El objetivo era el inicio de una auténtica explotación económica de todas las riquezas y los recursos de Hispania a partir, entre otras cosas, de la aplicación de un nuevo sistema tributario entre las tribus peninsulares, del aumento de la explotación minera y de la revitalización de las actividades pesqueras de los enclaves costeros mediterráneos.

La nueva organización adquirió su forma más visible con la fundación de una ciudad, Qart Hadasht, en el 227 a. C., con la intención de convertirla en su próxima capital en detrimento de Akra Leuka. La elección se hizo atendiendo a su privilegiada situación geográfica y estratégica, en donde destacaba la existencia de un inmejorable puerto natural y su cercanía a las ricas minas de plata de La Unión.

A pesar de la dificultad a la hora de excavar los restos púnicos en la actual ciudad de Cartagena, debido entre otras cosas a la superposición de restos arqueológicos en un enclave por donde pasaron cartagineses, romanos y bizantinos, cada vez se está más cerca de encontrar el lugar exacto en donde se situó la base de Asdrúbal en el último tercio del siglo III a. C. El arqueólogo Iván Negueruela asegura haber identificado en pleno centro histórico de la localidad murciana, y más concretamente en una de las laderas del cerro del Molinete, un gran edificio con más de veintidós siglos de antigüedad, y que según él sería el suntuoso palacio de Asdrúbal el Bello, dando validez al relato de Polibio, que dejó por escrito que en su época (½ s. II a. C.) aún podían observarse los restos de un magnífico palacio en Cartago Nova.

Fue precisamente este fragmento de la obra del historiador helenístico, lo que propició el inicio de las excavaciones, que no se vieron libres de problemas, porque como viene a ser frecuente en nuestro país, que demasiadas veces le ha dado la espalda a su historia y a su propia cultura, el arqueólogo tuvo que hacer frente a los intereses creados por estar la zona afectada por la existencia de un gran proyecto urbanístico, en el mismo lugar en donde en su día estuvo, al menos teóricamente, el *Arx Asdrubalis* ('Ciudadela de Asdrúbal').

Salvadas las dificultades, la excavación se puso en marcha para descubrir, según Negueruela, una asombrosa construcción de planta triangular y de dimensiones gigantescas, tan sólo comparable con las construcciones palaciales de los grandes imperios próximo orientales, como los encontrados en Babilonia o en Persépolis.

La publicación del libro del arqueólogo dio alas a la imaginación a todos aquellos apasionados por los entresijos de la conocida como historia más heterodoxa, porque según Negueruela el estudio de la planta de la *Arx Asdrubalis* le habría permitido descubrir todo un conjunto de conocimientos, relacionados con diversas disciplinas técnicas como la astronomía, la geodesia, la geometría y la aritmética. En este sentido, el investigador plantea la posibilidad de que las edificaciones de tipo religioso tendrían claras orientaciones astrológicas, como

Cerro del Molinete, Cartagena. La Nueva Cartago fue siempre considerada una ciudad inexpugnable. Durante mucho tiempo los arqueólogos han tratado de encontrar los restos del gran complejo palacial mandado construir por Asdrúbal el Bello. Las últimas investigaciones parecen situarlo en este cerro del Molinete.

en su momento se propuso para los centros de poder del mundo egipcio y mesopotámico, pero también para las principales ciudades del área maya. Y no sólo eso, porque al parecer ciertas salas dedicadas al culto habrían sido las primeras en recibir los rayos del sol, poniendo como ejemplo el templo de Atargatis, cuyos restos aún son visibles en el cerro del Molinete.

Pero volviendo a los acontecimientos transcurridos en la península ibérica justo antes del inicio de la Segunda Guerra Púnica, el crecimiento de la influencia púnica en esta región del Mediterráneo llevó a los romanos, esta vez sí, a actuar para atajar lo antes posible el peligro que para ellos suponía el gran renacer de Cartago. En el 226 a. C.

una comisión llegó hasta Hispania para entrevistarse con Asdrúbal con la intención de conocer de primera mano las intenciones de los cartagineses. Lo realmente importante para ellos era medir el alcance del intento púnico por establecer su dominio en una zona cada vez más próxima a ellos, teniendo en cuenta el entendimiento de Roma con la ciudad griega de Marsella, cuyos intereses se extendían hasta la región levantina peninsular. Fruto de este encuentro fue la firma de un tratado cuya naturaleza es fundamental para intentar conocer las responsabilidades del inicio de la Segunda Guerra Púnica, a la que cada vez estaban más abocados. Durante los siguientes años, Asdrúbal, no desfalleció en su esfuerzo por fortalecer la posición de Cartago en Hispania, pero en el 221 a. C. fue asesinado por motivos no del todo conocidos. Según las fuentes, un esclavo del rey celta Tagus habría asestado una certera puñalada al líder púnico para vengarse por la muerte de su amo, y de este modo poner fin a una etapa caracterizada por la racionalización del dominio púnico en la península ibérica para dar paso al gobierno de Aníbal, cuya intención, desde en un principio, fue marchar contra Roma y de esta forma vengar todas las humillaciones padecidas en los últimos años.

TAMBORES DE GUERRA

Después de la muerte de Asdrúbal, el ejército cartaginés proclamó como su nuevo comandante en jefe al hijo del prestigioso Amílcar, cuya valentía y dignidad aún eran recordadas por la mayor parte de los hombres que sirvieron bajo sus órdenes. Como no podría haber sido de otra manera, el gobierno de Cartago ratificó inmediatamente la elección de Aníbal, a pesar del peligro que para ellos suponía dar un paso más hacia un enfrentamiento con

Ilustración de Aníbal. En: Mommsen, Theodor. *Römische Geschichte*. Viena-Leipzig: Phaidon Verlag, 1932. Después de la muerte de Asdrúbal, Aníbal fue elegido general por los soldados del ejército púnico asentados en España. Al fin había llegado el momento de ver cumplido un sueño por el que siempre había suspirado. Una nueva guerra contra Roma estaba a punto de comenzar y el primer escenario bélico se situó en tierras de la península ibérica.

Roma que, ahora más que nunca, parecía inevitable. Efectivamente, el joven e impulsivo caudillo parecía haber heredado todas las «virtudes» de su padre, por eso abandonó inmediatamente la moderación y la efectiva labor diplomática de Asdrúbal para volver a la política militarista y activa llevada a cabo por Amílcar hasta el mismo día de su muerte.

Aníbal no vaciló en su decisión de retomar la guerra contra los olcades, una tribu celtíbera situada en la zona de Cuenca, cuya ciudad más importante, llamada Altia, que era identificada por muchos con el yacimiento de los Villares, en Caudete de las Fuentes, cayó después de un enérgico ataque con el que el general africano logró superar la resistencia de los olcades y sus aliados carpetanos y vettones. Según podemos leer en Polibio y Tito Livio, el botín conseguido por Aníbal fue más que generoso y con él se desplazó hacia sus bases en Cartagena para pasar el invierno y preparar una nueva campaña, la del 220 a. C., mucho más ambiciosa que la anterior.

En esta ocasión el objetivo fue debilitar a los vacceos, tal vez para fortalecer el dominio púnico en la Península, pero también para asegurarse el dominio de unas zonas ricas en trigo y, por lo tanto, fundamentales para sostener a un ejército de invasión de tan grandes proporciones como el que esperaba poner en pie de guerra para derrotar a los romanos. Remontando el río Duero, Aníbal logró alcanzar las ciudades de Helmántica y Arbocala. Ambas cayeron, no sin grandes sacrificios, debido al tamaño de las mismas y por el inusitado valor de sus arrojados habitantes. Aun así, la resistencia de estos enclaves no fue lo peor que tuvieron que soportar los guerreros cartagineses, porque cuando ya se estaban retirando y volviendo a sus bases, un enorme ejército de carpetanos llegó en auxilio de sus aliados para caer sobre Aníbal y sus hombres en el valle alto del Tajo. La situación se tornó en desesperada, porque el cartaginés no estaba preparado para luchar contra un contingente de dichas características, y por supuesto no podía emprender una rápida retirada, demostrando una aparente debilidad en Iberia que a la postre le habría comprometido en una hipotética guerra contra Roma. Es por eso por lo que el caudillo púnico decidió obrar con precaución, poniendo en juego su astucia y eligiendo el momento y el lugar más adecuado para presentar batalla. Rápidamente decidió poner en movimiento a sus hombres y atravesar el río para tomar el Tajo como defensa. Los carpetanos, en cambio, animados por su obvia superioridad numérica decidieron, contra toda lógica, lanzarse sobre sus enemigos. Mientras vadeaban el río, Aníbal dio la orden de ataque para infligir una apabullante derrota a unos carpetanos que en esta ocasión habían luchado más con el corazón que con la cabeza.

El cartaginés ya había conseguido lo que quería. La Península estaba pacificada y por lo tanto no debía esperar ninguna amenaza en su área de influencia, que para ese año, el 220 a. C., llegaba hasta el Tajo. Ahora que el dominio de la Alta Andalucía y de sus importantes minas estaba asegurado, del mismo modo que las estratégicas costas de la zona suroriental, era hora de probar fortuna y desafiar a su odiado enemigo.

La más mortífera y sangrienta guerra de la antigüedad estaba a punto de estallar.

4

La Segunda Guerra Púnica

¿DÓNDE ESTÁ EL RÍO EBRO? UNA NECESARIA PELEA CON LAS FUENTES

Como vimos en el capítulo anterior, la República romana firmó un tratado con Asdrúbal el Bello, yerno de Amílcar, de no agresión y de reparto de Hispania. Dicho documento es conocido como el tratado del Ebro y, debido a la ambigüedad de las fuentes clásicas, ha sido objeto de ríos de tinta en torno a aspectos como su esencia jurídica, ámbito geográfico, cronología y un largo etcétera que intentaremos deshilachar a continuación.

La cuestión de determinar, dentro del debate historiográfico, la naturaleza oficial y perdurable o privada y temporal del tratado, así como de establecer las confusas referencias de las fuentes clásicas (Polibio, Tito Livio, Apiano…) sobre la ubicación del Ebro respecto a Sagunto y viceversa, o si el río Ebro, Iber o Hiberus para los romanos, es realmente el actual cauce que tan fácilmente localizamos y conocemos todos hoy en día en Hispania, y no otro río como el Júcar o el Turia, o incluso el río Segura, como algún autor ha defendido, pondrá en evidencia el relevante hecho histórico de quién o qué ciudad comenzó las hostilidades de la mayor conflagración que el mundo antiguo sufrió.

En la siguiente tabla hemos contemplado todas las variables posibles que se desprenden de una lectura pormenorizada de las fuentes clásicas. A continuación intentaremos dar luz, analizando las posibilidades que cada una de ellas tiene de ser la correcta, en la medida de lo posible, y teniendo en cuenta que, aunque la opción que mayor aceptación tiene entre los investigadores actuales es la primera, nos encontramos ante un debate abierto y vivo.

	Variables geográficas	Variables jurídicas	Responsable conflicto
1	El Ebro y Sagunto se corresponden con los actuales.	Tratado oficial vinculante	Roma
2	El Ebro y Sagunto se corresponden con los actuales.	Sagunto entra en el tratado como ciudad libre independiente.	Cartago
3	El Ebro y Sagunto se corresponden con los actuales.	Roma establece una alianza con Sagunto, no contemplada dentro de un tratado oficial vinculante.	Roma
4	El Ebro y Sagunto se corresponden con los actuales.	Tratado privado vinculado a la vida de Asdrúbal.	Cartago

5	El Ebro y Sagunto se corresponden con los actuales.	Roma establece una alianza con Sagunto una vez muerto Asdrúbal siendo el tratado una firma privada vinculada al mismo.	Cartago
6	Sagunto es otra ciudad al norte del actual río Ebro.		Cartago
7	El *Iber* de las fuentes es un río al sur de Sagunto.	Sagunto está en zona independiente.	Roma / Cartago

Que Roma comenzase las hostilidades, o en su defecto, provocase a Aníbal para precipitar la guerra, tal y como señalamos en nuestra primera opción, no es extraño, y aunque contradice en parte a las fuentes, todas romanas (Polibio, Tito Livio y Apiano como las más relevantes), hemos de tener presente el axioma que afirma que el que gana la guerra escribe la historia, y los romanos son maestros de las justificaciones a posteriori y de las reinterpretaciones interesadas, tanto en política exterior como en política interior. En un alarde más propio de las mejores y más modernas multinacionales de la publicidad, el poeta Virgilio en su poema la Eneida, exaltación empalagosa, pero al gusto, del apogeo augusteo, emparenta a la dinastía Julio Claudia con Eneas. La fundadora y reina de Cartago, Dido, recibe a Eneas, semidiós hijo de Venus, diosa del amor, la belleza y la fertilidad. En su huida de la destruida Ilion (Troya) recalará en Cartago donde caerá en los brazos de su reina, y tras el primer ardoroso envite el fundador de los Julio Claudios la abandona, muy a su pesar, ya que es todo un caballero, ascendiente directo nada menos que de Julio César y Octavio Augusto, pero nobleza obliga, y coaccionado por Júpiter, parte para su divino destino, Italia. Dido, con el corazón roto, se suicida, dando origen al ancestral odio de los púnicos hacia los romanos.

Lo que sí parece desprenderse de un forma clara de la lectura de las fuentes clásicas es que el tratado es impulsado desde el Senado romano, lo que no es tan evidente es cómo debemos interpretar esta iniciativa, si enmarcarla dentro de un límite al imperialismo y colonialismo cartaginés que perturbase la paz conseguida tras la Primera Guerra Púnica, o con una clara intención de provocar un conflicto que acabase permitiendo la entrada de Roma en la península ibérica y en sus riquezas, o más bien en el contexto de protección a uno de los enemigos históricos de Cartago en el Mediterráneo, Massalia (Marsella), que vería con seria preocupación cómo los Barca se acercaban a su zona de influencia. Nos inclinamos a pensar que siendo Massalia aliada de Roma y teniendo intereses comerciales en las costas de la actual Cataluña, vieron con horror cómo los cartagineses, de la mano de Amílcar primero, después con Asdrúbal y por último con Aníbal, iban completando su asentamiento palmo a palmo, fortaleza a fortaleza, en toda la costa sur y este de Hispania.

Siendo así podemos elucubrar, sin mayor profundidad en el asunto, que el límite fuera realmente el río Ebro, tal y como nos sugiere la primera opción, ya que es exactamente la frontera natural más notable antes de llegar a la zona de control massaliota y sus emporios, Rhode (Rosas) y Emporion (Ampurias). Pero entonces, ¿qué pasa con Sagunto? Según Polibio:

> Esta ciudad está no lejos del mar, y al pie mismo de una región montañosa que une los límites de la Iberia y de la Celtiberia; dista de la costa unos siete

estadios. Sus habitantes se alimentan del país, que es muy feraz, y sobrepasa en fertilidad a todos los de Hispania.

Historias, Polibio, III, 17,3

Según Tito Livio:

> Esa ciudad era, con mucho, la más rica de todas la de más allá del Ebro; estaba situada a una milla de la costa. [...]. En poco tiempo, sin embargo, alcanzó gran prosperidad, en parte por su tierra y por el comercio marítimo y en parte por el rápido aumento de su población, y también por mantener una gran integridad política que le llevaba a actuar con aquella lealtad para con sus aliados que le llevaría a su ruina.

Ab urbe condita, Tito Livio, XXI 7,2

Hablamos de una urbe poderosa, que controlaría un vasto territorio para lo que es una ciudad ibérica, cuya influencia en un eje norte sur serían los actuales ríos Ebro y Júcar. Los iberos edetanos definían su territorio en el actual sur de la provincia de Castellón y una extensa zona del norte de la provincia de Valencia, con el límite al norte en el río Mijares, al oeste las sierras de Javalambre y Gúdar y el valle del río Cabriel, al sur el río Júcar (Sucro) y al este el mar Mediterráneo. Sus vecinos al norte eran los Ilercavones, al noroeste los Sedetanos, al oeste los Olcades y al sur los Contestanos. Una región rica en agricultura, situada entre dos de los cauces más importantes de Hispania, cruce de caminos con el interior y con salida al mar. Pero no tenemos problema alguno con las fuentes clásicas a la hora de situar Sagunto, el conflicto se centra en el río Ebro, en su ubicación exacta para los romanos de la Segunda Guerra Púnica. Ya hemos dicho que las fuentes nos muestran ambigüedad a la hora de ubicar el Ebro respecto a Sagunto, la cual parece perfectamente

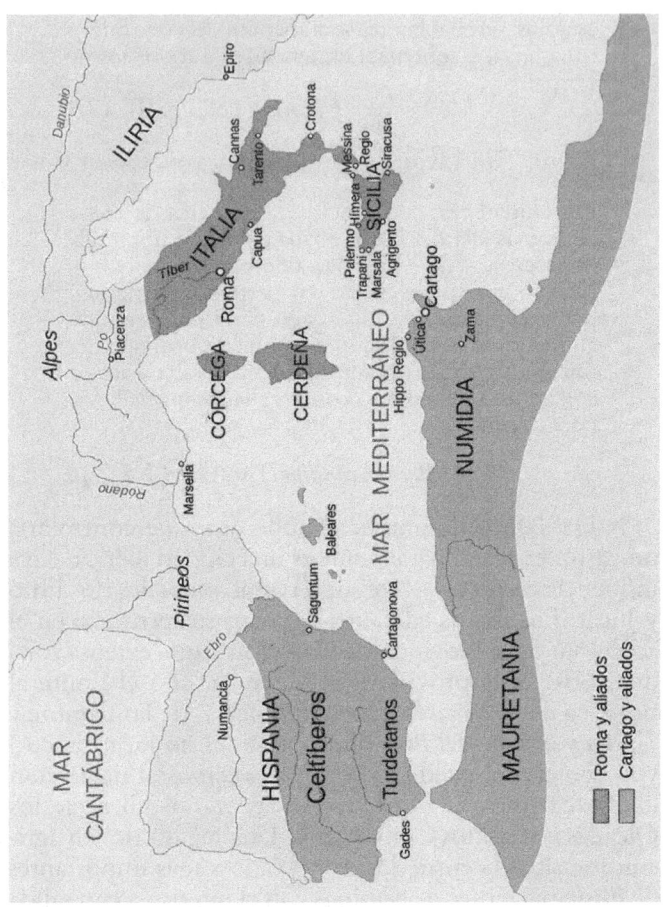

Mapa de la situación prebélica del 218 a. C. si interpretamos que el río Ebro del tratado es el actual río Ebro, donde vemos que Sagunto estaría dentro de las posesiones cartaginesas en Iberia, aunque quedara como ciudad independiente en virtud del acuerdo entre Asdrúbal y Roma. Fuente: Wikimedia Commons localizada y descrita. Para la tesis clásica los textos más precisos son los siguientes:

> Una vez derrotados, nadie de allá del Ebro se atrevió fácilmente a afrontarle, a excepción de Sagunto.
>
> Polibio, III, 14, 9

> Desde ese momento quedaba en poder de los cartagineses todo el territorio del otro lado del Ebro, exceptuados los saguntinos.
>
> Tito Livio, XXI 5, 17

Tanto cuando Polibio habla de «allá del Ebro», como cuando Tito Livio dice «del otro lado del Ebro», están hablando desde su posición geográfica, en principio, mirando a Hispania desde Roma. Evidentemente, si aceptamos que el río Iber es el actual Ebro, y que Sagunto es la actual Sagunto, todo parece indicar que la intervención de Roma, siempre y cuando se tratara de un tratado vinculante y refrendado por los senados de ambas urbes en contienda, en una ciudad de influencia cartaginesa pudo ser la excusa perfecta que necesitaba Aníbal para comenzar la guerra contra Roma y poner en marcha su ambicioso plan. Tito Livio (XXI, 2) hace la siguiente afirmación: «los romanos habían renovado el tratado con Asdrúbal. Bajo sus términos, el río Ebro seria la frontera entre los dos imperios, y Sagunto, que ocupaba una posición intermedia entre ellos, sería una ciudad libre». Ya nos la ha liado Tito Livio, inmisericorde con los futuros historiadores. Entramos en la opción dos de nuestra tabla.

Si tenemos en cuenta la primera opción y sumamos lo que nos dice Livio como una cláusula al tratado del Ebro, entonces trasladamos la responsabilidad de la guerra al lado cartaginés. Pero hemos de tener en cuenta que Tito Livio, historiador augusteo (59 a. C. - †17 d. C.), romano, hombre libre, amigo del emperador Augusto, no iba a permitir que su obra hiciese recaer la responsabilidad de la Segunda Guerra Púnica sobre Roma, más teniendo en cuenta que Aníbal puso contra las cuerdas la realidad del presente que le tocó vivir. Tito Livio escribe su *Ab urbe condita* (desde la fundación de Roma) releyendo a otros autores, como Polibio de Megalópolis (203 a. C. - †120 a. C.), cuasi contemporáneo de la contienda contra Aníbal, y que seguramente pudo escuchar a testigos directos de aquella época. Además Polibio fue hecho prisionero por Roma durante 17 años, una vez en la urbe y gracias a su excelente formación griega pudo ganarse la vida como educador de los cachorros de las familias más nobles del patriciado romano. Presumimos en Polibio menor inten-cionalidad propagandística que en Tito Livio, por todo lo dicho y porque él mismo hace toda una declaración de intenciones en su obra: «El tema sobre el que inten-tamos tratar es un único hecho y un único espectáculo, es decir, cómo, cuándo y por qué todas las partes conoci-das del mundo conocido han caído bajo la dominación romana» (Polibio, III 1, 4) Cómo, cuándo y por qué. Por lo que Tito Livio pudo retocar *ad hoc* la argumentación, al encontrarse con que Sagunto quedaba en zona cart-aginesa la colocó en el tratado como una cláusula del mismo, y asunto resuelto.

En el año 220 a. C. Aníbal logra una importante victoria contra un ejército carpetano superior en número en el río Tajo, como hemos visto en el capítulo anterior. En este contexto, y sólo en este contexto, alejados de la fecha de la firma del tratado (226 a. C.), Polibio nos dice:

Los saguntinos despachaban mensajeros a Roma continuamente, porque preveían el futuro y temían por ellos mismos; querían, al propio tiempo, que los romanos no ignorasen los éxitos cartagineses en Hispania. Hasta entonces los romanos no les habían hecho el menor caso, pero en aquella ocasión enviaron una misión que investigara lo ocurrido.

Polibio, III 15,1

Los romanos toman conciencia del peligro que corre Sagunto y:

Aníbal, como joven que era, embargado de ardor guerrero, que había tenido éxito en sus empresas, y dispuesto desde hacía tiempo a la enemistad con los romanos, les acusaba ante sus embajadores, como si fuera él el encargado de velar por los saguntinos, de que, aprovechando una revuelta que había estallado en la ciudad hacía muy poco, habían efectuado un arbitraje para dirimir aquella turbulencia y habían mandado ejecutar injustamente a algunos prohombres. Dijo que no vería con indiferencia a los que habían sido traicionados. Pues era algo innato en los cartagineses no pasar por alto ninguna injusticia.

Polibio III 15, 6

Polibio nos está diciendo que en la ciudad de Sagunto había dos facciones enfrentadas, una partidaria de los cartagineses y otra de los romanos. Ante la reciente victoria de Aníbal contra los carpetanos la ciudad vive un momento tenso que Roma aprovecha para dirimir la cuestión en su favor y poner un pie en Hispania, aliándose con Sagunto, ciudad al sur del Ebro... o no.

Como vemos nos hemos metido de lleno en la tercera opción de la tabla, en la que Roma firmaría una alianza con Sagunto a espaldas del tratado del Ebro. Al estar esta ciudad al sur del Ebro los romanos entrarían en una clara provocación de guerra, obligando a Aníbal

117

a la intervención inmediata. Polibio nos da versiones enfrentadas de cuándo los romanos y los saguntinos establecieron una alianza, por una parte nos dice que dicha amistad es anterior a la época de Aníbal (III 30, 1), pero por otro lado asegura que los romanos interfirieron «hacía muy poco» (III 15), en la problemática urbe arsetana. No sabemos si la confusión de las fuentes es intencionada o no, lo que sí podemos afirmar es que hay un momento en el que Sagunto queda bajo la protección de los romanos, sin poder afirmar con rotundidad que dicha alianza formase parte del tratado. Podemos pensar que el que la facción favorable a los cartagineses fuera defenestrada indica que con anterioridad Sagunto estaba del lado cartaginés, o no necesariamente, y que Aníbal utiliza esta protección y esta defenestración del bando cartaginés como excusa para atacar Sagunto, esté o no en el tratado, sea o no el Iber el actual Ebro, pero con más razón si el actual río Ebro es el del tratado.

La cuarta posibilidad que contemplamos es que el tratado, fueran cuales fueran sus límites, no vinculase a las dos repúblicas, sino que hubiera sido un pacto entre caballeros, como suele decirse, entre Roma y Asdrúbal. A favor de esta teoría tenemos la predisposición de Asdrúbal a las alianzas con los reyezuelos ibéricos hasta el punto de tomar matrimonio con la hija de uno de ellos. Si bien el inicio de su «virreinato» en suelo hispano se concentró en vengar la muerte de su suegro, Amílcar, al tiempo demostró poner en marcha una intensa labor diplomática cuyo punto álgido podría ser el tratado del Ebro. También podemos rastrear en las fuentes esta teoría cuando Roma envía una embajada a Cartago para pedir explicaciones al Senado púnico sobre la toma de Sagunto por su general Aníbal (aunque con la clara intención de declarar la guerra según veremos más adelante), los cartagineses nombran a un portavoz que según Polibio:

> [...] silenció los pactos establecidos por Asdrúbal, como si no hubieran existido, o bien, de existir, como si para ellos fueran nulos, ya que se habían convenido sin haberles sido consultados. En ello los cartagineses decían seguir el ejemplo dado por los propios romanos: en efecto, el tratado concluido en la guerra de Sicilia por Lutacio, decían, fue convenido por él, y luego invalidado por el pueblo romano porque se había hecho al margen de su parecer.

> Polibio, III 21, 2

Polibio nos está diciendo que el tratado del Ebro es posible que no fuera ratificado por los cartagineses, tal y como dan a entender a la embajada romana tras la toma de Sagunto, por lo que no habría obligación de respetar la ciudad en virtud de ningún tratado, una vez que Roma se alía con ella y ejecutan a los partidarios de los Barca dentro de la ciudad, nuestra quinta opción. En ambos casos hemos concluido que la responsabilidad en el *casus belli* recae sobre los cartagineses, ya que Sagunto sería una ciudad libre para aliarse con quién quisiera, pero por supuesto Aníbal no iba a perder la oportunidad que le brindaban los romanos y estos no iban a desaprovechar el hecho de poner un pie en Hispania. En favor de la teoría de que se trata de un acuerdo cuasiprivado con Asdrúbal tenemos a favor la manera en que las fuentes tratan la palabra para designar el tratado, Polibio siempre nos habla de acuerdo y no de tratado, circunstancia que se refuerza por el hecho de que no fuera conservado en bronce en Roma como el resto de tratados oficiales. No obstante las fuentes insisten en su validez y en los poderes que Cartago otorga a Asdrúbal para su rúbrica.

El mismo Polibio descarta la posibilidad de que Cartago invalide el tratado a la muerte de Asdrúbal de forma tajante:

En primer lugar, no se debían tener por nulos los pactos establecidos con Asdrúbal, como los cartagineses tienen la desfachatez de afirmar. En efecto: en ellos no constaba, como en los establecidos por Lutacio, «que serán vigentes si los ratifica el pueblo romano»; Asdrúbal había pactado con autoridad omnímoda un tratado en el que se decía «que los cartagineses no cruzarían el río Ebro en son de guerra». En los pactos de Sicilia consta, como reconocen también aquellos, «que cada parte garantizará la seguridad de los aliados de la otra», y no sólo a los aliados de aquel momento, que era la interpretación ofrecida por los cartagineses. Pues en tal caso se habría añadido «que no se aceptarían otros aliados que los que entonces tenían», o bien «que los aceptados posteriormente no se incluirían en el pacto». Pero no se hizo constar ninguna cláusula en este sentido, con lo cual quedó claro que la seguridad afectaba a los aliados de ambas partes, a los de entonces y a los que se adhirieran posteriormente. Lo cual es muy lógico, pues, por descontado que no iban a hacer unos pactos tales que les privaran de la posibilidad de unirse, según las circunstancias, a aquellos que les parecieran amigos y aliados útiles, o bien que les forzaran, tras aceptar su lealtad, a abandonarles cuando alguien cometiera una injusticia contra ellos. Lo esencial en el pensamiento de ambas partes en los pactos era esto: no molestar a los aliados que entonces tenía cada parte, y que ninguna de ellas debía aceptar a los aliados de la otra.

Polibio, III 29, 2

Pero ¿qué pasa si el Iber no es el actual río Ebro? ¿Qué encontramos que pueda hacernos sospechar algo así? La última posibilidad que contemplamos no sólo está fosilizada en las fuentes sino que se puede deducir de un pormenorizado análisis del contexto histórico. Vayamos primero a las fuentes. Según Polibio:

> Los romanos, poniendo por testigos a los dioses, le exigieron que se mantuviera alejado de los saguntinos (pues estaban bajo su protección) y no cruzara el río Ebro, según el pacto establecido con Asdrúbal.

III, 15, 5

y…

> Si alguien apunta que la destrucción de Sagunto fue la causa de la guerra, debe concedérsele que los cartagineses la provocaron injustamente contra el pacto establecido por Lutacio, en el que se estipulaba que los aliados respectivos debían gozar de seguridad, y también contra el pacto firmado por Asdrúbal, según el cual los cartagineses no debían cruzar el Ebro con fines bélicos.

III, 30, 3

Además en Tito Livio:

> Con este, Asdrúbal, dado que había demostrado una sorprendente habilidad para atraerse a los pueblos e incorporarlos a su dominio, había renovado el pueblo romano el tratado de alianza, según el cual el río Hiberus constituiría la línea de demarcación entre ambos imperios y se respetaría la independencia de los saguntinos, situados en la zona intermedia entre los dominios de ambos pueblos.

XXI, 2, 7

Y en Apiano:

Los saguntinos, colonos de Zacinto, situados entre
los Pirineos y el Iber [...]

Iber 7

y,

Entonces él, despúes de cruzar el Ebro, destruyó
la ciudad de Sagunto, con todos sus habitantes en
edad militar. A causa de este hecho, los tratados
concertados entre romanos y cartagineses después
de la guerra de Sicilia quedaron rotos.

Hann, 3

Si admitimos que tanto Tito Livio como Apiano
beben de Polibio, podemos presuponer que toda la
confusión tiene el mismo origen, o bien Polibio confundía el Ebro con otro río, o bien confundía Sagunto con
otra ciudad, o bien el nombre de Iber o Hiberus es el
nombre de un río diferente al actual Ebro en la época en
que Polibio nos narra sus *Historias*.

Vayamos al contexto histórico. Tras la Primera
Guerra Púnica, Cartago había perdido su poderío en
el Tirreno (futuro *Mare Nostrum*), Córcega, Cerdeña
y sobre todo Sicilia habían pasado al ámbito romano,
el paso desde el Mediterráneo más occidental hacia la
península itálica por mar era romano, estaba vigilado y
en guardia, además del poderío naval demostrado por
los romanos, contra todo pronóstico, durante la Primera
Guerra Púnica. Los cartagineses, una vez se resuelve la
revuelta de los mercenarios púnicos, inteligentemente,
ponen su vista en Hispania, donde fundarán Cartago
Nova además de una serie de fortalezas a lo largo de
la costa como bastiones de vigilancia y protección
ante la eventual llegada de una flota romana, como el

caso de Akra Leuka (posiblemente la actual ciudad de Alicante). La explotación del territorio con la apropiación de riquezas como las minas argentíferas del entorno de Cartago Nova despertaría los recelos de otras potencias comerciales, las cuales sufrirían terribles pérdidas por este motivo, como Massalia. Por otra parte Roma no sólo vería cómo los cartagineses se hacían fuertes en Hispania y controlaban la salida comercial que antes tenían sus aliados los massaliotas, sino que además era inminente la invasión del norte de la península itálica por los galos. Por otro lado el rey Antígono III de Macedonia había ocupado casi todo el Peloponeso, aliado con Iliria, antigua enemiga de Roma, formando un frente común que continuó Filipo V a la muerte de Antígono. Como se suele decir coloquialmente, a Roma le crecían los enanos. En este contexto tan complicado se encuentran con que en Hispania gobierna Asdrúbal desde la muerte de Amílcar, y que su política de pactos y su diplomacia está siendo todo un éxito, hecho que aprovechan para firmar un tratado, el tratado del Ebro, que les dé un respiro para atender a los problemas más inmediatos.

Tras analizar el contexto geopolítico creemos que podemos estar en condiciones de dar una versión de los hechos, teniendo en cuenta que las pruebas para apoyar cualquier versión del tratado del Ebro y el *casus belli* de la Segunda Guerra Púnica no sólo son insuficientes y de difícil o imposible demostración, sino que además se contradicen impunemente, por lo que nos movemos en el terreno de la mera especulación.

Creemos que la paz de Lutacio de 241 a. C. y también la de 238 a. C. tras la anexión de Cerdeña fue un fracaso si la intención era que perdurara la paz, pues Cartago no estaba totalmente derrotada sino profundamente herida y con las suficientes fuerzas para volver a levantarse, esta vez con la precaución de no infravalorar al enemigo. Los romanos se habían dormido en el período de entreguerras y habían permitido que los cartagineses forjaran un imperio más poderoso y belicista que el que derrotaron dos décadas atrás. Los bárcidas habían actuado en Hispania como auténticos virreyes de Cartago, donde el comandante en jefe sería algo más parecido a un *hegemon* con una ocupación del territorio de corte helenístico. El deseo lógico de Roma de no verse comprometida con tres frentes, Galia, Cartago y Macedonia, abiertos al mismo tiempo, le llevó a firmar el tratado del Ebro. Aquí pensamos que influyó también la presión de sus amigos marselleses, que viendo perdido el suculento comercio argentífero del sur de la península ibérica no querían que los cartagineses llegaran hasta Rosas y Ampurias, que era su zona de mayor influencia; aunque aquí pensamos que también habría que incluir a uno de los puertos comerciales más ricos de la zona, Sagunto.

A la luz de esta hipótesis podemos afirmar que Roma no tenía, a priori, intereses coloniales en Hispania, por lo que el tratado del Ebro vendría a proteger el comercio de sus aliados con la zona al norte de un río llamado Iber que supuestamente partía la costa española en dos. Las fuentes nos dejan claro que Sagunto era una ciudad independiente, pero pensamos que esta condición era extensible al resto de ciudades hasta los Pirineos, por lo que lo lógico es que el Iber no fuera el actual Ebro sino un río más al sur que incluyese a todo el territorio edetano y a una ciudad de importancia comercial similar a Sagunto. Este río podría ser el Júcar (Sucro), que además es el límite por el sur de la Edetania. En este sentido nos gustaría apuntar que las tres citas de Polibio que justifican una identificación del Iber con el Ebro no son tan claras como se han presentado tradicionalmente. En Polibio III 14, 9 leemos «Una vez derrotados, nadie de allá del

Ebro se atrevió fácilmente a afrontarle, a excepción de Sagunto», si entendemos ese «allá del Ebro» desde Roma está claro, pero si no es así la cosa cambia totalmente. Efectivamente, en la traducción de *Historias* de Polibio de Megalópolis que hace Manuel Balasch Recort, de la editorial Gredos, que es la que hemos utilizado para este análisis, el traductor nos escribe una nota a pie de página para ese «de allá del Ebro»:

> La expresión griega es vaga, y todo depende de la perspectiva desde la que mire el lector. Si Polibio lo considera, situado él en la situación primera de los cartagineses, el sentido es «al S. del Ebro»; si lo considera desde el centro de gravedad político cartaginés en la Península, Cartago Nova (Cartagena), entonces significaría «al N. del Ebro», que es lo que indudablemente significa, en realidad, la expresión en el lugar 76, 6 de este libro III.

Para la cita «Todo esto se realizó en el mismo tiempo en que Aníbal, dueño ya de todo el país al sur del Ebro, se disponía a atacar la ciudad de Sagunto» (IV 28, 1), entendemos que lo único que le quedaba a Aníbal para lanzar su ofensiva contra Roma era cruzar el Ebro y atacar Sagunto. Y para «Los romanos, poniendo por testigos a los dioses, le exigieron que se mantuviera alejado de los saguntinos (pues estaban bajo su protección) y que no cruzara el río Ebro, según el pacto establecido con Asdrúbal» (III 15, 5), consideramos que no se puede deducir que el Ebro estuviese al norte de Sagunto de esta cita, ya que para estar alejado de los saguntinos lo primero podría ser no cruzar el río que los protege al norte de la zona definida en el tratado, por lo que podría perfectamente tratarse del río Júcar.

Tampoco hemos de descartar que Sagunto se encuentra a casi doscientos kilómetros de la desembocadura del río Ebro, y a unos ochenta y cinco kilómetros de

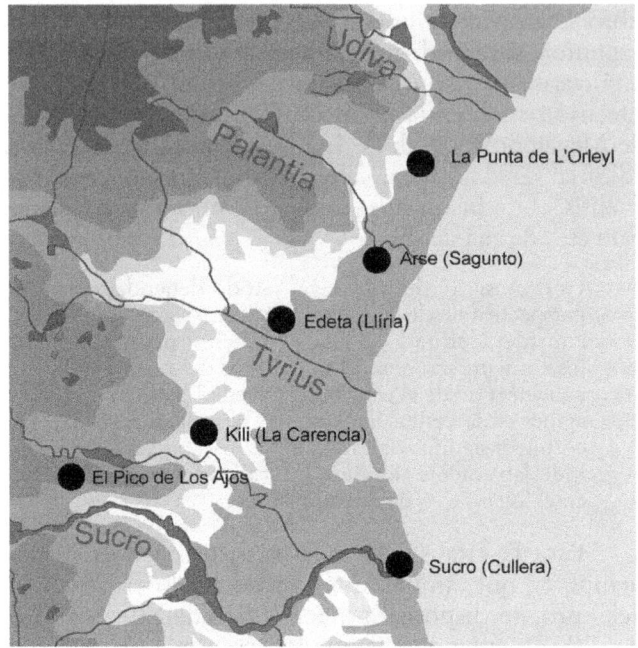

Como podemos observar en este mapa de la Edetania el río Sucro (Júcar) sería su límite al sur, coincidiendo en su desembocadura con la actual ciudad de Cullera; más al norte tenemos la importante ciudad de Edeta, en la hoy Liria y arriba Arse, la Sagunto del tratado del río Ebro. Fuente: Wikimedia Commons

la del río Júcar. La lógica mayor proximidad al río del que habla el tratado potencia la teoría de que fuera el río Júcar el Iberus de las fuentes, y no el Ebro, que además queda demasiado al norte para dividir a la Península en dos mitades, mientras que el Júcar la divide prácticamente en dos partes iguales.

Aceptando que el río del tratado es el actual Júcar vemos que ya no es necesaria la teoría de que Sagunto fuera una ciudad protegida como una cláusula del tratado del Ebro, sino que es la intromisión de Roma en los asuntos internos de una ciudad en teoría independiente en virtud del mismo tratado, asesinando a la facción procartaginesa, lo que desencadena la excusa que necesita Aníbal para empezar la guerra. Si esto es así tendríamos a dos responsables del inicio de la guerra: a Roma, por entrar en Sagunto siendo ciudad independiente, y a Cartago, por traspasar los límites del tratado del Ebro. Todo lo cual tiene su lógica ya que en el 220 a. C. Roma, resuelto favorablemente el problema galo, interviene en Sagunto, y en el 219 Aníbal pone sitio a la ciudad con la clara intención de empezar la guerra y llevar a cabo su ambicioso plan.

Sagunto arde esperando a Roma

Arse (Sagunto) no sería una presa fácil y vendería cara su piel a los cartagineses. Han corrido ríos de tinta exhortando las epopéyicas resistencias de ciudades como Numancia o Calagurris (Calahorra). Tanto que podríamos extender el adjetivo de resistencia numantina a la que los aguerridos guerreros iberos opusieron a Aníbal para defender su libertad.

Sagunto, ciudad clave para los planes de Aníbal, le proporcionaba protección a su idea de marchar hacia Roma y coger a los romanos por sorpresa en la misma península itálica. Como hemos visto en nuestro análisis del tratado del Ebro, la ciudad edetana sería una urbe independiente que, aunque no hubiese firmado un pacto militar con Roma, sí se había decantado claramente por su influencia, y esto era algo que los cartagineses no podían permitir en un territorio donde muchas de las ciudades pro-púnicas lo habían sido a la fuerza, algo que podría volvérseles en contra en cualquier momento. Aníbal lo sabía, y tomará Sagunto cueste lo que cueste.

Precisamente el hecho de tener el plan, que muy posiblemente ya tuviera su padre Amílcar, de sorprender a los romanos por la retaguardia, invadiendo Italia, convierte en elemento clave a una urbe como la saguntina. Por una parte el enclave edetano era uno de los más fortificados de la costa hispana, por lo que no interesaba que los romanos tuvieran un bastión en el que cobijar a un contingente que cortase la ayuda que necesitaría Aníbal desde Iberia una vez estuviera en Italia, y a la vez sería un perfecto bastión militar para sus intereses por idénticos motivos. Por otra parte, si tenemos en cuenta que el ejército de Aníbal estaba conformado no sólo por soldados cartagineses sino por un gran número de mercenarios, un botín tan sustancioso como el arsetano sería un más que suficiente incentivo no sólo para las tropas que le acompañarían en su aventura transalpina, sino para las tribus indecisas de unirse a Cartago en la guerra contra Roma.

Como ya hemos visto en el período de entreguerras, Amílcar Barca firmó el conocido Tratado de Lutacio en el 241 a. C. por el que Cerdeña quedaba en manos de los cartagineses, sin embargo Roma no tuvo inconveniente en entrar en la isla sarda y anexionársela, aprovechando la debilidad púnica por las revueltas de mercenarios. El momento del sitio de Sagunto es inequívocamente similar, con una Roma acosada por Macedonia, Iliria y los galos. No sería de extrañar que a Aníbal, además de todo lo dicho anteriormente, le moviera también un expreso deseo de venganza por la traición al pacto de Lutacio por parte de los romanos, algo que cerraba el Tirreno a los intereses cartagineses obligándoles a olvidarse de la estrategia marítima y a recurrir a la colonización de Hispania y a una guerra exclusivamente terrestre. En este caso sería el tratado del Ebro el que sería ultrajado al atravesar Aníbal con sus tropas el río del pacto que, como ya hemos visto, probablemente fuera el Júcar y no el actual río Ebro. Por todo ello deducimos que la idea de tomar Sagunto está decidida desde hacía tiempo, y todas las actuaciones que Aníbal lleva por la zona tienen la clara intención de provocar el estallido de la guerra.

La excusa la encontró en la rivalidad existente entre arsetanos y turbolitanos (aliados de los cartagineses) por causas fronterizas. Aníbal se encargó de echar algo más de leña al fuego de este conflicto y lo utilizó como excusa frente al Senado cartaginés al tratarse de una ayuda directa a una tribu amiga, además de la defenestración dentro de la ciudad de los partidarios de los bárcidas en favor de la facción pro-romana. Lo más difícil de comprender o de explicar es la no intervención de los romanos durante el sitio de Sagunto. Podemos presumir que la valiente y enconada resistencia ibera pudo deberse también a la esperanza de ver aparecer en el horizonte un flota repleta de legiones romanas que vinieran a socorrerles y que nunca llegaría. Veamos ahora como se desarrollaron los hechos.

Pensamos que en el año 220 a. C. Aníbal pone en marcha su ambicioso plan de sometimiento a los romanos. Dentro de la estrategia a seguir necesitaría asegurarse el abastecimiento de grano para un ejército de dimensiones considerables. Esta idea nos permite contextualizar la estrategia bárcida con las campañas de ese año contra las zonas más ricas en grano de la península ibérica en tierras de vetones y vacceos. Tras someterlos y superar una alianza de tribus íberas, en la gran batalla que tuvo lugar en el río Tajo, faltaba conseguir un gran bastión en el camino hacia Italia, con salida al mar y que, de paso, provocase la guerra contra los romanos: ¡Sagunto!

Ante las continuas quejas de los saguntinos al Senado, Roma decide enviar a Cartago Nova una delegación que fue recibida por el mismísimo Aníbal. Según nos cuentan las fuentes, los romanos exigieron a los cartagineses, en virtud del tratado del 241 que ponía fin a la Primera Guerra Púnica, que no podían atacar a una ciudad aliada de Roma, además le recordaban a Aníbal que tampoco se le permitía cruzar el Ebro contra Sagunto, ya que estaría pisoteando el tratado firmado por Asdrúbal en el 226. Por su parte Aníbal exigirá la devolución de la isla de Cerdeña y del pago de la multa que los romanos les hicieron pagar para evitar la guerra. Los emisarios latinos se volvieron convencidos no sólo de que Aníbal buscaba la guerra sino de que esta se desarrollaría únicamente en Hispania, estando Roma protegida por la línea defensiva marítima entre la costa del sur de Francia, las islas de Córcega y Cerdeña, y Sicilia… ¡qué grave error de cálculo!

Con todas las tribus alrededor de la ciudad sometidas y rendidas al poder cartaginés, Aníbal pone sitio a la ciudad en el 219 a. C., y todo parece indicar que el ataque se produjo durante el mes de mayo, destruyendo los campos agrícolas más cercanos a la ciudad para provocar desabastecimiento, pero dejando los más alejados en previsión de una campaña que durase meses, para poder aprovechar las cosechas en beneficio de su propio ejército de invasión. Aníbal, ante la envergadura de las defensas de Sagunto, decide dividir las fuerzas de los iberos atacando por tres frentes, aunque todo su potencial lo proyectó sobre el lienzo de la muralla que se abría hacia un valle, hecho que le permitiría desplegar toda su maquinaria de guerra. Sin embargo el ejército cartaginés debió de llevarse una desagradable sorpresa al encontrarse, como ya hemos indicado, una numantina defensa. La historia la mayoría de las veces es injusta, la escriben los vencedores y muchos de los vencidos caen en el olvido; no en el caso excepcional de Aníbal por supuesto, pero sí en el del general o generales iberos que dirigieron la batalla por su patria, por su libertad y por sus vidas y las de sus conciudadanos. Así es, Sagunto, la Arse ibérica, se defendió a cara de perro contra las tropas púnicas, superiores en número, y por entonces nadie lo sabía, pero hoy sí, al mando de, posiblemente el mejor estratega militar de todos los tiempos, Aníbal Barca.

El general cartaginés decidió acometer la muralla por el ángulo abierto al valle, pese a que ahí se había reforzado la torre con una mayor altura. El terreno parecía propicio para acercar arietes, recubiertos para su seguridad y transporte, que golpeasen con dureza, protegidos de los proyectiles que llegaban de la fortaleza por medio del uso de manteletes, placas grandes rectangulares a modo de escudo. Igualmente sabemos que en cualquier fortaleza los ángulos de muralla son los puntos más débiles y los que antes se quiebran, y la intención era golpear aquí con dureza. El *oppidum* ibérico responderá con furia destruyendo gran parte de la industria poliorcética púnica, los cartagineses deciden que por un día es suficiente y se retiran. Poco después los guerreros arsetanos hicieron una rápida incursión en el campamento de Aníbal produciendo algunas bajas. El bárcida empieza a comprender que la victoria rápida y fácil sólo ha existido en su imaginación.

El hecho de que las fuentes nos hablen del terror que provocan las faláricas (lanza de origen griego hecha de madera con punta de metal que se cubría con estopa y algún producto inflamable y se lanzaba) nos hace pensar

Emplazamiento de Sagunto (año 2006). En esta foto actual
del yacimiento arqueológico de Sagunto podemos observar
su situación elevada y sus férreas defensas rodeando el núcleo
urbano. En el 218 a. C. no tuvo que ser muy diferente la visión
que Aníbal tuvo de las murallas y de la complejidad del sitio y
conquista de la ciudad ibera. Fuente: Wikimedia Commons

que en la ciudad, confirmando la teoría de que Sagunto
estuviera en la órbita de Massalia, hubiera soldados griegos encargados de su defensa. La obstinación hercúlea de
los combativos iberos y la sensación de inexpugnabilidad
de una muralla que se reconstruye nada más abrirse una
brecha provoca que el general cartaginés decida suspender los combates durante unos días. Según nos cuenta
Tito Livio este descanso responde también a que el estratega cartaginés fue herido por una falárica en una pierna.

Una vez recuperado Aníbal pondrá todo su ímpetu
en abrir una brecha en las murallas. Por lo que nos cuentan
los historiadores clásicos, el ejército sitiador retomó una
frenética actividad de aproximación al lienzo defensivo

con la intención de romperlo lo antes posible. Se acercaron los manteletes que protegían a los arietes de los proyectiles llegando a colocar estos últimos delante de la misma piedra a la que golpeó sin piedad y sin descanso. El encono ofensivo dio sus frutos consiguiendo hacer caer parte del lienzo amurallado y tres torres defensivas, dejando expedito el camino hacia el interior de Sagunto. Sin embargo tras los muros de piedra les esperaba una barrera de espadas y escudos hispanos. Los africanos y sus mercenarios entraron a sangre y fuego por esta brecha creyendo tomada la ciudad, pero los temibles guerreros iberos pronto les hicieron ver lo equivocados que estaban. Sin duda este debió de ser uno de los momentos más terribles y a la vez heroicos de la batalla. La resistencia arsetana era por su vida y la de sus familias, el empuje cartaginés era por su general, por el botín y por la gloria. La formidable resistencia de los saguntinos empezó a hacer mella en el enemigo, que obligado a retroceder perdió la oportunidad de entrar en el deseado bastión ibérico. Inmediatamente los defensores se pusieron manos a la obra para restituir, en la medida de lo posible, las defensas amuralladas que habían caído por la acción de los arietes.

Aquí haremos un inciso en la brutal contienda por la conquista de Sagunto para hablar de política. A la vez que los saguntinos conseguían poner en desbandada a los cartagineses, llegaba una delegación del Senado romano a Sagunto, o precisamente ante la noticia de la llegada de romanos a la ciudad, los iberos sacaban fuerzas de flaqueza y retroalimentaban su ímpetu y sus energías pensando que llegaba la ansiada ayuda aliada. Sin embargo no llegaron legiones sino senadores.

Los senadores Valerio Flaco y Quinto Baebio llevaban mandato de la curia romana para obligar a Aníbal a dejar el asedio de Sagunto, y en caso de que no pudieran convencer al bárcida tenían instrucciones de ir a Cartago directamente a hacer la petición. Aníbal, que además de genio militar también lo era político, se les adelantó, mientras les negaba una recepción por su seguridad y por la falta de tiempo, enviaba mensajeros a la facción de la familia bárcida en Cartago para que el partido opositor a los mismos, encabezado por Hannón, no aprovechase el delicado momento para debilitarles haciendo concesiones a los romanos.

Efectivamente, Valerio Flaco y Quinto Baebio pusieron rumbo a Cartago donde les recibió un senado cartaginés decantado casi por unanimidad por la acción bélica de Aníbal. No obstante, el historiador Tito Livio nos muestra cómo Hannón intenta convencer a la ciudad de la necesidad de parar la toma de Sagunto para evitar una nueva guerra contra Roma. Sin embargo este discurso esforzado y profético de Hannón, donde amenaza con un futuro que ya es historia real en vida de Tito Livio, nos parece más una acción propagandística del historiador romano encaminada a dejar claro el predestinado poder del pueblo romano, y por lo tanto de los Julio Claudios a los que servía. No olvidemos que la familia del emperador Augusto viene directamente del héroe troyano Eneas, que ya humilló a Cartago una vez. Aún con la plausible publicidad *a posteriori,* estamos seguros de que el debate con los senadores tuvo que ser intenso, según nos informan las fuentes, pues los delegados romanos exigen no sólo la retirada del ejército de Aníbal sino además la entrega inmediata de este como prisionero a Roma. La ciudad púnica decidió hacer caso omiso a los delegados romanos, que regresaron a su patria conscientes de que la guerra contra Cartago se hacía inevitable, y convencidos de que esta se desarrollaría en Hispania.

Mientras que las negociaciones tenían lugar en Cartago, la batalla por Sagunto ralentizaba su ímpetu. Ambos ejércitos aprovecharon para darse un tiempo y lamerse las heridas. Aníbal, sin dejar de vigilar los puestos avanzados ni las máquinas de guerra, concedió un descanso que aprovechó para arengar a toda la tropa con promesas de un rico botín una vez tomada la fortaleza. Los saguntinos, sitiados, heridos, cansados, con escasez de víveres pero con la esperanza en la ayuda externa intacta, aprovecharon para restaurar por completo los lienzos de muralla caídos.

Una vez que Aníbal tuvo claro el apoyo de su Senado revitalizó el asalto dándole una nueva y definitiva dimensión. Los cartagineses construyeron una gran torre de asedio que en altura debió de superar a las torres del bastión arsetano y en estructura se concibió para llevar dentro no sólo un gran contingente de soldados sino máquinas de guerra tales como catapultas y ballestas que se encargasen de dar cobertura a los guerreros para tomar los muros. Una vez caídos los iberos de la muralla, se mandó destruir partes de la misma con dolabras, unos instrumentos que servía para separar las piedras del muro, algo que no costó demasiado si tenemos en cuenta que el barro era el engobe para el alzado de dichas defensas. Pronto un contingente de no menos de quinientos hombres estaba dentro de la ciudad para horror de sus habitantes. Sin embargo el empuje y determinación de los defensores obligó a los cartagineses, a su vez, a protegerse dentro de la ciudad construyendo una muralla en una zona elevada y llevando allí las máquinas de guerra que habían utilizado con la torre de asedio. A su vez los saguntinos construyeron un segundo muro defensivo alrededor de la parte de la ciudad que aún controlaban, eso sí, ahora con menos ímpetu, con menos esperanzas de salir bien parados de aquella situación. Es en este momento clave cuando los saguntinos reciben un segundo respiro, pues una rebelión de oretanos y carpetanos obliga al cartaginés a ausentarse durante un tiempo. Pronto descubrirían los sufridos hispanos que el segundo al mando de Aníbal, Maharbal, no iba a permitir que se echara de menos a su general.

El fiel lugarteniente de Aníbal, de origen númida, y comandante en jefe de la caballería cartaginesa, tan determinante en casi todas las batallas de la Segunda Guerra Púnica, tomó el mando y continuó con el acoso y derribo de la ciudadela que aún continuaba en pie, derribando gran parte de las últimas defensas que les quedaban a los valientes y cansados hispanos. Cuando Aníbal regresó de «pacificar» la revuelta, el sitio de Sagunto estaba listo para su último y trágico acto. El ejército de Aníbal estaba tenso a la espera de la orden de terminar con todo, la ansiada ayuda romana parecía que no iba a llegar nunca, y el cansancio, el hambre y la desesperación más absoluta se habían apoderado de un pueblo al que no se le podía exigir más de lo que habían hecho hasta ahora para contener al posiblemente mejor ejército del mundo en ese momento, ¿había llegado la hora de rendirse?

Lo que pasó a continuación es uno de los episodios más desesperados y tristes que se conocen. Dos son sus protagonistas principales, el ciudadano saguntino Alcón, y Alorco, un soldado hispano del bando cartaginés. De *motu proprio*, el impulsivo Alcón, desesperanzado y posiblemente muerto de miedo, cruzó las líneas enemigas para intentar pactar una paz honrosa con los cartagineses. A cambio de la rendición total de la ciudadela se ofrecía la devolución de las tierras a sus legítimos dueños, y estos deberían entregar todo el oro y la plata de la ciudad, salir con lo puesto y establecerse *ex novo* donde Aníbal les mandase. Alcón, y esto nos da una idea de la determinación, y también por qué no decirlo, de la locura de

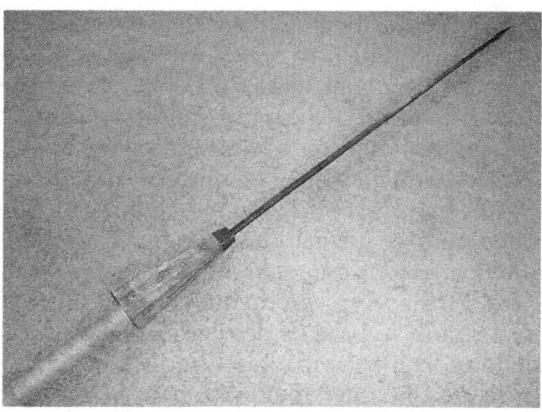

Falárica. La famosa falárica que causó estragos en las tropas cartaginesas de invasión y que muy posiblemente fue el arma que hirió en una pierna al mismísimo Aníbal. El hecho de que esta arma de origen griego se mencione en las fuentes para el sitio de Sagunto nos hace sospechar de, al menos, un contingente griego defendiendo la ciudad, así como nos confirma la órbita económica helena de Sagunto. Fuente: Wikimedia Commons

aquellos temibles iberos, prefirió desertar antes que llevar tan deshonrosa propuesta a sus conciudadanos, alegando que lo matarían de inmediato sólo por haberlo propuesto.

Aquí las fuentes introducen a otro protagonista, Alorco, que seguramente sería el hispano que hizo de intérprete entre Alcón y el bárcida, que se aventurará dentro de la todavía pequeña porción de ciudad en manos autóctonas para intentar acabar de una vez por todas con la guerra. La propuesta que Alorco llevó a los saguntinos difería en muy poco a la hecha a Alcón, algo rebajada pero casi en las mismas condiciones: se devolverían también las tierras, la gente saldría de la ciudad además de con lo puesto con otra muda, etc. La respuesta que obtuvieron fue un gran fuego en el foro de la ciudad, entonces los saguntinos echaron sobre esta hoguera todo el oro y toda la plata, tanto pública como privada, mezclándola con bronce para su inutilización por parte cartaginesa, además de todo lo que de valor encontraron, incluyéndose muchos de ellos mismos, que prefirieron arder antes que rendir su ciudad. Algunas fuentes nos hablan de mujeres suicidándose tras matar a sus hijos… Aunque no creemos que diera mucho tiempo para más porque a partir de ese momento todo se precipitó, el ejército africano acababa de derribar las últimas defensas, conocedores, con seguridad, del fracaso de las negociaciones, se precipitaron como lobos hambrientos sobre lo que quedaba de la sufrida y valiente población hispana.

La orgullosa destrucción del futuro botín por parte de los saguntinos intensificó la furia de unos guerreros que llevaban ocho meses esperando las prometidas riquezas, aunque Aníbal había dado órdenes de matar sólo a los más jóvenes fue imposible impedir una brutal carnicería, los arsetanos que no fueron arrollados por la ira púnica fueron vendidos como esclavos, borrados del mapa y tristemente convertidos en leyenda.

Pronto se empezaron a tomar decisiones, los cónsules electos se dividieron el territorio de la futura guerra: a Publio Cornelio Escipión (padre del futuro Publio Cornelio Escipión el Africano) le correspondería la guerra en suelo hispano, a Tiberio Sempronio la guerra en África. Más adelante analizaremos las fuerzas asignadas a cada uno y cómo los acontecimientos se precipitaron una vez declarada la guerra. Quedaba el insignificante detalle de la declaración formal de la misma: de manera muy teatralizada las fuentes nos explican cómo el Senado envió una embajada a Cartago, ya que lo cortés no quita lo valiente, y los romanos, aunque te conquistaran y te esclavizaran al menos respetaban la seguridad jurídica

MARQUÉS, Francisco Domingo. *Los últimos días de Sagunto* (1869). Diputación Provincial de Valencia. En 1869 el pintor Francisco Domingo Marqués inmortalizó la agonía del pueblo ibérico de Arse, la Sagunto edetana que sucumbió al sitio y saqueo del todopoderoso Aníbal.

y se ajustaban al derecho, todo hay que reconocerlo. El grupo, compuesto por Fabio Máximo, Marco Livio, Lucio Emilio, Cayo Licinio y Quinto Baebio, como si de una obra de Plauto se tratara, llegó a la capital púnica, y Fabio Máximo, futuro *Cunctator*, se recogió la toga ante la atenta mirada de todos los senadores cartagineses y dijo con solemnidad: «Aquí os traemos la guerra o la paz, tomad la que gustéis», a lo que los africanos respondieron que eligiera el romano… y eligió la guerra. No se puede pedir más educación ni formalidad a dos pueblos que van a degollarse mutuamente.

Estas decisiones reflejan una excesiva sudoración de optimismo por parte de los romanos, lo que nos tiene que hacer recapacitar sobre las auténticas razones de la no intervención en auxilio de sus amigos saguntinos. La cuestión de la no intervención, el envío de embajadas, etcétera, ¿no formaba parte de un sainete romano previo a una más que clara declaración de guerra que pudiera llevar a Roma a hacerse con las riquezas de Hispania, una vez controlado todo el Tirreno, pacificados los galos, y contenidos Filipo V e Iliria?

Podemos pensar que Roma, no con una premeditación anterior a la elección de Aníbal como adelantado en Iberia, pero sí con el oportunismo que le dio comprobar que sus graves problemas en el orbe Mediterráneo no lo eran tanto, pudo aprovechar y sacrificar a los valientes edetanos de Sagunto en la hoguera que cociera una nueva deflagración en la que se veían controlando Hispania y dándole una paliza a Aníbal, por un lado, y por otro desembarcando en África para someter la poca resistencia que ofreciera Cartago con su ejército ocupado en el norte y al mando de los bárcidas. Es evidente que no midieron bien sus fuerzas y que esto por poco les cuesta la desaparición del mapa.

Otro asunto que nos queda por tratar, y que no queremos dejar al margen de este relato, es el del posible paralelismo existente entre el inicio de la Segunda Guerra Púnica y la Segunda Guerra Mundial. A veces estudiamos la historia de forma aislada, desde el positivismo de los hechos y alejados de análisis profundos y maximalistas, perdiéndonos en las singularidades, y no extrapolando al presente y al futuro, lo que debiera ser una de las grandes razones de existir de la ciencia histórica. El fondo que nos ocupa, el *casus belli* de la Segunda Guerra Púnica con la toma de Sagunto y la posterior invasión de Italia nos muestra, a través de un «transcuestionamiento» (si se nos permite la invención del término) de dos mil años hacia el futuro, lo cíclica que puede llegar a ser la historia del ser humano y cómo el no conocernos bien a nosotros mismos nos condena una y otra vez a repetir los mismos errores.

Como todos sabemos, la Primera Guerra Mundial se cerró con la derrota humillante de Alemania y el Tratado de Versalles, algo que sumió a la Alemania de entreguerras en la más absoluta de las crisis económicas, pero también social e identitaria. Esta caída a los infiernos que supone el verte derrotado y obligado a cumplir con las pertinentes restituciones pecuniarias de guerra, el verte intervenido en algunas decisiones de autogobierno y sobre todo, el que la paz no sea una paz que restituya un orden social en igualdad y respeto, llevarán a Alemania a los brazos del nazismo, partido organizado que aglutinó un fuerte sentimiento nacionalista y de venganza por el cierre en falso de la Gran Guerra. Al igual que ocurriera tras la Primera Guerra Púnica, Alemania perdió gran parte de sus colonias en favor de los aliados, sobre todo Inglaterra y Francia, también fueron obligados a pagar una indemnización económica, y... el error más grave, también se les dejó libertad para volver a hacerse fuertes. Algo que, podemos sospechar, convenía a una clase de gente de negocios y banca que no estaba, ni ellos ni sus hijos, en el frente de batalla, por lo que podemos hablar de algo más que un error, al igual que ocurriera con Roma y Cartago, donde las grandes familias tenían mucho que ganar, aunque en este caso ellos sí estaban en los frentes de batalla más decisivos, como los Barca o los Escipiones.

Pero los paralelos no quedan ahí. El miedo a una Alemania fuerte otra vez hizo que Francia construyera una barrera en sus fronteras con Alemania, la denominada Línea Maginot, una fortificación defensiva que según los generales galos sería inexpugnable. Los romanos al hacerse con Cerdeña constituyeron su propia Línea Maginot, pero esta sería marítima, creando una auténtica barrera de islas desde la costa gala hasta el norte de África, una pared defensiva contra un posible desembarco de la armada cartaginesa en el Lacio. Esta barrera marítima provocó la reinvención del ejército cartaginés, algo muy parecido a lo que hizo Alemania con la creación del ejército moderno de Hitler, que sorprendió a los aliados.

Como hemos visto, parece que estamos condenados a repetirnos pese al estudio de la historia, al desglose de los hechos históricos así como al análisis profundo de las causas, seguramente hoy, ahora mismo, se están cometiendo los mismos errores que en el pasado. Estamos viviendo el auge de extremismos religiosos que pensábamos enterrados en la oscuridad de los siglos del medievo, así como el auge de políticas económicas, muy aplaudidas incluso por las mismas víctimas, propias del siglo XIX y que llevaron al Crack de 1929, y no descartemos que una cosa esté unida a la otra… Pero eso es otra historia.

FUERZAS ENFRENTADAS

Antes de seguir adelante, y de sumergirnos en la impetuosa contienda que Aníbal emprende contra Roma, vamos a hacer una breve digresión histórica, primero, para, de una forma maximalista y sin nombres propios, entender cómo el Mediterráneo llega a esta situación de guerra total entre dos bloques hegemónicos. De esta forma podremos, segundo, estudiar ambos ejércitos como requisito previo para analizar uno de los impases más intensos y brutales de la historia de la humanidad.

Nos tenemos que remontar a hace unos cinco mil años para encontrar las primeras sociedades hegemónicas de un mundo «civilizado» al que nos había llevado la revolución neolítica de la domesticación animal y de la agricultura, así como del descubrimiento del bronce y su poder como armamento en manos de una élite en la cúspide de una pirámide social con estamentos tan definidos como sacerdotes, guerreros y funcionarios al servicio del poder. Hablamos de civilizaciones cercanas a nuestro entorno como Mesopotamia y Egipto, o más alejadas, como Pakistán y China. Efectivamente, durante la conocida como la Edad del Bronce la tecnología había alcanzado un punto por el que se podía hablar de estamentos sociales, reparto del trabajo organizado, gremios definidos y primeros imperios hegemónicos. Sin embargo todas estas civilizaciones colapsaron en un momento dado debido a que el trabajo del bronce encerraba tanta evolución como contradicciones, como que las principales herramientas para la vida cotidiana seguían siendo de madera, hueso o piedra, dejando los metales para la guerra y lo ornamental.

La caída de las civilizaciones de la Edad del Bronce hay que buscarla en la imposibilidad de aumentar el ritmo productivo necesario para el aumento de la población de las incipientes aglomeraciones urbanas y en unas élites conservadoras y extractoras del más mínimo excedente existente, que utilizaban la fuerza bruta y el poder de las armas contra su propia población.

Si ponemos a Egipto como ejemplo podemos observar cómo un estado fuertemente centralizado con una clara división estamental en Faraón y ejército, sacerdotes, funcionarios, mercaderes, artesanos y campesinos, cuya evolución tecnológica nos ha dejado obras de irrigación, con un control del río Nilo que permitía dos cosechas anuales aprovechando sus crecidas, comercio a gran escala, escritura, así como registro escrito y un amplio desarrollo de la ciencia, la arquitectura y el arte, llega un momento en el que implosiona como civilización de la Edad del Bronce, ¿qué está pasando?

De repente el fuerte estado egipcio, así como otros tantos de este período, se ve incapaz de alimentar a su pueblo, el centralizado poder empieza a fragmentarse y a perder autoridad, y es incapaz de contener las fronteras. A finales del segundo milenio y principios del primero todo el Mediterráneo se ve sacudido brutalmente. El Imperio Nuevo de Egipto se ve atacado por todas partes y los pueblos del mar irrumpen en el orbe conocido reconfigurando, a través de la guerra, todo su aspecto. La existencia de una clase dominante en la Edad del Bronce fue garante durante un tiempo de la revolución tecnológica y urbana de estas nuevas sociedades, pero al tiempo también fue el corsé que impidió su evolución cuando el agotamiento de la fertilidad de los suelos y de las tecnologías precipitó todas las contradicciones que contenía. A medida que los recursos escaseaban la clase dirigente aumentaba su presión y violencia para seguir obteniendo la parte de riqueza habitual, cada vez más difícil de conseguir, sin invertir dichos exiguos excedentes en otra cosa que no fuera lujo o ejército. Los grandes señores de la guerra de la Edad del Bronce pronto se convirtieron en un lujo que un agotado campesinado era incapaz de seguir sosteniendo con una base tecnológica que se había quedado obsoleta.

La guerra, el lujo improductivo, la religión y otras formas de magia que impedían el avance de la ciencia, así como el recelo de las élites a cualquier progreso que les pusiera en peligro o que fuera considerado como subversivo, tuvo el efecto totalmente opuesto al de un mantenimiento del orden establecido. Sin embargo fuera de los núcleos urbanos, en las zonas limítrofes a los imperios, alejadas por tanto del mayor control ejercido por las élites, estaba sucediendo algo importante. La inseguridad de vivir en la frontera agiliza la innovación, y es precisamente de esta forma como se produjo en el mundo una auténtica revolución, no bien medida ni comprendida por los historiadores modernos, salvo excepciones. Estamos hablando de la Edad del Hierro.

¿Por qué es una revolución el hierro? No se conoce con exactitud dónde comenzó el hombre a trabajar el hierro, sí se sabe que no fue en los núcleos de poder de la Edad del Bronce. Se intuye que alguna tribu del Cáucaso pudo desarrollar la tecnología adecuada para la forja de herramientas y armamento férreos y que los hititas aprovecharon con posterioridad para que se propagase su uso a partir del siglo XII a. C. Mientras el bronce, caro y blando, no era utilizado por granjeros y campesinos, que continuaban con técnicas productivas más propias del Neolítico a base de madera, piedra o hueso, el hierro suponía un cambio radical en tanto era abundante, barato y duro. La técnica para su forja, con hornos a grandes temperaturas a base de fuelle, se propagó enseguida y de esta manera cualquier granjero podía fabricar sus propias herramientas... y armamento. Empezamos a comprender la magnitud de la revolución en un mundo donde las élites gozaban del acceso único al armamento de bronce para subyugar a granjeros y campesinos, que ahora contaban con acceso no sólo a armamento sino a armamento mejorado. Si quieren un paralelo moderno pregúntense porqué las élites que nos gobiernan impiden mediante legislaciones abusivas el uso particular de la luz solar, por ejemplo.

El hierro revolucionó la agricultura, la industria y la guerra. En la agricultura era evidente que un mineral duro no sólo era un arado que profundizaba más en la tierra y permitía mejores cosechas, así como entrar en suelos más duros antes improductivos, sino que también se traducía en hachas para talar amplias zonas boscosas y ampliar las tierras de cultivo aumentando así la producción y el excedente. La nueva industria no era sólo palaciega, como ocurría con el bronce, sino que granjeros y campesinos podían desarrollarla en sus casas o bien en pequeñas aldeas a través de la figura del herrero, dando a cada vecino la posibilidad de tener una lanza y una espada, dando la posibilidad, a su vez, de que estos vecinos lucharan hombro con hombro junto a sus lanzas y espadas, siendo así capaces de detener al guerrero clásico de la Edad del Bronce, románticamente inmortalizado por Homero en su carro de combate (aunque se sitúe la obra homérica de la *Ilíada* y la *Odisea* en el siglo VIII a. C. ambas responden a tradiciones orales de más de cuatro siglos de pervivencia y que nos están hablando, precisamente, del ocaso de la Edad del Bronce). Es decir, estaba naciendo la falange y la posibilidad de matar al señor de la guerra dominante. Un nuevo orden mundial estaba en ciernes.

Efectivamente, tras la disgregación de los grandes imperios a partir del siglo XII a. C., tanto por sus contradicciones y revueltas internas, como por las guerras externas y la irrupción de enemigos temibles como los hititas o los Pueblos del Mar, nos queda un mundo nuevo, un puzle de pequeños estados o ciudades-estado, con una sociedad estamental pero menos por la fuerza que por nuevas relaciones inherentes a la revolución descrita, con tecnologías incipientes con futuro y no agotadas como el bronce, con una economía revitalizada con el aumento de excedentes no tan monopolizados por las élites, y con nuevas relaciones sociales y novedosas estructuras políticas. Estamos hablando del mundo griego.

Antes de hablar de cómo estaban organizados los ejércitos romano y cartaginés de la Segunda Guerra Púnica es condición *sine qua non* hablar del mundo griego y de Macedonia. Hemos visto cómo el hierro supuso una total revolución que le dio la vuelta a la sociedad estamental de la Edad del Bronce y fraccionó los antiguos imperios en pequeñas entidades denominadas ciudad-estado, cuyos exponentes más clásicos los encontramos en Grecia, allí surgirá la democracia.

Mientras en otros lugares del mundo la revolución del hierro también fue absorbida por las clases dominantes, como en China, Persia o India, permitiendo las nuevas tecnologías y el excedente conseguido aliviar la presión a las capas menos favorecidas de estos imperios, en el Mediterráneo oriental el que ciudadanos libres pudieran organizarse como un ejército capaz de derrotar a las élites dominantes cambió el modo de comunicarse y el discurso entre las diferentes clases sociales, dando lugar a formas políticas revolucionarias de consenso entre ciudadanía y aristocracia, jamás antes dadas en la historia del hombre. En Grecia las masas lograron destituir a la nobleza tradicional, la ciudad clave de esta transformación fue Atenas, donde el derrocamiento de una dictadura de corte clásico dio lugar a un contrato social donde el pueblo se autogobernaba, esto sucedía entre el 510 y el 506 a. C., y el experimento duró dos siglos, aunque todavía hoy seguimos experimentando.

En el siglo v prácticamente toda Grecia estaba formada por ciudades-estado democráticas, entendiendo dicha democracia no como la actual, ya que sólo los hombres adultos tenían derecho a voto, quedando relegados de este esclavos, mujeres y extranjeros, y sólo los ricos pagaban impuestos. Para ir a la guerra decidían los combatientes exclusivamente. El ejército era una milicia formada por un tercio de la élite social como infantería pesada u hoplitas y el resto de la población más pobre como infantería ligera o remeros. El éxito de esta revolucionaria estructura quedó claro cuando estas pequeñas ciudades de Grecia pudieron hacerle frente a todo un imperio como el persa en las batallas de Maratón (490 a. C.) o Salamina (480 a. C.), en las que, aún en inferioridad numérica, campesinos voluntarios derrotaron a los soldados profesionales de un imperio al uso.

Sin embargo, y resumido a grandes rasgos, podemos asegurar que el poder aristocrático tradicional, encabezado por Esparta primero y por la Macedonia de Filipo II después, consiguió derrotar la amenaza democrática que suponía el experimento ateniense para las élites tradicionales. El punto y final al experimento democrático griego lo puso la batalla de Queronea (338 a. C.), donde Macedonia acabó con el poder ateniense. Pero algo había cambiado para siempre, y a partir de ahora el equilibrio entre nobleza terrateniente o reyes y pueblo iba a estar constantemente en entredicho, una situación tensa que encontró su transfuguismo perfecto en la expansión imperialista, que contentaba comprándolos con riquezas y lujo a unos y con tierras, trabajo, comida y futuro a los otros. Su máximo exponente será Alejandro Magno, el espejo donde nuestros protagonistas se mirarán una y otra vez tanto en sus políticas, como la púnica en Hispania, como en sus batallas, como por ejemplo Zama, donde Escipión lanza a su caballería tal y como hizo Alejandro en la batalla de Gaugamela contra los persas, como veremos más adelante.

¿Qué había pasado? Macedonia se había hecho con la hegemonía de toda Grecia y pronto conquistaría el imperio persa, configurando lo que se ha denominado helenismo, la exportación de la cultura griega al mundo conocido como idea universal. Filipo primero y Alejandro después supieron apropiarse de los avances conquistados por la democracia griega para transformar su ejército, su monarquía en imperio, y el orbe mediterráneo y el mundo próximo oriental en un todo panhelenístico.

Este nuevo imperialismo militar emprendido por Alejandro Magno estaba teniendo, a su vez, su gemelo en el Mediterráneo occidental, en una pequeña ciudad-estado de campesinos y granjeros latinos denominada Roma, que hacia el 509 a. C. se había sacudido el yugo monárquico para configurar una República gobernada por un patriciado oligárquico que mantenía el poder a duras penas con nuevas leyes (Ley de las doce tablas) de consenso con el pueblo (plebe) pero que no tuvo más remedio que recurrir a la expansión militar e imperialista para no sucumbir a sus propias contradicciones. Estamos hablando, evidentemente, de Roma.

Podemos afirmar que Roma consigue sumar lo que es un ciudadano a la griega con lo que es un ejército macedónico imperialista. Los patricios romanos encontraron la fórmula perfecta para ampliar sus posesiones a expensas del pequeño propietario a través de la deuda, germen de todo el conflicto patricio-plebeyo, donde un pequeño campesino podía dejar de pagar sus deudas por una mala cosecha y perder así su propiedad e incluso su libertad. Este conflicto amenazó la unión de la incipiente ciudad-estado con la amenaza de secesión y la negación a combatir por parte de los plebeyos, presión que nunca consiguió derrocar al Senado patricio pero sí conseguir grandes cuotas de poder, como el acceso al mismo a través de la figura del Tribuno de la Plebe, con capacidad de veto.

De esta forma las clases dirigentes en Roma quedaban fiscalizadas por el pueblo, al que tendrían que ganarse constantemente para poder llevar a cabo sus planes. Esto controló mucho el despojo de las propiedades de los ciudadanos más pobres por parte de los más ricos y con más poder, lo que llevó a la aristocracia romana a poner sus ambiciones sobre los extranjeros y a convertir la ciudad-estado en un imperio feroz y desmedido que duró mientras hubo tierras fértiles que conquistar, pero que colapsó en sus propias contradicciones una vez que llegó al límite geográfico de dichas tierras fértiles, y su sistema productivo esclavista le impidió avanzar tecnológicamente para superar dichas contradicciones. La Segunda Guerra Púnica se enmarca en este lapso de tiempo en el que Roma es un imperio incipiente, donde empieza a conquistar y a repartir el botín con su ciudadanía. Por lo que siempre que estudiemos la guerra en Roma, sea cual sea, hemos de pensar que a esta no le venía mal, al contrario, era su estado natural y necesario, Roma sin guerra, sin territorios nuevos que conquistar, sucumbiría, como así ocurrió.

Pero hay algo mucho más importante a tener en cuenta en la contienda entre romanos y cartagineses y que explica perfectamente el éxito romano en su expansión. Mientras Cartago explotaba un territorio para alimentar a un imperialismo exclusivo de sus élites, sin más, Roma hacía lo mismo pero a la vez daba una parte del botín a la ciudadanía libre, que engrosaba su ejército y además dejaba su huella, su cultura, sus leyes y el prestigio de su aristocracia en el territorio conquistado, algo que era imitado por los gobernantes locales, que intentaban parecerse a la nobleza itálica; a este proceso se le ha denominado Romanización, y fue determinante. Esto le aseguraba a Roma un constante flujo de soldados de las zonas conquistadas, mucho más convencidos, por romanizados, que el ejército de mercenarios, con un núcleo aristocrático púnico, de Cartago.

Pero, ¿qué dos ejércitos se enfrentaron en la Segunda Guerra Púnica?

El ejército romano hasta época de Mario sufrió pocas variaciones, si bien precisamente la Segunda Guerra Púnica implicó el aumento de efectivos en la configuración básica, pero sin trastocar la misma, por lo que podemos hablar de uniformidad estructural durante las tres guerras púnicas, así como táctica hasta, al menos, la llegada de Escipión el Africano. La legión es la unidad fuerte y básica que compone un ejército consular, a cada cónsul se le conceden dos legiones, las mismas se dividen en treinta manípulos cuya cantidad de legionarios variaba según su posición en el campo de batalla, de sesenta a ciento veinte hombres, que a su vez se dividían en centurias de entre treinta y sesenta infantes, siendo la centuria una unidad más administrativa que otra cosa. Los manípulos se posicionaban en base a la experiencia de los infantes que los conformaban: delante de todos los legionarios más jóvenes, *hastatii* (por el hasta o lanza que portaban); tras ellos los *princeps* (de mayor edad y más experimentados), y en la última línea de combate los *triarii* (veteranos de mayor edad y de valentía más que probada). El orden de batalla formaba un tablero de ajedrez con los manípulos, las dos primeras líneas eran las primeras en entrar en combate, siendo las restantes la reserva de élite para batallas complicadas, por lo que formaban algo más alejados. Cada unidad administrativa o centuria contaba además con veinte *velites*, de armamento ligero, que se lanzaba al enemigo nada más empezar la refriega (jabalinas). A toda legión se unían trescientos jinetes en diez grupos de treinta monturas cada uno. La legión tipo de la República Romana contaba con cuatro mil doscientos infantes y trescientos efectivos de caballería. Pero como hemos apuntado en contextos históricos complicados, como la invasión de Aníbal, este número podía crecer ostensiblemente, llegando hasta los seis mil legionarios. Lo que confería a la legión su poder sobre la anticuada falange hoplítica era precisamente la organización en manípulos y su disposición de damero en el orden de batalla, confiriéndole mucha mayor maniobrabilidad y adaptación a cualquier situación. Veremos en Zama cómo esta disposición la aprovecha genialmente Escipión

151

para neutralizar a los elefantes de Aníbal. Los *velites* iniciaban siempre el combate con un fuego intenso de jabalinas contra las primeras líneas del enemigo, para retirarse tras las líneas como reserva en caso desesperado. A continuación los *hastatii*, que podían ocupar los huecos entre manípulos de los *princeps* en caso de empuje del enemigo configurando una fila homogénea y fuerte de oposición. Y en caso de necesidad, y como fuerza decisiva del combate, podían tomar partido los *triarii*. Al núcleo de la legión se le unían los aliados de Roma, estos no eran ciudadanos romanos como los legionarios, y podían llegar a alcanzar los cinco mil efectivos de infantería y hasta los novecientos jinetes, y solían posicionarse flanqueando ambos extremos de la formación de combate. La caballería se suele dividir en *alae* según su posición, izquierda o derecha, y como hemos visto a su vez cada *alae* en cuadrillas de treinta monturas.

El armamento romano básico era una espada corta de doble filo con punta, un puñal y la lanza que, salvo en el caso de los *velites* que usaban una jabalina, se usaba en el cuerpo a cuerpo. Los *hastatii* portaban, por el contrario, el famoso *pilum*, otro tipo de lanza, arrojadiza, de dos metros de altura y con una temible punta metálica; era un arma muy temida por los enemigos de Roma, ya que podían atravesar corazas y escudos e inutilizar a una gran cantidad de combatientes o mermarlos para el combate cuerpo a cuerpo. Un yelmo cubría sus cabezas, una coraza de cuero y chapas metálicas el torso y polainas de cuero a modo de espinilleras, a excepción de los *velites*, que al no entrar en el cuerpo a cuerpo no necesitaban ni coraza ni polainas, sino un casco de cuero y un escudo redondo ligero, unos dardos y una espada que completaban a la usual jabalina.

Tras el mando supremo de los cónsules (dos legiones cada uno, con mando un día sí y otro no en caso de marchar juntos) estaban los tribunos militares, seis por cada legión, tres elegidos por el pueblo de Roma, y el resto nombrados por el cónsul. Al mando de los tribunos se encontraban los legados. El centurión era la unidad básica de los cuadros de mando inferiores, siendo el centurión de la primera centuria el comandante en jefe del manípulo, y el de la segunda su ayudante. Eran los legionarios quiénes elegían a sus centuriones por méritos propios.

Y toca hablar de un elemento clave en el éxito de las legiones romanas, el campamento (*castra*). Podía ser provisional o permanente, si era fijo podría llegar a ser el germen de una futura ciudad romana, como así ocurriría en muchas ocasiones. El campamento romano era un dechado de virtudes organizativas en el que todo estaba pensado y planificado al milímetro. La instalación tipo era rectangular, con una empalizada en todo su perímetro y cuatro salidas en los cuatro puntos cardinales, cerradas con portones vigilados. Dentro se organizaba en calles, sobre una cuadrícula perfectamente alineada, donde se instalaban las carpas con los soldados, en la que cada estructura básica de la legión ocupaba su lugar predeterminado, siendo la parte central del campamento reservada para el mando y el templo, así como un espacio de reunión. El campamento evitaba en gran medida los ataques por sorpresa, a la vez que protegía, en caso extremo de peligro, al ser básicamente una fortificación que podría incluir la excavación de un foso alrededor.

Cada ciudadano debía pagarse su armamento y su manutención, por lo que el concepto de botín era algo muy importante. Hasta la reforma de Mario (fin. s. II a. C.) los ciudadanos sin recursos, o *proletarii*, estaban exentos de engrosar las milicias, algo que, como veremos, tuvo sus excepciones durante la Segunda Guerra Púnica. Aunque los cónsules eran nombrados por un año de tiempo, las

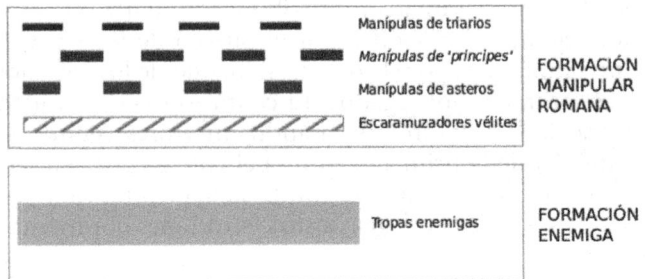

Manípulas de triarios

Manípulas de 'príncipes'

Manípulas de asteros

Escaramuzadores vélites

FORMACIÓN
MANIPULAR
ROMANA

Tropas enemigas

FORMACIÓN
ENEMIGA

Aquí podemos ver la disposición clásica de un ejército consular con formación manipular, donde el frente de batalla lo iniciaría la tropa ligera de los vélites, que tras lanzar sus dardos se retirarían para dejar paso a los *hastatii, princeps* y *triarii*. Fuente: Wikimedia Commons

campañas militares, sobre todo en guerras como la que estamos viendo, podían durar mucho más. Para solventar esta incongruencia entre la legislación romana y la realidad de la guerra se creó la figura del procónsul, que prorrogaba el mandato del cónsul al frente de sus legiones, lo que tuvo el efecto paralelo de una mayor lealtad hacia ciertos generales, lo que complicaría sobremanera la supervivencia de la República, acabando finalmente con ella en las guerras civiles que enfrentaron primero a César y a Pompeyo y después a Marco Antonio y a Augusto.

Por parte cartaginesa tenemos el ejército de Aníbal, cuya estructura estaba formada por una infantería con un cuerpo de élite que era el denominado Batallón Sagrado, y que raramente combatía fuera de África. Como habremos adivinado por el nombre, a este batallón pertenecían los nobles cartagineses con una amplia formación militar y con el mejor equipamiento posible. Este batallón siempre se situaba en el centro de la formación y quedaba totalmente protegido por elefantes y tropas auxiliares y caballería, también eran la guardia personal del general y estaba formado por unos dos mil quinientos soldados. Después tenemos a la infantería libio-fenicia, que componían junto con el Batallón Sagrado las fuerzas más leales a Cartago; eran soldados de los territorios pertenecientes a Cartago en el norte de África y estaban obligados a suministrar efectivos al ejército. Su equipamiento estaba formado por yelmos metálicos, grebas, corazas de lino, escudos redondos y lanzas largas y espadas cortas, aunque habitualmente utilizaban el armamento capturado al enemigo.

El ejército cartaginés era mucho más heterogéneo que el romano, y conocemos menos su estructura, aunque por las fuentes podemos hacernos una idea bastante aproximada de cómo pudo llegar a organizarse en tiempos de Aníbal. A la infantería descrita hemos de añadir las temidas huestes hispanas, ya hemos visto cómo se las gastaban en la defensa de Sagunto. Estaban formadas en su mayoría por iberos del sur y el sureste peninsular, pero también por celtiberos del centro de Hispania y por lusitanos del oeste. El equipo de la infantería íbera lo podemos resumir en una armadura de escamas, casco y escudo largo, y por supuesto la temida *falcata*, una espada de un solo filo, algo curva y que podía tanto golpear como cortar o apuñalar. Los soldados más ligeros iberos podían portar además dardos, jabalinas u hondas. También empleaban la *falárica*, de origen griego, lanza incendiaria hecha de madera y hierro en su punta que se prendía con aceite o brea y se lanzaba al enemigo, tanto para destruir sus escudos de piel y madera como para desbaratar la maquinaria poliorcética. Por su parte los celtiberos, tanto infantería ligera como pesada, al igual que los iberos, variaban el armamento descrito para los iberos en que su espada era de doble filo y portaban unas jabalinas de hierro conocidas por los romanos como *soliferreum*.

Dentro de las tropas hispanas hay que destacar a los honderos baleares, auténtico cuerpo de fusileros que lanzaban temibles proyectiles, capaces de dejar muerto a un hombre de un certero golpe, con sus hondas o *funda* en latín. Las hondas estaban hechas habitualmente de esparto trenzado con crines o con nervios. Usaban varias hondas según las distancias a salvar, colocándose la honda no usada alrededor de la cabeza, confiriéndoles este hecho un aspecto singular y característico. Las «balas» disparadas podían ser de piedra, terracota o plomo, y pesar en torno al medio kilo. Aníbal los utilizó siempre al comienzo de las batallas, hostigando al enemigo y haciendo mella en su formación y sistema defensivo. Según las fuentes, Aníbal le confería gran importancia al contingente balear, considerándolos irremplazables en las batallas. Su cometido era muy similar al de los arqueros, pero la honda tenía mayor alcance y precisión que las flechas.

El resto de la infantería mercenaria cartaginesa lo conformaron tropas galas difíciles de disciplinar y conseguir que combatieran en orden y formación, así que Aníbal los utilizaba para los primeros choques y se reservaba a sus tropas de élite para el grueso de la batalla. También veremos que al bárcida lo acompañaron soldados corsos, sardos y algunos aliados itálicos como bruttios, apulios y lucanos, también campanos, ligures, samnitas o sículos, que pagarían cara su traición a Roma.

La importancia del ejército de Aníbal, y que resultará determinante en casi todas sus batallas, es la caballería. La conocida como caballería de ciudadanos era un cuerpo pesado compuesto por la oficialidad cartaginesa engrosada con los nobles púnicos y que costeaban un potente equipo de cota de malla, yelmo, grebas, escudo, dos lanzas (corta y larga) y una espada corta y ancha. Luego estaba la caballería libio-fenicia, que al igual que la infantería del mismo nombre, era leal a Cartago, combatían

Torso de guerrero ibero con un pectoral que simula la cabeza en relieve de un lobo. Las tropas mercenarias de Aníbal contaron con soldados iberos, celtíberos y honderos baleares. Fuente: Fundación Universitaria La Alcudia (Elche).

con largas picas y espadas, llevaban armaduras de lino, cascos y grebas, así como escudos redondos, y protegían al caballo con una pechera, lo que les permitía aguantar más tiempo en el combate. La famosa y determinante caballería númida, presente durante toda la Segunda Guerra Púnica, comprendía a los mejores jinetes del ejército, perfectos para una caballería ligera que causara bajas al enemigo en desbandada, así como para la exploración del territorio o para engaños en emboscadas, dada su rapidez y movilidad. Portaban un escudo pequeño y jabalinas, iban casi desnudos y montaban a pelo, algunas fuentes aseguran

Guerrero de Moixent o Mogente. Además de la infantería las tropas hispanas también aportaron al ejército cartaginés caballería, que junto con las monturas númidas de origen africano y los elefantes causaban verdaderos estragos en el enemigo. Fuente: Wikimedia Commons

que llevaban dos caballos para saltar al más fresco durante las batallas. También hemos de hablar de la caballería pesada hispana, que estuvo con Aníbal durante la mayor parte de la guerra contra Roma; los celtiberos llevaban una lanza de metal con cabeza en forma de árbol acoplada a un astil, además de la espada y demás equipo de protección. En ocasiones se describe cómo la infantería hispana llevaba un acompañante al caballo que bajaba y servía de soldado de a pie para sorpresa del enemigo. Tenían un amplio conocimiento en el adiestramiento del caballo para la batalla, hasta el punto de enseñarles a estar esperando de rodillas escondidos en situaciones de emboscada o ataques por sorpresa o en tácticas de guerrilla.

Otro estilo de caballería es la famosa utilización de elefantes de guerra por parte del ejército púnico. Más adelante veremos cómo pudo producirse la epopéyica aventura de Aníbal cruzando los Alpes. Ahora nos conformaremos con saber que los cartagineses utilizaban estos auténticos tanques de la antigüedad, bien elevando a sus arqueros desde la retaguardia para disponer de un mejor ángulo de tiro al enemigo, o bien para desbaratar las líneas enemigas, algo muy peligroso porque con una buena estrategia de defensa del enemigo los elefantes podrían volverse en estampida y destruir las propias filas. Sobre la grupa del paquidermo se instalaba una estructura donde solían ir bien pertrechados un conductor o *mahout*, un arquero, un soldado u hoplita con su *sarisa* (lanza larga) y un oficial. Las fuentes nos cuentan que el propio Aníbal dirigía la guerra en Italia desde un elefante, el famoso *Surus* (Sirio).

5

La marcha de Aníbal

EL GRAN PLAN DE ANÍBAL.
ESCARAMUZA EN EL RÓDANO

Es más que probable que la idea de invadir la península itálica con un gran contingente forjado y financiado desde Hispania partiera de Amílcar. Aníbal contaba con tan sólo nueve años de edad cuando su padre se lo llevó con él y con su yerno Asdrúbal a la conquista de las riquezas de Hispania y de la creación de una base de operaciones como cabeza de puente para la futura guerra contra Roma, algo que había dejado pendiente para poder apaciguar la rebelión de los mercenarios y libios.

El planteamiento que Aníbal desarrolla a partir de la caída de Sagunto, tiene mucho parecido con la eventualidad a la que su padre tuvo que enfrentarse, a saber, una rebelión de aliados que beneficiase al enemigo. Al igual que Cartago, Roma había sometido los territorios adyacentes hasta completar la práctica conquista de la península itálica, sin embargo los problemas con sus aliados y con sus conquistados, sobre todo los galos, eran constantes. Aníbal estaba perfectamente informado de los movimientos romanos, así como sobre quién recaía la elección de los cónsules y quiénes eras los pretores al mando, lo que nos indica que el caudillo púnico tenía un nutrido sistema de espionaje e información. Sin embargo, como veremos más adelante, cometió un error de cálculo que le costaría muy caro, un error, por otra parte, más que comprensible: la romanización.

Mientras la traición de los galos, poco romanizados, era más que viable dentro del plan de Aníbal, conforme fue avanzando al sur de la península itálica se fue dando cuenta de que no sería tan fácil poner en pie de guerra a todos los territorios itálicos contra Roma, por la sencilla razón de que muchos de estos territorios en el siglo III a. C. ya eran Roma.

Efectivamente, mientras Cartago conquistaba, sometía y explotaba en propio beneficio a poblaciones enteras, Roma hacía lo propio, pero además extendía su cultura, enviaba colonos, construía carreteras, acueductos y puentes y le daba al sometido un código legislativo al que atenerse, es decir, con las debidas salvedades, les daba seguridad jurídica.

Aníbal venció y humilló a los romanos, y los romanos pusieron una legión tras otra frente al púnico sin poder derrotarle en su propio territorio, y podrían haber seguido colocando delante de los mercenarios del africano muchas más legiones, porque mientras los cartagineses luchaban en su mayoría con mercenarios a la expectativa de un botín y confiados en la figura de un gran general como Aníbal, los romanos luchaban por mantener su libertad, y su ejército estaba formado por pequeños propietarios agricultores y granjeros. También contaban con aliados, que en el caso de los galos los traicionaron, como veremos enseguida, pero que en su mayoría tenían un sentimiento de pertenencia, una cultura, una lengua y una legislación asumidas ya como propias.

Una vez tomada Sagunto, Aníbal no perdió un segundo en poner en marcha su plan. Lo primero fue retirarse a *Qart Hadasht* (Cartago Nova) para pasar el invierno y licenciar a las tropas hasta la primavera tras premiarlas con el botín de la toma de Sagunto y comprometiéndolas a regresar en primavera, eso sí, sin desvelar sus planes. En Hispania dejaría un contingente de tropas al mando de su hermano Asdrúbal, en previsión de una más que posible llegada de tropas romanas, pues no podía permitirse el lujo de desguarnecer su cabeza de puente hacia Italia ni su centro neurálgico de abastecimiento. Después, en una maniobra muy inteligente, envió tropas hispanas a África y tropas africanas a Hispania. Durante todos estos preparativos no paró de reabastecer sus fuentes de información con la zona del norte de Italia, tanteando los problemas que tenían los romanos con los galos. Tanto la Galia Transalpina como la Cisalpina serían un hervidero de espías, informadores y diplomáticos cartagineses durante aquel invierno del año 218 antes de Cristo.

Como hemos visto en el capítulo anterior, Roma declaró la guerra a Cartago, de manera muy teatral, con la toga de Quinto Fabio Máximo; esto ocurrió en la primavera del 218. No hacía falta más, porque a mediados de mayo Aníbal ponía rumbo al norte con su ejército.

Por su parte los romanos también tenían un plan, perfectamente lógico: los cónsules electos en el 218, Publio Cornelio Escipión y Tiberio Sempronio, se repartirían las zonas de guerra, Escipión Hispania y Sempronio África. Lo que dejaba desguarnecida la península itálica…

y Roma. Que Aníbal partiera rápidamente hacia los Pirineos con un gran ejército de invasión les tuvo que pillar totalmente a contrapié. Roma había planteado para Cartago una guerra defensiva, y Aníbal la convirtió en ofensiva. Que ningún romano previera el plan de Aníbal les iba a costar muy, pero que muy caro.

Aníbal sale de Cartago Nova con noventa mil hombres, doce mil unidades de caballería y unos cuarenta elefantes según las fuentes. Sin embargo Polibio (*Historias*, III, 60,5) nos informa de que el ejército invasor llegó al Ródano con treinta y ocho mil soldados, ocho mil caballos y treinta y siete elefantes. ¿Qué había pasado? Durante el trayecto el ejército bárcida tuvo que hacer frente a algunos problemas sobre el terreno, entre ellos someter a tribus levantiscas antes de cruzar el Ebro, para posteriormente penetrar en territorio totalmente hostil en lo que hoy es la actual Cataluña, donde se encontró con una gran resistencia, lógica en un territorio aliado de Roma y controlado por emporios de origen griego. Según las fuentes aquí perdió a más de diez mil hombres y se deshizo de los menos leales, otros diez mil, por lo que mermó sus tropas considerablemente, y no lo tuvo que hacer sólo una vez. Al final se enfrentó al paso de los Pirineos con cincuenta mil infantes y nueve mil efectivos de caballería. No obstante la cifra que nos da Polibio de la llegada al Ródano nos sugiere grandes pérdidas en los Pirineos, de las que no tenemos noticia, por lo que podríamos pensar que la cantidad de noventa mil soldados puede ser una exageración. Para guardar los territorios recientemente sometidos al norte del Ebro, Aníbal dejó a su hermano Asdrúbal, y a Hannón en los territorios al sur del Ebro.

Ruta de Aníbal. En este mapa podemos observar cómo la disposición de las islas dominadas por los romanos (Córcega, Cerdeña y Sicilia) constituían una auténtica barrera para la armada cartaginesa, que además tras la Primera Guerra Púnica se había mostrado incapaz de superar a los barcos de guerra romanos, dejando como única posibilidad de llevar la guerra a Italia el camino del interior. Fuente: Wikimedia Commons

Antes de detenernos en lo que sucedió en el Ródano, vamos a ver qué estaba sucediendo en Italia, de vital importancia para entender la sucesión de hechos y batallas a partir de ahora. Antes del cruce de los Alpes, los romanos estaban, allá por el mes de julio, construyendo dos nuevas colonias latinas, Placentia y Cremona, a orillas del río Po. El reparto de tierras entre colonos de la urbe provocó la insurrección de los galos de la zona, boyos e ínsubres, que pusieron en jaque a las tropas comandadas por el pretor Lucio Manlio Vulso, al tiempo que Aníbal se disponía a cruzar el Ebro. Para socorrer a Manlio Vulso se mandó a un nuevo pretor, Cayo Atilio, que utilizó para ello una de las legiones y un *alae* que había alistado para marchar hacia Hispania, lo cual retrasó su salida. Casi con toda seguridad el retraso de la salida en más de dos meses, desde que cede las tropas a Atilio y hasta que un ejército nuevo desembarca en Massalia a finales de septiembre, se debe a que tuvieron que hacer una nueva leva, un reclutamiento de tropas para reponer esa legión y su *alae*.

Publio Cornelio Escipión hizo parada en Massalia, seguramente sin todas sus tropas ya que estaban ocupadas en la Galia Cisalpina, por lo que se nos ofrecen dos posibilidades: o bien hizo una parada técnica a la espera de tener a todo su ejército para dirigirse a Hispania, o bien los massaliotas estaban informados de la intención de Aníbal de cruzar los Pirineos, y ante la posibilidad de que el ejército cartaginés tuviera la intención de sitiar y asaltar Marsella pidieron socorro a Roma. La cuestión es que, una vez en la desembocadura del río Ródano, Escipión se entera de que Aníbal había entrado ya en la Galia. Sin embargo no le sale al paso inmediatamente porque estaba esperando al grueso de sus tropas en la ciudad griega. En este intervalo de tiempo los galos aliados de Roma destruyeron todos los puentes del río Ródano para impedir que el ejército púnico lo atravesara con facilidad, intentando ganar tiempo para el desembarco de las tropas del cónsul. Además, en la orilla este del río, a Aníbal lo esperaba una horda hostigadora de galos para impedirles un paso sin dificultades. El cartaginés hizo prueba, una vez más, de su astucia. Construyó una gran cantidad de embarcaciones que le permitieran cruzar el río y envió una parte de su ejército en secreto río arriba hasta cruzarlo por un paso seguro que no estaba a menos de cuarenta kilómetros de distancia. Cuando esta parte del ejército rodeó a los galos de la otra orilla por la espalda

Recreación de los guerreros galos a los que el contingente púnico que atravesó los Pirineos se tuvo que enfrentar antes de poder encarar su aventura de los Alpes. Estos guerreros posiblemente estaban al servicio de ciudades como Marsella, bien pagados por los griegos o bien contratados por los romanos a la llegada de Publio Cornelio Escipión, que intentó cortar el paso de Aníbal en el Ródano con ellos sin éxito. Fuente: Wikimedia Commons

hicieron señales al grueso de la tropa para que embarcaran y cruzasen, mientras los galos se abalanzaban sobre los cartagineses en el río, su campamento, fue atacado e incendiado, esto provocó una desbanda de los mismos por miedo a ser sorprendidos y atrapados en una pinza, y Aníbal, su ejército y sus elefantes pasaron sin mayor dificultad.

Ya en la orilla este del Ródano el bárcida recibió la noticia del desembarco del ejército romano de Escipión en la costa y decidió enviar a quinientos jinetes númidas a inspeccionar el terreno para no llevarse sorpresas desagradables. En estos momentos Aníbal está perfectamente informado de la insurrección de galos en la Galia Cisalpina y no le interesa nada un encuentro brutal entre su tropa y la de Escipión, sino llegar a Italia lo antes posible para aprovechar posibles alianzas contra los romanos; una Italia que la propia Roma había dejado desguarnecida por subestimar a su oponente.

Por su parte Escipión también había mandado adelantar a parte de su caballería para inspeccionar el terreno y descubrir el campamento de los cartagineses. Ambas caballerías se encontraron y se produjo el primer choque entre cartagineses y romanos de la Segunda Guerra Púnica, con un saldo perdedor para la caballería númida, que perdió a cerca de doscientos jinetes y además permitió que los romanos descubrieran su campamento. Estas noticias debieron envalentonar a Publio Cornelio, que levantó su ejército y marchó hacia la zona de acampada del enemigo, tardando tres días en llegar y hallándolo vacío, porque Aníbal había levantado el campamento y se dirigía hacia el norte remontando el Ródano a marchas forzadas. A Escipión, que tampoco tenía un pelo de tonto, no le hizo falta nada más, ahora lo tenía claro, Aníbal iba a invadir Italia.

Suponemos que tras deliberar con su hermano Cneo, y viendo la importancia que podía tener Hispania como fuente de avituallamiento para la invasión púnica en Italia, decidió enviar a parte de la tropa consular hacia España, al mando de Cneo, por lo que él se vio con las manos libres para dirigirse rápidamente a la Galia Cisalpina y cortar el camino de Aníbal hacia Roma tras cruzar los Alpes.

La decisión del romano de no salir en persecución de Aníbal para intentar provocar una batalla antes de que este cruzara los Alpes fue la más acertada que pudo tomar. Ante la hueste invasora se imponía una barrera natural montañosa y ya estaban en octubre. Publio debió imaginar que una vez entrasen en los Alpes el ejército del bárcida no sólo tendría que luchar contra tribus galas de la zona cuya lealtad era difícil de prever, sino también

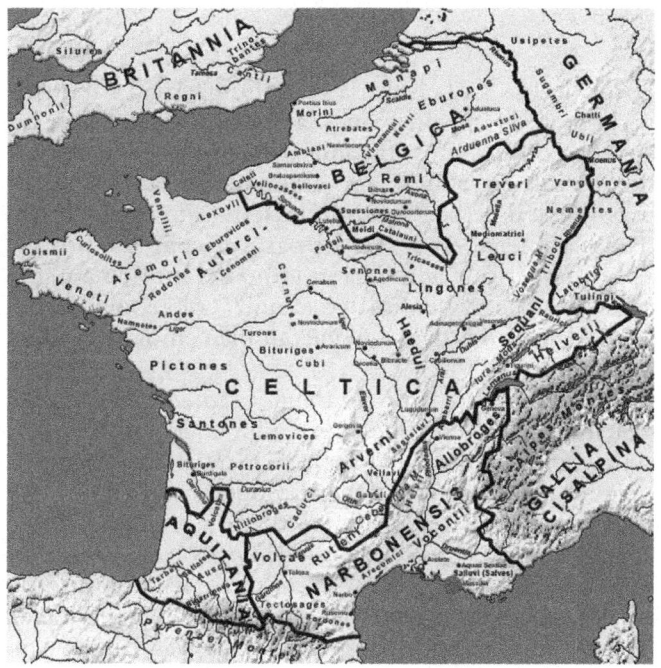

Aquí observamos la complejidad de las diferentes tribus que dominaban el territorio que tuvo que atravesar Aníbal en su marcha contra Roma. De todas estas tribus intentará sacar ventaja ganándoselos como aliados, sin embargo muchas de las mismas serán hostiles, bien porque veían con malos ojos que un ejército de proporciones gigantescas atravesara su territorio, bien porque se posicionaron en el bando romano.
Fuente: http://theudericus.free.fr

contra la altura en pasos estrechos, las heladas y el pánico de sus soldados. La mejor estrategia era dejar que el enemigo desgastase sus fuerzas frente a una adversidad terrible que ellos mismos se habían buscado... o no.

Elefantes en los Alpes

Pocos hechos en la historia de la humanidad han fascinado tanto la imaginación y la recreación gráfica de un ejército con elefantes africanos (dejémoslo ahí, en africanos a secas, por ahora), atravesando los helados pasos de una, desde hace poco, no tan incierta ruta por los Alpes hacia la guerra en Italia. El paso del bárcida por los Alpes despertó la admiración tanto del mundo antiguo como del nuestro, en una gesta quizá sólo equiparable a la de Alejandro Magno, al que también emulaba Aníbal.

Hemos visto cómo el cartaginés ante la presencia del ejército romano en la desembocadura del Ródano, en la actual Francia, emprendió la ruta a marchas forzadas hacia el norte para encarar la cadena montañosa alpina con la intención de pillar a los romanos en su propio terreno y aprovechar la insurrección gala de boyos e ínsubres, a los que casi con toda seguridad él mismo se había encargado de alentar contra la República en espera de su inminente llegada. Sin embargo, nos surge la duda de si la intención de Aníbal era la de atravesar con su hueste (en gran parte mercenaria) y sus elefantes los Alpes. Quizá no tuvo más remedio.

Efectivamente, sabemos que los cartagineses estaban perfectamente informados de lo que pasaba en el Senado romano. Él sabía perfectamente quiénes eran los generales al mando, desde cuándo estaban nombrados y cuáles eran sus debilidades, algo que Aníbal aprovecharía muy bien en sus batallas. Por esto deducimos que el africano estaba al tanto del plan ofensivo romano de llevar la guerra a dos frentes de dominio púnico, Escipión a Hispania y Sempronio a África. Es posible que si Escipión hubiera marchado con su ejército antes a Hispania no se hubiera topado con Aníbal en el Ródano y este hubiera podido seguir una ruta menos arriesgada hacia Italia que la de atravesar los Alpes, pero una vez que Escipión desembarca con todo su ejército consular en la desembocadura del Ródano y decide ir a por Aníbal, a este sólo le quedan dos opciones: presentar batalla en la zona gala de influencia massaliota y desbaratar su plan de llevar la guerra a Italia, o huir del enfrentamiento, utilizar a galos de la zona como guías y atravesar los Alpes deprisa antes de que llegase lo más crudo del invierno para llegar a Italia. Y decide lo segundo, desbaratando la estrategia del Senado romano que se vio obligado a defender su territorio y a hacer volver a Sempronio con las legiones que habían marchado a Lilibeo (Sicilia) como cabeza de puente para una invasión de África.

Aníbal encaró, según Polibio, la cordillera con un ejército de 38.000 infantes, 8.000 jinetes y 37 elefantes, y llegó a la Galia Cisalpina con 20.000 hombres, 6.000 efectivos de caballería y un número incierto de elefantes. El precio fue muy alto, como podemos ver. Sin embargo se nos antoja que la tropa que desciende de esas montañas no es la misma que la que asciende, sino que después de casi un mes transcurrido, desde su huida en el Ródano hasta finales de octubre que hacen su aparición en Italia, se ha producido en ese gran grupo, singular en lenguas y orígenes, no sólo una inevitable selección natural donde los más fuertes han sobrevivido a las inclemencias del frío, la altura y los ataques tribales, sino también una cohesión y complicidad prácticamente inexistente con anterioridad, un pegamento invisible frente a la dureza de lo acontecido que ha forjado de las partes un todo alrededor de un indiscutible líder que golpeará coordinadamente y con fuerza al enemigo cuando haga falta.

Hasta hace bien poco el lugar por el que Aníbal pasó los Alpes era un enigma, sin embargo una «montaña de

Aníbal cruza los Alpes, (1898). Obra del ilustrador alemán
Heinrich Leutemann donde podemos observar las inclemencias
del paso de los Alpes por parte del ejército púnico, un
compendio de las dificultades (asaltos enemigos, mal tiempo,
bestias despeñándose) que redujo el contingente a prácticamente
la mitad.

excrementos» de caballo en uno de los caminos posibles
podría haber despejado el misterio de una vez por todas.
Arqueólogos y microbiólogos de la Queen's University
de Belfast han descubierto estos restos antiguos de
caballos en el paso Col de la Traversette (publicado en
la revista *Archaeometry*), a 2.398 metros de altura. En la

investigación que llevaban a cabo en un pantano de turba en la zona hallaron una masa revuelta repleta de bacterias Clostridia, presentes en el estiércol equino y que datan exactamente las fechas de la Segunda Guerra Púnica. De confirmarse sabríamos que el ejército africano utilizó uno de los pasos más peligrosos, lo que explica las bajas que tuvo, quizá engañado por falsos aliados galos o quizá para evitar emboscadas de tribus hostiles. Desgraciadamente no se hallaron restos de bosta de elefante, lo que nos hubiera solucionado el enigma de qué especie utilizó el cartaginés para invadir Italia.

Las fuentes nos hablan de que el contingente bárcida llevaba como guías y como interlocutores con las tribus montañesas a galos afines a la causa. Varios fueron los problemas que tuvieron que sortear en su ascenso. El primer paso hacia las cumbres estaba vigilado por indígenas hostiles que, según los galos de Aníbal, vigilaban el acceso de un estrecho, en forma de desfiladero, por el día, pero no por la noche. Según nos documenta Tito Livio, Aníbal dio prueba de su ingenio enviando de noche a parte de su ejército para pasarlo al otro lado y durante la luz del día puso en movimiento a todo su ejército. Consiguió convencer al enemigo de que todo el ejército seguía sin moverse del campamento con fogatas en mayor cantidad de hombres de los que de verdad había, mientras que él mismo ocupaba las cumbres del desfiladero desde donde podían organizarles una fatal emboscada. Al día siguiente el ejército se movió hacia el paso y efectivamente fueron atacados. Aunque la estrategia de Aníbal logró salvar al ejército, las pérdidas tuvieron que ser terribles. Además, tal y como nos cuenta Livio, a las muertes por ataques nativos hay que sumarle las muertes de caballería e infantería por despeñarse de las alturas y también las muertes amigas ocasionadas por el terror de la misma caballería que en un paso estrecho pudo ocasionar verdaderos estragos al intentar desesperadamente encontrar una salida. Cuando el resto de los cartagineses se echaron encima de los nativos, estos pusieron pies en polvorosa dejando por fin un paso franco a toda la tropa invasora.

En su ruta los cartagineses se apoderaron de los enclaves que se encontraban en su camino, tanto para hacer prisioneros con los que frenar los ímpetus bélicos de la zona como para reabastecerse lo máximo posible, así como para dar descanso a la extenuada y horrorizada tropa. Sin embargo, pese a todas las precauciones tomadas volvieron a ser emboscados en otro paso estrecho con vacío incluido a un lado y una pared rocosa al otro. Otra vez cundió el pánico y hubo pérdidas en hombres y animales, pero también salieron de esta, y según nos cuentan las fuentes los ataques al ejército se limitaron a pequeñas razias de guerrillas. Aunque no tenemos datos podemos sugerir que estos ataques, de unos montañeses que tendrían que haberse limitado a pasar lo más desapercibidos posible hasta que ya no quedase un cartaginés en sus tierras, podrían deberse al trabajo de agentes romanos en la zona. Escipión ya sabía con exactitud que Aníbal cruzaría los Alpes, así que además de dejar que las inclemencias del tiempo le hicieran mella no es de extrañar que enviara agentes a soliviantar a los nativos contra los cartagineses, bien con regalos, bien con amenazas, bien pagándoles. La idea en la mente del cónsul era encontrarse en el valle del Po con los restos de un enemigo otrora poderoso y, sin dejarle tiempo a descansar de su desquiciado paso por los Alpes, darle la puntilla con unas legiones frescas y bien pertrechadas, bien alimentadas y sin el frío incrustado en los huesos y la mente.

El plan de Publio era, sin duda, el correcto. Pero Aníbal no era cualquier enemigo. Antes de llegar al valle del Po todavía tuvieron que superar una prueba más: el frío y la nieve. Estaban al final de las Pléyades, como nos dice Livio, por lo tanto en pleno octubre y como es lógico cayó una nevada que les cogió iniciando el descenso. Previamente, desde la cumbre, Aníbal había alentado a la tropa con la vista del valle de entrada con Italia de fondo.

Sin embargo la nieve caída había provocado un alud que había cortado cualquier camino de bajada hacia Italia. A la gran nevada había que sumarle el hielo provocado por las pisadas del grueso del ejército que compactaba el polvo blanco y provocaba el caos entre hombres y animales. Pero para todo había una solución: según el relato clásico, se abrieron camino destrozando una gran roca, la técnica utilizada fue la de calentarla con una gran hoguera hasta ponerla al rojo vivo, para después verter vinagre y, con la ayuda de herramientas, desintegrarla y utilizar los pedazos conseguidos para construir una improvisada calzada segura sobre nieve y hielo que permitiría el paso de todo el grueso de la tropa, caballos y elefantes incluidos.

El hecho que nos cuenta Tito Livio de cómo se abrieron paso desintegrando una roca nos lo creemos, aunque siempre cabe la posibilidad de que se lo inventase haciendo uso de un sistema ya conocido, es más que creíble que el cuerpo de zapadores del ejército de Aníbal conociese el sistema para romper piedra caliza. Cuando echas vinagre en una roca calentada al rojo vivo comienza a burbujear, pues reacciona un ácido (ácido acético o etanoico, $C_2H_4O_2$) con una sustancia base o alcalina (óxido de calcio). Al reaccionar se forma CO_2 (salen burbujas), agua y Calcio (cal), y la roca empieza a disolverse.

Alrededor del 23 de octubre el extenuado ejército cartaginés, tras cinco meses de marcha desde Cartago Nova, tomó, o mejor dicho, se desparramó por las primeras zonas verdes del rico valle del Po. Veinte mil infantes, seis mil combatientes de caballería y una

175

treintena de elefantes dejaban atrás a temibles enemigos invisibles que les hostigaban a cada paso, a sobrecogedoras caídas al vacío que dejaban el grito ahogado de los compañeros repitiéndose como un eco en los oídos de los supervivientes, a un traicionero hielo y un manto blanco engañoso que al pisarlo podía hacerte caer en mortales trampas, a la escasez de comida y pastos, así como a un atenazante frío que impedía cualquier actividad. Según las cifras más optimistas de las fuentes, dejaron la vida en los Alpes cerca de dieciocho mil soldados y dos mil jinetes. Para los supervivientes, entrar ahora en batalla (tras el merecido descanso y reposición) debía de parecerles un juego de niños, algo casi deseable para quitarse de una vez por todas, el recuerdo del frío y acallar el aullido de bestias y compañeros despeñándose por los acantilados sin fondo. Sí, Publio tenía razón, el ejército había sufrido, pero lo había hecho para hacerse más fuerte, mucho más fuerte y compacto que cualquier legión romana.

Las tropas con las que enfrentó Aníbal por primera vez a los romanos en suelo itálico también se vieron incrementadas a través de un curioso sistema del que nos dan testimonio nuestros historiadores de cabecera. En su ascenso a los Alpes Aníbal fue tomando para abastecimiento y descanso cuántas poblaciones encontró a su paso haciendo prisioneros en las mismas, y también contaba con los prisioneros hechos en las diferentes refriegas a las que se vio sometido en su trayecto. Estos prisioneros sirvieron como diversión a la tropa, ya que el general los hacía pelear a muerte en algo muy parecido a las luchas de gladiadores, con la salvedad de que al vencedor le daba la posibilidad de unirse a sus fuerzas con una espada y un caballo. Hemos de suponer que no serían muchos los conseguidos a través de esta fórmula ya que no les sobrarían los caballos precisamente, pero aunque las fuentes no digan nada al respecto también podemos suponer que existiría la opción de unirse a la tropa como infante sin más.

Nos queda el controvertido tema de los elefantes cruzando escarpadas montañas sobre un terreno nevado e impracticable. Según las fuentes unas tres docenas de paquidermos acompañaban a Aníbal en su aventura, y no nos dicen cuántos llegaron al valle del Po, pero tuvieron que ser muchos de ellos ya que sí se mencionan en las batallas.

¿Qué tipo de elefante acompañó a la tropa cartaginesa? ¿Era asiático o era africano, era sirio o era indio? Si hacemos caso del nombre del mítico elefante que cabalgaba Aníbal, Surus, cuya etimología nos sugiere el topónimo «Sirio», podemos argüir que esta sería la procedencia de los paquidermos. Sin embargo, ponemos dos objeciones a esta teoría: que la representación del elefante de Aníbal en las monedas cartaginesas es un elefante de raza africana, de gran tamaño, con el final de la trompa bilobulada y grandes orejas; y que no hay duda de que el elefante sirio ya estaba extinto desde el siglo VIII a. C. Pero sabemos que el elefante africano actual es muy difícil o prácticamente imposible de domesticar. Igualmente, estamos informados de que existía una especie de elefante africano hoy extinta, *Loxodonta africana pharaoensis*, especie separada (confirmado por pruebas de ADN en el año 2010, según un Estudio de la revista *on-line*, *PLoS Biology*, en el que se demostró que el elefante de bosque no era una subespecie, sino una especie clara y separada del de sabana hace entre 2,6 y 5,6 millones de años) del elefante africano que debió quedar aislada en el norte de África cuando se formó el Sáhara. Se trata de un elefante de bosque, algo más pequeño que el africano actual, de unos 2,5 metros de altura frente a los 3,5 metros del actual. De hecho es posible que la extinción de esta especie sea debida a la utilización de los mismos en las guerras de la antigüedad, su empleo en los anfiteatros romanos así como la explotación de su marfil durante todo el imperio.

Además de todo esto tenemos el relato que Polibio hace de la guerra entre Ptolomeo IV y Antíoco III en la batalla de Rafia en el año 217 antes de Cristo:

> [...] La mayor parte de los elefantes de Ptolomeo temieron el combate. Esto es muy ordinario en los elefantes de África. A mi entender, consiste en que no pueden sufrir el olfato y bramido de los de la India, y asustados de su magnitud y fuerza, emprenden la huida antes que aquellos se acerquen, como efectivamente sucedió entonces.

Aquí podemos observar que Polibio tiene claro que Ptolomeo IV, a la postre rey de Egipto, utilizaba elefantes africanos, que sin duda serían norteafricanos, más pequeños que los indios. Aunque no todo el mundo secunda esta teoría y los hay que prefieren ver en Surus la evidencia de un ejército plagado de elefante asiáticos o mórbidas torres paquidérmicas africanas, a las que no me imagino maniobrando apaciblemente por los escarpados y estrechos pasos de los Alpes, pensamos que la opción del extinto elefante norteafricano es la más convincente, dejando quizás la puerta abierta a que realmente Aníbal fuera montado sobre un elefante indio, y no sirio, por la imposibilidad física de su existencia en el siglo III a. C., más grande que el norteafricano y más dócil de domesticar a la vez que más fiero en la batalla, tal y como nos lo describe Polibio en el párrafo anterior.

Dejemos, pues, al ejército cartaginés de invasión con una treintena de manejables paquidermos norteafricanos y a su general Aníbal sobre uno asiático, lo

Elefante de guerra norteafricano. Nuestra teoría es que los elefantes que Aníbal llevó a Italia no son ni los africanos actuales ni los indios, y mucho menos los elefantes sirios ya extintos en el siglo III a. C., sino los elefantes norteafricanos de bosque, más pequeños y manejables y actualmente extintos, como el que se nos muestra en la imagen de este mosaico romano de la ciudad de Ostia Antica, Italia. Fuente: Wikimedia Commons

cual lo distinguiría del resto como comandante en jefe, algo que también nos parece factible, y veamos cómo irrumpe el ejército en Italia.

ESCARAMUZA DEL TESINO. ANÍBAL FRENTE A ESCIPIÓN

La fuerza de invasión anibálica por fin vislumbró el país de su enemigo, la llegada al valle del Po de los cartagineses supondría el inicio de un largo periplo, de más de quince años, en condición de guerra total contra los romanos antes de volver a África.

En cuanto a Escipión padre, a mediados de octubre estaba desembarcando en Italia (recordemos que Aníbal llegará a finales del mismo mes al valle del Po) con un número indeterminado de tropas, aunque presumimos que no muy numerosas. Con estas huestes se dirigió rápidamente a la Galia Cisalpina y, tras juntarse en un lugar indeterminado (posiblemente Ariminum) con los pretores que habían hecho frente a la rebelión de boyos e ínsubres, se encaminó a Placentia (colonia recién fundada) donde ya contaba con un contingente añadido de galos cenomanos aliados de Roma. Aunque Escipión debía esperar la incorporación de su par consular, Tiberio Sempronio, con sus legiones, decidió no hacerlo y salir al paso de Aníbal. Podríamos pensar que la decisión del cónsul fue para llevarse la gloria de parar los pies del cartaginés, y no descartamos que algo de esto pudiera haber. Sin embargo es cierto que, dadas las circunstancias, era lo más acertado. Los romanos debían de cortar la aventura de Aníbal ahora que acababa de llegar a Italia con un ejército destrozado por el paso alpino, con decenas de miles de bajas por el acoso nativo, el frío, los acantilados y el hambre. No debía darle tiempo a descansar, a organizarse y, sobre todo, a reclutar más hombres entre los insurrectos galos de la zona.

Efectivamente, tras un descanso más que necesario lo primero que hizo Aníbal fue intentar reclutar tropas auxiliares entre los nativos de la región donde había llegado. La tribu más cercana era la de los taurinos, que mantenían un conflicto con los ínsubres por cuestiones de frontera. Los taurinos, según nos cuenta Polibio, habían formado parte de una gran alianza gala, junto con los boyos, que plantó cara al poder romano y que fueron derrotados en la batalla de Telamón unos años antes. Quizás escarmentados por el castigo romano, y por miedo a futuras represalias, se negaron a formar alianzas con los cartagineses, algo que tuvo que encolerizar a Aníbal, ya que estas alianzas contra Roma en suelo itálico eran la esencia de su gran plan. Así que decidió tomar por la fuerza la capital nativa, Taurinum, que cayó tras tres

Galia. Configuración y distribución de las tribus de la Galia.

días de asedio. El castigo para los taurinos fue terrible: el cartaginés pasó a cuchillo a todos los que se le opusieron como aviso a navegantes para las otras tribus limítrofes.

Escipión es más que posible que ya conociera la toma de Taurinum por los cartagineses cuando llegó a Placentia. Como hemos visto antes, el ejército del cónsul no era el que le pertenecía por su cargo, sino que tuvo que deshacerse de gran parte del mismo y darle el mando a su hermano Cneo para que le diera consecución al plan inicial de invadir Hispania. El nuevo planteamiento de guerra impuesto por Aníbal provocó que el romano llegase a la península itálica con tan sólo seis mil legionarios y mil jinetes, cuando sus huestes consulares se elevaban a veintidós mil infantes, dos mil doscientos efectivos de caballería y sesenta navíos de guerra. Por esto, nada más llegar a la Galia unió su tropa a la de los pretores Lucio Manlio Vulso y Cayo Atilio, legionarios que habían hecho frente a la insurrección de boyos e ínsubres hacía poco tiempo. Con estos datos estimamos que el ejército con el que Publio Cornelio Escipión salió al encuentro de Aníbal estaba formado por unos diecinueve mil hombres más mil ochocientos jinetes entre romanos y socios itálicos, y además tendríamos que sumarle las tropas auxiliares, que podrían estar entre los cinco mil hombres y los quinientos jinetes, lo que sumaría una hueste nada despreciable de veinticuatro mil soldados y unos dos mil trescientos efectivos de caballería para detener a Aníbal. De ellos una cuarta parte correspondería a tropa joven o con poca experiencia (*velites*), y el resto a infantería pesada (*hastatii, princeps* y *triarii*).

Por su parte el bárcida apenas había tenido tiempo para reclutar tropa entre los galos descontentos con los romanos, y con toda probabilidad estos esperarían del cartaginés una demostración de fuerza que les persuadiera para sumarse al bando vencedor, lo que les permitiría participar en el futuro de un rico botín y les libraría de las represalias correspondientes por una alianza equivocada. Así que Aníbal estaba prácticamente contra las cuerdas, debía provocar una lucha lo antes posible para despejar las dudas de sus posibles aliados, pero debía hacerlo con una tropa que acababa de acometer una de las mayores proezas bélicas de la historia.

Como hemos visto con anterioridad, las fuentes nos hablan de veinte mil infantes y seis mil jinetes, además de un número indeterminado de elefantes que podría situarse en torno a la treintena, como veremos en la batalla del Trebia. De estos veinte mil hombres, doce mil serían de la tropa de élite africana y ocho mil hispanos (contando a los honderos baleáricos). Unas fuerzas que, si bien al principio pudieran estar muy diferenciadas, después del paso alpino, casi como un tránsito iniciático, podríamos catalogar de más o menos homogéneas en cuánto a camaradería y lealtad a su general. La línea ligera púnica estaría representada por los honderos baleáricos y los lanceros, que Polibio cifra en ocho mil hombres tras la batalla del Trebia y que podemos contar en unos cinco mil quinientos hombres llegando a la cifra de Polibio tras la batalla del Tesino. El resto de la infantería, catorce mil quinientos infantes sería la tropa pesada o de élite entre africanos e hispanos. Así mismo la caballería estaría compuesta por unos cuatro mil jinetes de caballería ligera númida y unos dos mil hispanos. A todo ello le sumamos algo más de una treintena de paquidermos.

El lugar de la batalla también puede llevar a controversia en las fuentes, pues sabemos que los campamentos estaban a unos siete kilómetros uno de otro, y que estas mismas fuentes nos describen los movimientos previos desde el punto de vista del ejército romano. Aunque sabemos que Aníbal ordena a su lugarteniente Maharbal asolar los territorios al sur del Po, aliados de Roma, los Libui y Laevi. Por lo que tenemos a Aníbal devastando el sur del Po, y Polibio además nos indica que la tropa del cónsul se mueve por el lado que mira a los Alpes con el río a su izquierda. Aunque desde el Tesino en ambos márgenes se mira a los Alpes, por lo que el avance romano que describe Polibio ha de ser por el Po, hasta encontrarse el Tesino. Los romanos tenderían un puente sobre el río dejando el campamento antes de cruzar el puente y un enclave fortificado nada más cruzarlo. El campamento cartaginés se encontraría a unos siete kilómetros al oeste, cerca de la ciudad de Victimulae (actual Lomello). La batalla tendría lugar en un lugar intermedio.

No sabemos si la intención de Aníbal para esta batalla era tal y como sucedió, pero lo que sí sabemos es que fue lo mejor que pudo ocurrirle, porque sin llegar a ser un enfrentamiento de la envergadura de los que vendrían después, Trebia, Trasimeno o Cannas, e incluso algunos autores no hablan de batalla sino de escaramuza entre ambos bandos, fue lo suficiente para avisar a los romanos de que su ejército estaba lejos de estar tan cansado y destrozado como para sufrir una derrota fácil, y también fue lo suficientemente convincente para que algunos pueblos galos tomaran nota de quién estaba plantando cara a la todo poderosa Roma y se aliasen con Aníbal.

A la mañana siguiente de montar los campamentos ambos ejércitos deciden hacer una salida de exploración, aunque tenemos dudas de que esta fuera la intención real de Aníbal, porque sus movimientos parecen indicarnos que no pretendía presentar batalla, entendida esta como un gran choque de fuerzas, a los romanos, por los motivos antes expuestos. Esta hipótesis nos viene avalada porque el cartaginés mandó llamar a Maharbal y a los quinientos jinetes númidas que habían salido de pillaje en el territorio fiel a Roma, y junto con toda su caballería partió, seis mil jinetes (esto es algo más que una exploración, y algo menos que un contingente para presentar batalla a toda una tropa consular), y dejó en el campamento a toda su infantería, ligera y pesada (con toda probabilidad la fracción del ejército más cansada tras las montañas).

Sin embargo Escipión salió al encuentro con toda su caballería (2.300 caballeros, entre los que se encontraba su propio hijo) y también con las tropas de infantería ligera (unos 4.700 *velites*), algo que según parece sí es una maniobra común del romano en partidas de reconocimiento y que repetiría en Hispania con posterioridad.

Por lo que tenemos en un bando, el púnico, a seis mil efectivos de caballería entre africana, hispana y númida, frente a dos mil trescientos jinetes italorromanos y galos (unos 500) más cuatro mil setecientos infantes ligeros o lanceros, en total siete mil romanos.

Dada la distancia entre ambos campamentos, en muy poco tiempo tuvieron que estar viéndose, o al menos el polvo que los caballos levantaban en su avance, con tiempo más que suficiente para tramar una estrategia efectiva. Los romanos formaron con la caballería gala en el centro, justo detrás el resto de la caballería itálica y en vanguardia la infantería, 2.375 hombres a cada lado de la infantería gala, y justo detrás de cada formación ligera la mitad de la caballería de élite (900 jinetes en cada lado); en total la línea de batalla ofrecida por Escipión tendría unos mil quinientos metros lineales, todo un espectáculo, y eso que no estamos ante el despliegue total de un ejército consular. Por su parte Aníbal dispuso a su caballería pesada en el centro y repartió la ligera númida en las dos alas, más retrasadas y separadas entre sí, y ocupando mayor espacio lineal que los romanos para poder llevar a cabo la maniobra envolvente de su caballería ligera.

Para la descripción de la batalla hemos seguido lo que nos cuenta Polibio en sus *Historias*, III, 65, 5. El cartaginés desde su elefante Surus (licencia literaria nuestra) lanza a su caballería pesada contra el centro de la formación romana, esta responde tarde y sus lanceros se ven obligados a replegarse entre sus propias líneas más retrasadas. Aníbal hace chocar a su caballería pesada contra el frente de batalla romano, la caballería gala en el centro y refuerzo de la caballería itálica en las alas, la rápida estampida de los lanceros que ahora se incorporan al combate parece decantar la batalla en cuanto a número de efectivos hacia el lado romano, pero no hemos de olvidar que Aníbal todavía tiene en reserva a los númidas y que los soldados a pie, *velites* inexpertos, del ejército de Escipión poco pueden hacer ante los auténticos acorazados hispanos y africanos.

Efectivamente, el efecto envolvente, que veremos repetido en las batallas que posteriormente enfrentará Aníbal, es ejecutado por la caballería ligera númida, e inclina la balanza de la batalla de manera determinante al aparecer por la espalda de los combatientes romanos. Tal y como hemos visto, los *velites* eran los más retrasados en su huida ante la llegada de la caballería enemiga y por lo tanto son los primeros en sucumbir ante los caballos y hombres númidas que los cogen por la retaguardia, entre dos fuegos y sin posibilidad de escapar, por lo que se sucede una verdadera carnicería de la parte más joven e inexperta del ejército romano.

En la huida desesperada Publio Cornelio Escipión arriesgó demasiado para evitar la desbandada de sus soldados y es herido, pero en ese momento su hijo, un inexperto joven patricio romano también llamado Publio Cornelio Escipión, protagonizó el hecho que moralmente salva de la ignominia a la nobleza romana, rescatando a su padre de una más que segura muerte y poniéndolo a salvo en el campamento romano tras huir y destruir el puente para imposibilitar la persecución de Aníbal. Si bien el mismo Tito Livio nos avisa en su obra:

> Celio asigna el honor de salvar al cónsul a un esclavo de Liguria, pero yo prefiero creer que fue su hijo; esto es lo que afirma la mayoría de los autores y lo que acepta generalmente la tradición.

También Polibio (*Historias*, III, 66, 2) nos dice que Escipión había caído herido, pero no hace ninguna mención a Escipión hijo. Tratándose, Polibio, de un autor afín a la *gens Cornelia*, si el hijo del cónsul hubiera tenido algo que ver en el salvamento de su padre el autor griego no sólo lo habría mencionado, sino que lo habría destacado y desarrollado notablemente en su texto. A nuestro entender, el relato del hijo heroico que salva primero a su padre y después a Roma es una creación posterior del héroe romano, de los valores familiares patricios y del salvador de la patria, que además se repite con frecuencia.

El combate tuvo que ser algo rápido y contundente, algo que le venía muy bien a la estrategia de Aníbal, tanto a la hora de incorporar efectivos galos de la zona a su ejército, como para dejar a sus hombres un mayor margen de reposición desde su llegada al valle del Po. Suponemos que no duraría más de una o dos horas. En cuanto a las bajas se refiere, las cifras más optimistas hablan de en torno al cincuenta por ciento de muertes en el bando romano, cuya peor parte se la llevaría la infantería ligera, primera en ser pillada por la espalda por la caballería númida y menos veloz en la huida para cruzar el río y refugiarse en el campamento, aunque algunos autores hablan de la destrucción prácticamente total del contingente romano. Nosotros nos decantamos por una cifra más elevada del cincuenta por ciento, pero no por la totalidad, debido a que la caballería podría huir más fácilmente, y por la proximidad de la fortificación, puente y campamento. Pero sí que es cierto que el mensaje que quería mandar Aníbal a la región obligaba a no hacer prisioneros y a pasar a cuchillo a cualquier romano que no tuviera la suerte de cruzar a tiempo ese puente.

Los romanos, ante la actual inferioridad numérica y con un ejército enemigo vencedor y envalentonado enfrente, decidieron abandonar esa misma noche el campamento y poner, como suele decirse, pies en polvorosa, algo que los cartagineses permitieron, bien porque no se dieron cuenta de que se iban, ya que se podría enmascarar la huida con el ruido del río y dejando una guarnición en la fortificación construida en el lado del cauce ocupado por el enemigo (600 soldados según T. Livio), o bien porque el general cartaginés prefería dejar descansando a su ejército por una parte, y que los romanos mascasen la tragedia por otra, ya que el golpe de efecto que quería dar estaba más que consumado.

Los africanos levantaron el campamento y se movieron hacia Placentia, donde ya estaba Escipión, buscando un lugar por donde vadear el río Po, lo que le evitaría tener que atravesar dos ríos, el Tesino y el Po, como sí tuvieron que hacer los romanos en su huida. Mientras Magón se aproximaba con la caballería a la ciudad donde se protegía el enemigo, Aníbal, a orillas del río Po, se dedicaba a recibir a delegados galos que, ahora sí, le ofrecían su ayuda. Al Barca comenzaba a salirle bien su plan.

Si la batalla del Tesino tuvo lugar a principios de noviembre de 218 a. C., en poco más de una semana, a mediados de noviembre, Aníbal ya estaba acampado a orillas del río Trebia, y ahora sí, preparado para una batalla total contra los romanos.

6

Aníbal invade Italia

LA BATALLA DEL TREBIA. PRIMER AVISO

Hemos dejado al ejército cartaginés, con Aníbal al mando, acampado a orillas del río Trebia, más concretamente en su orilla occidental, que era la orilla opuesta a la ciudad de Placentia donde el cónsul romano había estado lamiéndose las heridas sufridas en el Tesino hasta hace poco. Otro contratiempo vino a sumarse a los problemas de Escipión, la deserción de unos dos mil galos que en su huida mataron a algunos romanos. Previamente también vio cómo se perdía la ciudad de Clastidium donde existía una gran cantidad de grano para el aprovisionamiento de las tropas. Todo esto determinó al general romano para plantear, con todo su ejército, una posición ventajosa para la siguiente batalla. Para ello cruzaron el río Trebia y se establecieron en su margen oriental (no sin ser acosados en la retaguardia por la caballería númida de Aníbal), en unas colinas que le permitieran una ventaja estratégica frente a los cartagineses acampados en la otra orilla. Con el contingente acantonado en una colina y a la espera de los movimientos que efectuara el bárcida, Publio decidió esperar, ahora sí, a que su homónimo, el cónsul Tiberio Sempronio Longo, al mando de sus tropas sicilianas, se uniera en un gran ejército que parase los pies al invasor. La llegada de Tiberio Sempronio se produjo a mediados de diciembre del 218 a. C. El recién llegado general venía con prisas por enfrentarse en una gran batalla, sin embargo Publio, conocedor ya de la capacidad de Aníbal, prefería esperar el momento oportuno y más refuerzos. Las prisas de Longo, además de por la gloria consular que supondría una victoria contra Aníbal, podrían haberse producido también por una escaramuza entre ambas caballerías en la que los romanos salieron vencedores. Conociendo el genio de Aníbal no sería extraño que esta pequeña derrota fuera el señuelo para atraer a una gran batalla a todo el ejército consular, ya que el general cartaginés era muy consciente de que todo tiempo transcurrido sin luchar contaba en su contra. Desgraciadamente para Escipión, nadie le hizo caso.

Según nos cuenta Polibio, la batalla se produjo durante el solsticio de invierno, con temperaturas que rondarían los cero grados centígrados, en un ambiente «muy nevoso y extremadamente frío».

Aníbal preparó la batalla ordenando a su hermano Magón ocultarse con parte de la caballería, unos mil jinetes y mil infantes, tras las zarzas de un riachuelo que transcurría al sur de las posiciones enfrentadas. Nada más amanecer el cartaginés ordenó a sus númidas cruzar a caballo el helado cauce y provocar a los legionarios para que la batalla comenzase. El impetuoso Sempronio se dio por aludido inmediatamente y ordenó a la caballería perseguir a los impertinentes jinetes africanos; tras la caballería iban también unos seis mil legionarios de infantería ligera, mientras el resto del ejército formaba para entrar en batalla. La cara de Aníbal debió de dibujar una enorme sonrisa ante la facilidad con la que los romanos habían picado el anzuelo.

De esta manera se inició uno de los mayores desastres bélicos para el ejército romano. Los legionarios cruzaron un río crecido por las lluvias y nevadas de la noche anterior; sin haber tenido tiempo de desayunar ni de entrar en calor mojaron sus piernas en un agua gélida que les entumeció y enfrió para el combate, mientras el ejército cartaginés esperaba caliente y bien alimentado su llegada, untándose grasa en el cuerpo para entrar en calor. Igualmente, al provocar que el contingente romano cruzase el río, la elección del campo de batalla era ahora de Aníbal. El cartaginés formó en vanguardia a la infantería ligera de lanceros y a los honderos baleares (8.000 soldados), en la siguiente línea a su infantería pesada de iberos, galos y africanos (unos 20.000 infantes) y en los dos flancos a la caballería (5.000 jinetes por flanco más elefantes).

En frente, los romanos habían alineado a dieciséis mil infantes más veinte mil aliados y cuatro mil jinetes. Es decir unas fuerzas más o menos equilibradas en torno a los cuarenta mil efectivos por ejército. La infantería pesada ocupó el centro de la formación, por delante los *velites*, como siempre, entraron primero en batalla. La caballería quedaría situada a los flancos, exactamente igual que la púnica, pero en inferioridad numérica.

Tras el primer encontronazo con los númidas, la infantería ligera romana, peor preparada para el combate y mojada y helada, se batió en retirada dejando paso a los *hastatii* y *prínceps*, que también tuvieron que mojarse para

191

entablar la lucha. Los dos bloques chocaron, quedando la superioridad de la infantería romana diezmada por la huida de los *velites* y por el frío y la humedad. Al mismo tiempo, Aníbal ordenó lanzar a los elefantes contra los aliados galos, que huyeron espantados, quizá porque nunca se habían enfrentado a las poderosas máquinas de guerra paquidermas de los africanos. Con la infantería controlada, los púnicos hicieron valer su superioridad numérica en la caballería, que poco a poco provocó la pérdida de terreno a la caballería romana hasta su desbandada, dejando desprotegida a la infantería pesada; este fue el momento elegido por el general para lanzar a la caballería que tenía oculta con Magón, que irrumpió por la espalda de los legionarios romanos, para su mortal sorpresa.

La historia de la batalla a partir de este momento es la historia de una auténtica masacre. Miles de legionarios fueron muertos sin piedad sobre el terreno, atrapados por todos los flancos por el ejército cartaginés; muchos de ellos, atenazados por el terror y el frío, fueron pisoteados por los elefantes; otros se ahogaron al intentar cruzar el río para ponerse a salvo. Los supervivientes lograron llegar a duras penas a Placentia. Las bajas en el ejército africano rondaron los cinco mil hombres, mientras que los romanos dejaron por el camino a treinta mil legionarios de los cuarenta mil que llevaron a la batalla, una auténtica catástrofe cuyas consecuencias no se hicieron esperar. El Senado juzgó por negligencia a Sempronio Longo, con toda la razón, sin embargo, aunque Sempronio no hizo caso de Publio al aconsejarle no entrar tan pronto en batalla, consiguió librarse de una condena gracias a la intermediación de su homólogo a su favor.

Roma no iba a esperar la llegada de Aníbal a sus puertas sin hacer nada. En el 217 a. C. se eligieron dos nuevos cónsules, Servilio Gémino y Cayo Flaminio

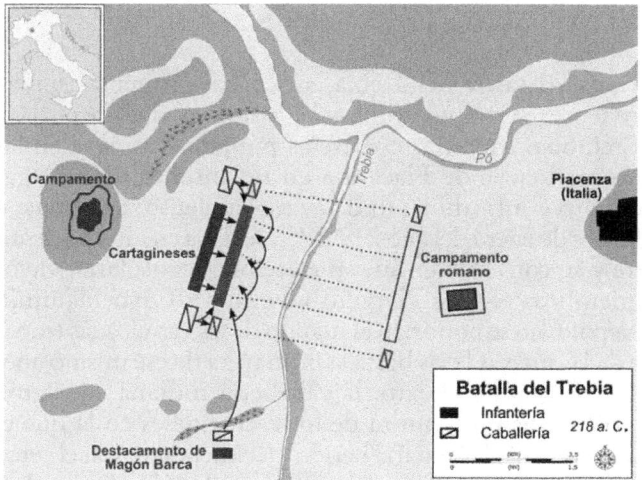

Batalla del Trebia. En el siguiente mapa podemos ver la disposición de los dos ejércitos, tanto previa al combate como una vez que las tropas consulares atraviesan el cauce y se enfrentan a las huestes anibálicas. Se puede observar cómo la escaramuza de la caballería al frente de Magón sorprende a los romanos por la espalda decidiendo finalmente la suerte de la batalla.

Nepote, con sendos ejércitos. Será Flaminio Nepote el encargado de enfrentarse a Aníbal en la legendaria batalla del lago Trasimeno.

Tras Trebia abrimos un período de unos seis meses donde las legiones romanas y el ejército cartaginés jugarán al gato y al ratón hasta volver a encontrarse. Previamente, los romanos intentarán por todos los medios a su alcance que Aníbal no consiga entrar en Etruria, dificultarle el reclutamiento de nuevos aliados así como impedir que subleve a más itálicos al sur de los Apeninos. ¿Lo conseguirán?

La batalla de Trasimeno. Segundo aviso

Tras el desastre del Trebia las legiones romanas supervivientes se refugiaron en las colonias de Placentia y Cremona. Mientras el ejército púnico acampaba en las proximidades de Placentia en un intento de hostigamiento e impedimento de avituallamiento, en Roma, a finales de enero del año 217 a. C., se daba cuenta del desastre y se convocaban nuevas elecciones consulares, cuyos miembros electos, Servilio Gemino y Cayo Flaminio Nepote, no se pondrían al mando de las vapuleadas tropas y de las nuevas levas hasta la primavera de ese mismo año.

En este contexto, la caballería romana consiguió repeler una escaramuza de los cartagineses en la que el mismo Aníbal resultaría herido, decidiendo retirar el cerco a los romanos y refugiarse en la ciudad de Victimulae, más al norte. Las fuentes más fiables nos relatan que desde allí, una vez repuesto el general, los invasores intentarían atravesar los Apeninos por su cota más alta para llegar a la Liguria, intento que sería frustrado por una gran tormenta que les obligaría a volver sobre sus pasos y establecer el campamento a pocas millas del campamento romano próximo a Placentia. El todavía cónsul en funciones Sempronio Longo vio cómo una fuerza de doce mil soldados y cinco mil jinetes cartagineses se aproximaba a sus posiciones, obligándole a un combate de infantería en el que los romanos consiguieron hacer retroceder a su campamento a los púnicos. Las fuentes nos hablan de una larga y dura batalla que se zanjó en tablas por la caída de la noche.

Estamos ahora en un tablero de ajedrez en el que tras el éxito del Trebia Aníbal intentará reclutar más hombres a su causa y sublevar a los aliados de Roma. En primer lugar, dirigirá sus operaciones a la Liguria, zona situada en la costa entre el mar Tirreno y las cercanías de Parma y Mutina, donde la desconfianza y el odio a los romanos ofrecía un conveniente caldo de cultivo que, unido a su reciente carta de presentación tras destrozar las legiones consulares, le propiciaron ingentes tropas de refresco. Mientras el bárcida se paseaba triunfal por Liguria reclutando soldados, Sempronio Longo puso a su ejército a marchas forzadas hacia el sur hasta la ciudad de Luca, al nordeste de la actual ciudad de Pisa, con la inteligente estrategia de cortar el paso del ejército púnico a Etruria, taponando el camino costero más fácil. Esto obligaría a un duro trayecto a través de los Alpes Apuanos para rodear el bloqueo de Sempronio Longo y conseguir alcanzar zona etrusca, algo que el ejército púnico conseguiría llegando, en primavera, al norte de la actual ciudad de Florencia, que en la época estaba constituida por una peligrosa zona pantanosa denominada Fossis Papirianis. Previamente los nuevos cónsules, Servilio Gemino y Cayo Flaminio Nepote, se habían hecho con el control de las tropas y habían intentado impedir el paso por los Apeninos de Aníbal, que tal y como nos indica Tito Livio logró burlar al enemigo con una estratagema simulando un campamento fijo mientras el grueso de las tropas ya se había marchado. Al llegar a la zona pantanosa del norte de Florencia Aníbal perdió, debido a una infección, la visión en un ojo. Además, hemos de suponer que también pereció en este difícil paso su famoso elefante Surus, del que las fuentes no vuelven a hacer mención a partir de ahora. Estos problemas sumados a la lentitud de un potente y renovado ejército invasor hizo posible que el nuevo cónsul Flaminio consiguiera adelantarse a los cartagineses y refugiarse en la ciudad de Arretium, al norte del lago Trasimeno, a la espera de la llegada de Aníbal y del resto de tropas consulares al mando de Servilio Gemino. Cuando el cartaginés llegó a la zona se

195

negó a plantar batalla en Arretium a Flaminio y, por el contrario, se dedicó al saqueo de la Toscana en un intento de sacar a las tropas romanas de su acuartelamiento y llevarlos a una batalla a campo abierto. Estas provocaciones del africano surtirían efecto, posiblemente por la increpación del patriciado de la zona que vería destrozadas sus *villae* y sus cultivos, así como a su gente y servicio. En cuanto Aníbal se percató de que los romanos salían a su encuentro fingió una rápida huida hacia el sur, hacia el lago Trasimeno, lo que nos sugiere que, además de saquear, habría estado urdiendo su plan para la batalla.

Otros autores también defienden que en realidad Flaminio está esperando la llegada de su homónimo, el cónsul Servilio Gemino, para atacar a Aníbal, y que sólo cuando el contingente cartaginés pone rumbo al sur es cuando decide salir a su encuentro por miedo a que marche sin obstáculos hacia Roma.

Antes de meternos en la batalla que tuvo lugar a las orillas del lago vamos a ver cómo estaban las fuerzas en uno y otro bando. Por parte cartaginesa las fuentes nos hablan de cincuenta mil soldados de infantería y diez mil de caballería. A su vez, la infantería estaría constituida por doce mil libio-fenicios, fuerza de élite, ocho mil hispanos (incluidos los honderos baleares) y unos treinta mil galos, casi todos ellos de reciente reclutamiento; en la caballería pesada encontramos cuatro mil efectivos galos, otros tantos jinetes ligeros númidas y unos dos mil hispanos de montura también pesada. En total el ejército africano estaría formado por unos sesenta mil efectivos, siendo el núcleo del mismo los veteranos que cruzaron con Aníbal los Alpes. En cuanto a los elefantes se refiere, según deducimos de los autores clásicos, Aníbal habría perdido en el río Arno su último elefante, con lo que ya no podría contar con esta fuerza de choque a partir de ahora.

Por parte romana tenemos el tradicional ejército consular conformado por dos legiones y dos *alae* de aliados cada uno. No obstante, y según nos informan las fuentes, el Senado habría ampliado cada legión con más efectivos para hacer frente a la amenaza púnica. Igualmente intentarían contrarrestar la superioridad numérica de la caballería cartaginesa con mayor acopio de jinetes. Las nuevas levas se unieron a los supervivientes de Tesino y Trebia, además de los refuerzos enviados por Hierón II de Siracusa desde Sicilia. Con todo, y siendo un análisis de las controvertidas fuentes al efecto, podemos aproximar un número de unos veintiséis mil legionarios y cuatro mil efectivos de caballería por parte de Flaminio, siendo el ejército de Servilio Gemino no inferior a este número, sino que posiblemente fuera sensiblemente superior por tratarse del cónsul veterano, por lo que estaríamos hablando de un ejército consular total entre cincuenta y dos mil y sesenta mil infantes, y de entre ocho mil y diez mil jinetes.

Como hemos mencionado, intuimos que el ejército romano de Flaminio, nada más salir de Arretium, seguía de cerca a Aníbal a la espera de juntarse con las legiones del otro cónsul o bien de pillar a los púnicos en una pinza y destruirlos por completo. Es evidente que ante esta estrategia tampoco podemos decir que el cónsul fuera un completo incompetente, sino que actuaba con prudencia extrema, primero esperando los refuerzos en Arretium, y después intentando atrapar en un saco o en superioridad a Aníbal, algo lógico después de las experiencias de Escipión y Sempronio en Tesino y Trebia. El hecho de que los cónsules actuaran como estratégicamente había que hacerlo, eleva a Barca a la categoría de genio militar de la historia, ya que un solo fallo era aprovechado inmediatamente, y en Trasimeno este fallo alcanzará el estatus de tragedia griega. Cuando estudiamos la orografía del territorio donde transcurrió la batalla del lago Trasimeno nos damos cuenta de que Aníbal no dejaba nada a la suerte. El lago, al sureste de la ciudad de Cortona, presenta una zona montañosa entre esta misma ciudad y sus orillas, y ahí el general cartaginés se dio cuenta de que, donde otros veían agua, orilla y rocas, en realidad había una perfecta ratonera. Ahora había que poner el queso.

La descripción más perfecta de la ratonera nos la ofrece Polibio:

> Existía sobre el tránsito un llano valle, cuyos dos lados a lo largo se hallaban coronados de unos cerros encumbrados y continuos. En su anchura tenía al frente una montaña escarpada y de difícil acceso, y a la espalda un lago, entre el cual y el arranque de los collados quedaba una entrada muy estrecha que conducía al valle.

> Polibio 3, 83, 1

Si Aníbal conseguía engañar a los romanos para pasar por esa «entrada muy estrecha que conducía al valle» tendría su trampa montada, mientras que Flaminio, creyendo perseguir al grueso del ejército cartaginés hacia ese valle, pensaría atrapar en una encerrona mortal, junto con las legiones de Servilio Gemino, a los cartagineses.

Aníbal interpretó a la perfección las intenciones del general romano, ahora la cuestión era hacerle creer que el ejército africano transitaría por la entrada estrecha hacia el valle de la muerte. La encerrona la organizó montando su campamento, con sus hispanos y africanos a la salida del paso y colocando a la entrada del mismo, convenientemente oculta, a su caballería, y el resto del ejército, la infantería ligera, la distribuyó en los cerros paralelamente al paso que recorrería el ejército romano

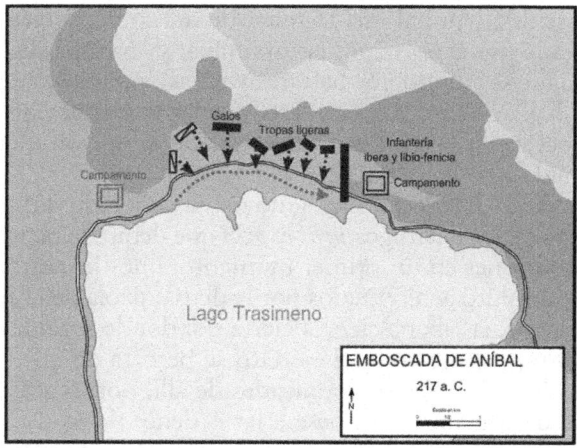

Batalla del lago Trasimeno. Distribución de la trampa del lago Trasimeno que Aníbal monta para el ejército consular de Flaminio Nepote. Podemos observar cómo el paso del lago se convierte en una ratonera de la que era imposible escapar salvo abriéndose paso en la lucha o a nado a través del lago.

en su trayecto creyendo perseguir a los cartagineses acampados ya fuera del estrechamiento.

Para que la trampa fuera más efectiva, la mañana del 21 de junio, al amanecer, se levantó una espesa niebla que indicaba que los dioses estaban con Aníbal, pues impedía hacer reconocimientos del terreno más próximo por donde debían transcurrir las legiones. Flaminio, acampado a la entrada del estrecho, decidió, en la creencia de que el cartaginés se dirigía con todos sus hombres hacia el valle, pasar sin más contemplaciones. Evidentemente los legionarios tuvieron que ponerse en columna de a dos o de a tres máximo y alargar todo lo posible la formación en su marcha. Una vez estuvieron todos los romanos dentro de la ratonera, quedando la caballería africana oculta a su espalda, Aníbal dio la señal de atacar a un ejército rodeado por el norte por las montañas y las tropas ligeras cartaginesas (honderos baleares y galos), por el oeste por la caballería púnica, por el este por las tropas de élite de Aníbal y por el sur por el lago (quizás la opción menos aterradora).

A la señal de ataque siguió un ensordecedor grito de guerra de los enemigos *urbi et orbi* que debió de paralizar a las legiones en un primer momento, unos instantes de caos absoluto acrecentados por la densa niebla de la zona que impedía saber a ciencia cierta por dónde organizar la defensa. Pronto todo el ejército se percata de que sólo la lucha más feroz podrá sacarles de allí, por lo que con total desorganización, pese a las órdenes del cónsul, se lucha en pequeños grupos anárquicos, ya no por Roma, sino por la vida misma. Rodeados, los legionarios se batieron valientemente hasta la muerte durante más de tres horas, incluido el cónsul Flaminio, que murió en el centro de la formación a manos de las hordas galas. En ese momento la lucha se convierte en huida, en sálvese quien pueda; muchos trataron de atravesar a nado el lago, así que una gran cantidad de legionarios murió ahogada o fueron abatidos atascados en el fango.

Las cifras de los caídos en la batalla del lago Trasimeno difieren poco de un autor a otro, en resumen podemos afirmar que los muertos estarían entre los diez mil y los quince mil soldados, mientras los prisioneros también rondarían los quince mil; de estos además formaban parte un curioso grupo que consiguió, durante la batalla, abrirse camino por el frente este de la misma y huir; sin embargo el lugarteniente de la caballería de Aníbal, el fiel Maharbal, los persiguió y les dio caza, haciéndolos prisioneros.

Las bajas en el ejército africano nos ofrecen en su auténtica dimensión la tragedia de las legiones romanas.

SYLVESTRE, Joseph-Noël. *El galo Ducar decapita al general romano Flaminio en la batalla de Trasimeno,* (1882). Musée des Beaux-Arts de Béziers, Francia. En esta obra se escenifica la muerte a manos de un galo del cónsul romano Flaminio, caído en Trasimeno junto a casi todos sus hombres en la mortal encerrona del ejército africano.

Sólo dos mil quinientos cartagineses murieron en la batalla. Teniendo en cuenta que Aníbal contaba con recientes incorporaciones de ligures bisoños e inexpertos, es posible que la mayoría fueran estos mismos, por lo que el bárcida perdió pocos hombres y además los prescindibles. Lo que en un lenguaje contemporáneo y en el ámbito anglosajón se denomina *win win*. Según parece, el general cartaginés intentó rendir honores a la heroica forma de morir del cónsul romano, pero no pudo encontrar su cuerpo para ello. Igualmente, y continuando con su política de adhesión de los aliados itálicos, dejó en libertad a los mismos mientras mantuvo a los romanos prisioneros.

Pero, ¿qué había pasado con el otro ejército consular, el del cónsul veterano Servilio Gemino? Las legiones habían estado viajando desde la ciudad oriental, en la costa adriática, de Ariminum, vía Flaminia, a marchas forzadas hacia Etruria para unirse a Flaminio y enfrentar a Aníbal conjuntamente. Ante la expectativa de no llegar a tiempo, el general decide enviar a toda su caballería, al mando del propretor Cayo Centenio (4.000 jinetes) en socorro de las legiones de su par. Aníbal, omnipresente en la península itálica, da cuenta de esta maniobra y envía a Maharbal con parte de la infantería y de la caballería a cerrarles el paso, dándose un escueto combate en el que el total de las monturas romanas fueron destruidas o hechas prisioneras.

En Roma, el pretor Marco Pomponio, ante el pueblo romano congregado para escuchar las noticias más recientes de los movimientos del invasor, dará el siguiente parte de guerra: «Hemos sido vencidos en una importante batalla». Ningún obstáculo impedía el acceso del ejército de Aníbal a Roma. El pánico se apoderó de la ciudad.

LA BATALLA DE CANNAS. TERCER AVISO

> Las virtudes de este hombre [Aníbal] se contrapesaban con defectos muy graves: una crueldad inhumana, una perfidia peor que púnica, una falta absoluta de franqueza y de honestidad, ningún temor a los dioses, ningún respeto por lo jurado, ningún escrúpulo religioso.
>
> Tito Livio XXI, 4, 9

Los romanos estaban aterrados. La noticia del desastre del lago Trasimeno en Roma supuso la constancia diáfana de que, hasta el momento, se enfrentaban a un general invencible, de que tras el último desastre, a Aníbal le quedaba el camino hacia su capital expedito con un ejército de más de cincuenta mil hombres que no conocían la derrota y para los que Roma era el mejor y mayor de los botines posibles. Si no llevaban a cabo medidas draconianas se avecinaba el final de sus días.

Efectivamente, la respuesta no se hizo esperar: el Senado romano recuperó a una de las figuras clave de la Segunda Guerra Púnica: Quinto Fabio Máximo Verrucoso Cunctator. El mismo patricio que declaró la guerra a Cartago tras la toma de Sagunto por Aníbal. Su pseudónimo de Verrucoso es evidente que hace mención a ciertos accidentes orográficos de su piel que no debieron favorecerle estéticamente. El segundo pseudónimo, Cunctator, significa 'el que retrasa', algo que veremos a continuación.

Fabio Máximo es elegido Dictador, figura extraordinaria a la que durante un período máximo de seis meses se le daban poderes absolutos para salvaguardar la patria de un peligro inminente, normalmente de tipo militar. Los dos cónsules electos eran los encargados de nombrar al Dictador a propuesta del Senado, y desde el año 365 esta figura podía recaer tanto en un patricio como en un plebeyo. En el año 217 a. C. Fabio Máximo contaba con 63 años, por lo que constatamos que los romanos eligieron veteranía frente a juventud y osadía, virtudes que hasta el momento no habían dado resultados con Aníbal.

El dictador nombró a Minucio Rufo como su maestro de caballería y se puso manos a la obra. Ante la nada desdeñable expectativa de que los púnicos marchasen directamente sobre Roma, su primera medida fue la de reforzar las murallas de la ciudad. Seguidamente se destruyeron los puentes que podían otorgar una mayor accesibilidad a Aníbal de llegar con su imponente ejército a Roma. Y finalmente se establecieron tantas guarniciones como se estimaron oportunas en las posiciones más estratégicas.

La estrategia que Fabio Máximo adopta para combatir al invasor es conocida como las «tácticas fabianas». Sin duda alguna Fabio es conocedor de la política cartaginesa, ha visitado Cartago y hablado con su Senado, y sabe perfectamente que este es renuente a los bárcidas por el inmenso poder que acumulan. Consciente de la falta de ayuda desde Cartago, decide que la mejor manera de atacar a Aníbal es, precisamente, no atacándolo, sino dejando que se desgaste en territorio hostil. Aunque esta es la táctica popularmente menos apoyada es, sin embargo, la más inteligente, ya que el actual ejército africano está entrenado, es consciente de su superioridad y es totalmente fiel a su comandante en jefe; mientras las tropas romanas están deprimidas ante un enemigo al que no consiguen vencer, obligadas a nuevas levas de legionarios bisoños e inexpertos, incapaces de hacer frente a los preparados combatientes de Aníbal. Por todo ello, Fabio decide frenar el aprovisionamiento de los cartagineses refugiando a los italianos de fuera de Roma en fortificaciones junto con víveres, para hacerlos así inaccesibles. Sabedor de que no está a la altura del cartaginés, ni existe ningún general en Roma de esa talla, prefiere no plantarle cara en campo abierto. Mueve a sus legionarios estratégicamente para que acosen a los africanos lo máximo posible pero sin exponerse. La caballería es el punto fuerte del invasor y decisiva en los combates anteriores, por lo que Fabio moverá sus tropas por zonas escarpadas de montaña donde los jinetes difícilmente pueden maniobrar. Y, por último, desconcentra a todo el ejército romano para ocupar el mayor espacio posible de la península itálica,

Estatua de Fabio Máximo
Cunctator. Palacio de
Schönbrunn, Viena.

con la intención de que si Aníbal marcha sobre Roma no tenga una vía fácil de escape, y esto lo disuada del sitio a la capital.

Sin embargo Fabio no se enfrentaba a un general común, ni siquiera a uno brillante, sino posiblemente al mayor estratega militar de todos los tiempos. Aníbal se percata inmediatamente de cuáles son las intenciones del Dictador y decide contraatacar también con estrategia. Sobre el damero italiano Aníbal mueve sus piezas, comienza una campaña de saqueo brutal por toda Italia, sembrando el terror e incitando a la sublevación contra Roma. Para ello decide asolar las *villae* y los cultivos del orden senatorial, a excepción de las tierras de Fabio

205

Máximo, creando en el ambiente la sensación de connivencia con el Dictador. Por otro lado en las escaramuzas
que tiene con el segundo al mando de Fabio, Minucio
Rufo, deja que este salga airoso de las mismas para darle
la sensación de que es capaz de vencerle en una gran
batalla. La estrategia de Aníbal, para desesperación del
Dictador, da resultado. El Senado decide redactar una
nueva ley para hacer algo inaudito y único en la historia de la república, nombrar a un segundo dictador,
Minucio Rufo, que se enfrentará a Aníbal en la batalla
de Geronium, donde será destrozado y salvará la vida
gracias a que Fabio acude en su ayuda en el último
momento con cuatro legiones. Minucio reconoce su
error y devuelve los poderes al Cunctator. Pero la población itálica, el pueblo de Roma y el Senado no sopor-
tan más las tácticas fabianas y deciden que, una vez
transcurrido el tiempo legal de la dictadura, se deben
nombrar nuevos cónsules, y el cargo recaerá en Lucio
Emilio Paulo y Cayo Terencio Varrón.

Por orden del Senado ambos cónsules toman el
mando del nuevo ejército, nada menos que 86.000
soldados divididos entre ambos, 10.000 infantes romanos, 20.000 aliados y 2.400 jinetes cada uno, más 21.200
hombres de las dos legiones urbanas de Roma. Frente a
ellos el ejército de Aníbal, unos 50.000 soldados divididos en 40.000 infantes y 10.000 efectivos de caballería.
El nuevo contingente romano parte hacia el encuentro
con su enemigo, sito en la localidad de Cannas, pequeña
población de la región de Apulia, enclavada en un
promontorio en la orilla sur del río Ofanto y a nueve kilómetros del Adriático, actualmente la ciudad se denomina
Canne della Battaglia. Nada más llegar a las proximidades
del campamento cartaginés, el cónsul Terencio Varrón,
al que Polibio nos describe como irreflexivo y torpe (es

repetitivo en las fuentes clásicas romanas el hecho de que un cónsul sea el torpe y el otro el avispado), sale airoso de una refriega con el enemigo; casi con toda probabilidad, Aníbal vuelve a poner la zanahoria al alcance del más impetuoso y joven de los generales romanos, haciéndole creer fácil la victoria e incitándole a una batalla abierta. Emilio Paulo, sin embargo, es presentado como el par inteligente y reflexivo, que prefiere contemporizar frente a Aníbal a improvisar una batalla pese a la superioridad numérica de los romanos. Es tradición que los cónsules alternen cada día el mando total del ejército. Al día siguiente al de la escaramuza es Emilio Paulo el comandante en jefe. Decide no plantar cara a Aníbal y divide el ejército romano en dos campamentos, el mayor al sur del río Ofanto, en la misma margen que el campamento cartaginés pero al oeste, y un campamento menor al norte del río, algo más adelantado hacia el este y cercano al lugar de la batalla. La ciudad de Cannas, previamente tomada por Aníbal, quedaba al oriente del campamento cartaginés.

Estamos en el 1 de agosto del año 216 a. C., con mando consular en Emilio Paulo que trata por todos los medios de reducir lo máximo posible la ventaja posicional que Aníbal tiene al llevar tiempo esperando al enemigo, con sus hombres frescos y con un mayor conocimiento del terreno. Por su parte, el bárcida, consciente de que ha de forzar la batalla pero a sabiendas de que no será Emilio Paulo quién caiga en la trampa, decide durante este día hostigar a los legionarios que buscan agua en el río, para así espolear al mando del día siguiente, el impaciente Terencio Varrón. La estratagema del cartaginés da resultado, al día siguiente, un soliviantado Terencio une los dos ejércitos en la margen norte del río Ofanto, con formación hacia el mediodía, a la espera de que Aníbal cruce desde el lado sur el río y se enfrente a ellos.

La formación del ejército romano es la clásica de *velites* en primera línea, seguidos de *hastatii* en formación de tablero de ajedrez para incorporar a los *velites* en retirada y cerrar otra vez la formación, y ya detrás, la infantería pesada con *princeps* y *triarii*, con la caballería aliada en el lado izquierdo y la romana en el derecho. Frente a ellos formaba el ejército cartaginés: en su frente la infantería ligera, en primera línea los honderos baleares, detrás galos e hispanos, y en la última línea, a cada extremo, el grueso de las tropas africanas de élite. La caballería númida se alinearía en el ala derecha frente a la caballería aliada romana, mientras que bordeando el río y frente a la caballería romana de élite se apostarían los jinetes pesados galos e hispanos. La novedad, o mejor dicho, la genialidad de la formación que presenta Aníbal, es la forma convexa del frente de batalla, media luna donde la infantería ligera es el punto más cercano a la formación recta de los romanos.

Tal y como nos cuenta Polibio, ninguno de los dos ejércitos tendría el sol de cara, sin embargo la orientación sur de los romanos sí los situaría de cara al sol conforme avanzara la mañana. De igual forma las fuentes nos informan que en las horas puntas del día en esa zona soplan fuertes vientos australes, lo que también incidiría en la incomodidad de las huestes consulares; siendo Aníbal el estratega que era, no pudo ser casualidad. Al igual que en Trebia, el cartaginés emboscó, posiblemente en las colinas de la ciudad de Cannas, a caballería y a unos quinientos infantes pesados celtiberos para sorprender a las tropas romanas por la espalda, hecho que se produciría al mediodía, cuando los romanos no sólo recibieran el sol de cara sino también el polvo de la batalla impulsado por el viento de la zona, lo que favorecería la sorpresa de ese ataque. Igualmente alguna fuente nos informa de que Aníbal, conscientemente, retrasó el inicio del combate,

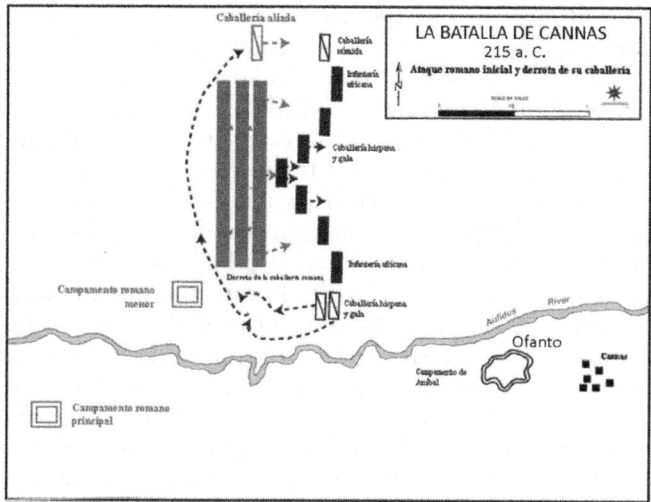

La batalla de Cannas (1). Despliegue inicial de ambos ejércitos al inicio de la batalla. Podemos observar la disposición en forma convexa del ejército cartaginés y cómo la primera línea romana empuja a la misma mientras las caballerías hispana y gala comienzan una maniobra envolvente para aniquilar a la caballería aliada. Fuente: Wikimedia Commons

lo que favorecería la espera de la llegada de ese mediodía y de ese viento en el momento clave de la batalla. Cabe destacar que casi todos los historiadores clásicos, a excepción de Polibio, nos hablan además de un hecho sorprendente pero que encajaría perfectamente dentro del tacticismo bárcida de engaño y sorpresa: la fingida deserción de quinientos jinetes númidas del ala derecha de la formación púnica. Estos falsos traidores esperarían a las doce de la mañana, hora de inflexión de la batalla, para deshacerse de sus vigilantes y sorprender por la espalda a los romanos.

El ejército romano chocará contra la formación convexa africana donde se encuentran los soldados ligeros que enseguida ceden terreno y permiten la penetración de los legionarios en el centro de la batalla, donde Aníbal personalmente dirige a sus huestes, luchando y dando órdenes sin parar. Al mismo tiempo los jinetes númidas pelean contra la caballería aliada al norte de las formaciones: de aquí se produciría la deserción de esos quinientos hombres. En el otro extremo, la caballería pesada africana ha deshecho a la caballería romana, que huye en desbandada. Al mismo tiempo la caballería pesada rodea la batalla y se une en el norte a los númidas contra los jinetes aliados del ejército consular. En estos momentos la formación convexa de los cartagineses ha dejado de existir: el centro ha ido cediendo terreno, las alas, con los infantes africanos pesados, han girado noventa grados hacia la formación romana y el ejército bárcida presenta una línea cóncava que empieza a rodear a todas las legiones consulares en una trampa mortal sin que se den cuenta, pensando que quizás el retroceso de las líneas ligeras frontales les está dando en realidad una ventaja.

En el centro de la batalla, el cónsul Emilio Paulo dirige valiente, pero inconscientemente, ataques contra el mismísimo Aníbal, que está impulsando en persona la lucha más encarnizada en el punto clave. El general romano ya está herido por uno de los proyectiles de los honderos baleares, lo que no le impide seguir instigando a sus hombres a intentar romper el centro de la formación y dividirlos en dos partes. Finalmente Emilio Paulo sucumbe y muere tras una lluvia de proyectiles contra su persona. En estos momentos, llevan unas cuatro horas de lucha y el sol marca el mediodía, un insoportable viento del sur envía el polvo de la refriega contra la cara de los legionarios, el infierno se ha desatado en Cannas. La caballería romana está derrotada, los quinientos falsos

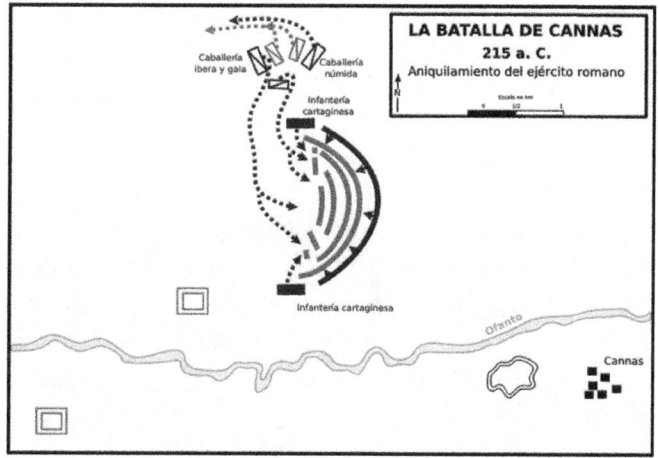

La batalla de Cannas (2). Evolución de la batalla con
transformación de la disposición cartaginesa en forma convexa
a figura cóncava por el empuje de las fuerzas consulares,
provocando el efecto envolvente que, junto con la caballería,
que arremete por detrás, destruirá completamente a las tropas
romanas. Fuente: Wikimedia Commons

desertores númidas atacan la formación romana por la
espalda a la vez que los hombres emboscados en una
colina cercana. Los jinetes que no están hostigando
a la caballería consular huida caen sobre los romanos que
siguen empujando el centro, y sobre los laterales cierran
la trampa las tropas africanas pesadas: la presa está cazada,
porque los dos frentes de batalla se han convertido en una
gigantesca bolsa donde un ejército africano rodea a unos
setenta mil legionarios incapaces de defenderse, apreta-
dos unos con otros, esperando a que sus compañeros de
la línea más externa vayan siendo asesinados hasta que les
llegue su turno. La historia a partir de ahora es la de un

La muerte de Lucio Emilio Paulo en la batalla de Cannas, de
John Trumbull (1773). Galería de Arte de la Universidad de
Yale, Estados Unidos. Terencio Varrón y Emilio Paulo, ambos
cónsules electos, entraron en batalla contra las tropas africanas
en Cannas. El segundo, pese a ser el más prudente frente a
Aníbal, murió heróicamente a manos del invasor, hecho que se
inmortaliza en este lienzo del siglo XVIII.

baño de sangre que durará horas, una tragedia humana
superior a cualquier drama de teatro griego, en el que
perecerá la juventud de Roma, sus defensores y parte de
su nobleza. La República está indefensa.

Sin embargo, no debemos pensar que los cónsules
estaban faltos de ideas y de estrategia. Dada la superioridad numérica que presentaban contra Aníbal, habían
seleccionado a un contingente de diez mil legionarios
para atacar el campamento de los africanos, no sólo para
destruir su previsible huida, sino para apropiarse de sus
pertrechos y comida y dejarlos desabastecidos a partir de
ese momento. La planificación romana nos hace pensar

en la intención de la destrucción total de la amenaza púnica en suelo itálico. Pero Aníbal estaba preparado, contaba en el campamento con los medios suficientes para sostener el ataque mientras se definía la batalla, pero una vez que el combate estuvo encauzado convirtiéndose en una matanza, el mismo general se dirige con sus hombres al campamento, acabando con dos mil legionarios y apresando al resto.

Las cifras finales de Cannas son escalofriantes; si seguimos a las fuentes menos exageradas como Tito Livio hablamos de unos cincuenta mil hombres caídos en batalla, unos diez mil desperdigados por las poblaciones cercanas en su desesperada huida (con el pánico que aquello tuvo que suponer en la región), más desertores. Y unos catorce mil quinientos soldados reagrupados en las ciudades de Venusia y Canusio. Si hacemos caso a otras fuentes, la cifra de caídos supera los setenta mil muertos. Por la parte cartaginesa hablamos de entre seis mil y ocho mil bajas según la fuente. Estas cifras nos cuentan una total y absoluta hecatombe para las armas de Roma, y una victoria sin precedentes en la historia militar hasta la fecha.

No obstante hemos de prestar atención a los supervivientes romanos de Cannas. Tito Livio nos habla de los jóvenes tribunos que lograron escapar y reorganizar lo que quedaba de las huestes consulares: Lucio Publicio Bíbulo, Quinto Fabio (hijo de Fabio Máximo), Apio Claudio Pulcro y… Publio Cornelio Escipión (hijo de Publio Cornelio Escipión, cónsul que se enfrentó a Aníbal en Tesino), más tarde conocido como el Africano. Es al joven Escipión al que las fuentes indican como principal freno para una posible rendición incondicional planeada por la nobleza romana tras el desastre de Cannas.

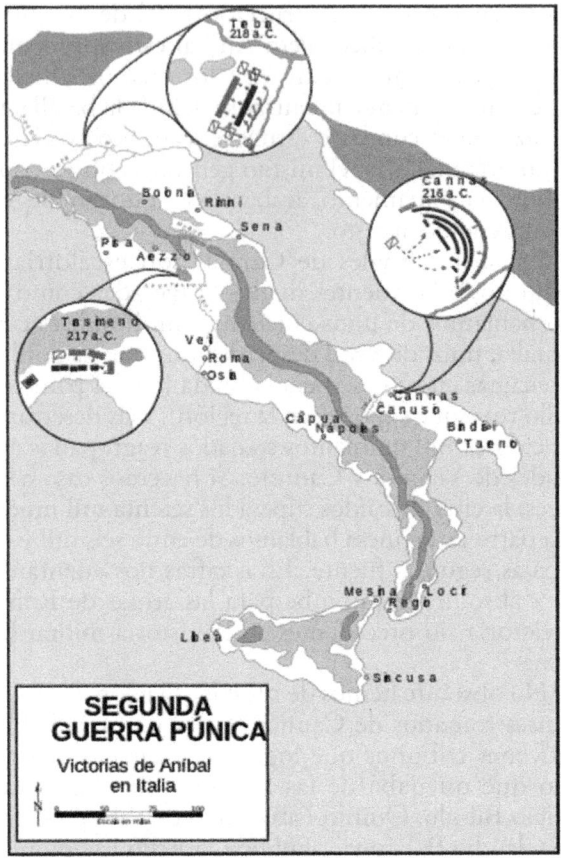

Grandes victorias de Aníbal en Italia. En esta figura podemos ver el itinerario de Aníbal en su invasión de la península itálica a través de sus tres grandes victorias contra los romanos, Trebia, Trasimeno y Cannas, así como la disposición de los ejércitos de cada enfrenamiento. Fuente: Wikimedia Commons

La batalla de Cannas sigue sorprendiendo hoy en día, es una de las más famosas batallas de la antigüedad, y se sigue estudiando, estratégicamente hablando, en muchas academias militares modernas como ejemplo táctico, así como modelo para derrotar a unas fuerzas superiores en número. No obstante, veremos cómo los previsibles frutos de un desastre de estas proporciones no fueron los esperados.

7

Hannibal ad portas

UN MUNDO EN GUERRA

Los ciudadanos romanos ya no tenían dudas sobre cuál era el oscuro destino que les deparaba el futuro. Poco a poco, las noticias sobre el desastre de Cannas empezaron a propagarse entre los habitantes de una ciudad que dirigió su mirada hacia los dioses, rogándoles su favor para frenar las acometidas de un Aníbal al que ya nadie podía detener en su empeño de destruir Roma. Ya sólo faltaba esperar el momento elegido por el general cartaginés para caer sobre ellos, pero afortunadamente los romanos pudieron comprobar que sus planes iban en otra dirección.

Mucho se ha dicho sobre los motivos por los que Aníbal, ya con las manos libres después de su épica victoria sobre la flor y nata de las armas romanas, no marchó hacia la ciudad para provocar su caída y con ella el final de la

Segunda Guerra Púnica. Injustamente la historiografía, haciéndose eco de las noticias transmitidas en las fuentes, ha ofrecido una imagen algo distorsionada de las capacidades del general, al asegurar que nunca supo sacar provecho de sus continuas victorias militares durante su larga campaña en Italia. En favor de esta interpretación estaría la probable actitud del estado mayor cartaginés cuando le reprocharon a su líder su falta de determinación en un momento en el que, sólo según ellos, la victoria estaría al alcance de su mano. Desde nuestro punto de vista, en cambio, la actitud del cartaginés estaría plenamente justificada porque la fortaleza de su ejército se basaba especialmente en la enorme movilidad que le proporcionaba su caballería, además de la falta de los medios necesarios (especialmente máquinas de artillería) para doblegar la resistencia de una ciudad tan extraordinariamente grande como Roma. En su mente aún debía permanecer fresco el recuerdo de los enormes sacrificios que tuvieron que padecer sus hombres para tomar Sagunto, una localidad que evidentemente en nada se podía comparar con la capital de la República romana.

Por este motivo, dejándose llevar por la prudencia, la campaña siguiente la utilizó para madurar el plan con el que, esta vez sí, podría derrotar a Roma. Desplegando una importante actividad diplomática, intentó ganarse la amistad de los pueblos itálicos, para dejar a la ciudad del Lacio sin apoyos y sin posibilidad de continuar con la guerra, mientras que por otro lado presionaba al Senado de Cartago para que le enviasen nuevos apoyos con los que fortalecer su posición en territorio italiano. Este año del 215 a. C., fue también crucial por la alianza con Filipo V de Macedonia, por lo que supuso de internacionalización de un conflicto que ya empezaba a ser interpretado como una auténtica guerra en todo el mundo conocido (hablando desde un evidente sentido eurocentrista).

Busto de Filipo V de Macedonia. Palazzo Massimo de Roma. La Segunda Guerra Púnica obligó a los ejércitos de Roma a prestar atención a numerosos escenarios bélicos en donde se desarrolló su lucha a muerte contra Cartago: Iberia, África, Galia, Italia, Macedonia e incluso Grecia, fueron algunos de ellos.

Mientras las armas seguían siendo veladas por ambos contendientes, los romanos se dispusieron a elegir a sus cónsules para el año siguiente, pero la elección recayó en dos individuos sin apenas experiencia, y todo ello en un momento en el que las circunstancias obligaban a poner la dirección del estado en unas manos más experimentadas, por lo que se invalidó el nombramiento de Otacilio Craso y Emilio Régilo en favor de Fabio Máximo y Marco Claudio Marcelo.

Una de sus primeras actuaciones, pensadas para volver a recuperar el favor de los dioses, fue realizar unos generosos sacrificios. Visto cómo habían transcurrido los acontecimientos, no cabía duda de que convenía tener a todos ellos de su lado para poder aspirar a una victoria final que se intuía muy lejana, pero para ello primero se debía reconstruir el ejército, y por eso el Senado ordenó la formación de seis nuevas legiones, aumentándolas a dieciocho, y eso sin contar las que ya entonces servían en Hispania.

Al tiempo que Roma trataba de reponerse, Aníbal inició su marcha hacia el sur, arrasando entre otros el territorio de Cumas, con la mirada puesta en la estratégica ciudad de Tarento, la cual consideraba importante por ser un punto hacia donde poder dirigir unos hipotéticos refuerzos procedentes de Macedonia, aunque para su desgracia pronto fue testigo de la determinación de los tarentinos a pagar cara su derrota, por lo que el general cartaginés decidió desplazarse hasta Apulia para pasar el invierno. En Sicilia, el protagonismo a estas alturas de la contienda lo asumió Siracusa, que viendo la fantástica progresión de Aníbal decidió, en el último momento, unirse a la causa cartaginesa, obligando a los generales romanos destacados en Sicilia a coordinar un ataque combinado para recuperar la plaza. Mientras Apio Claudio atacaba por tierra las murallas de la ciudad, Marcelo lo hacía desde el mar al mando de sesenta navíos, esperando que el número reducido que formaba la guarnición cartaginesa en la ciudad no pudiese hacer nada para frenar la acometida romana. Con lo que no contaron los romanos fue, en cambio, con la presencia de un individuo, cuyo genio iba a decidir el resultado de este nuevo enfrentamiento.

Arquímedes, según Plutarco, estaba vinculado por lazos familiares a la dinastía de Siracusa, y en consecuencia puso todo su saber al servicio de la ciudad en la batalla que estaba a punto de iniciarse entre las dos potencias hegemónicas del Mediterráneo. Su brillante labor de ingeniería estuvo orientada a dotar a Siracusa de unas defensas lo suficientemente sólidas para dificultar la aproximación de los navíos romanos hasta las murallas de la urbe. Entre las ideas que puso en práctica destacó la existencia de una máquina cuyas dimensiones eran tales que se alzaba por encima de las propias murallas, levantando unos proyectiles de unos cuatrocientos kilogramos de peso para dejarlos caer sobre los desafortunados barcos que cometieron el error de aproximarse a la ciudad griega. Por si esto fuera poco, Arquímedes ordenó situar una serie de garfios de hierro sujetos a unas cadenas como parte de una especie de grúa cuyo objetivo era atrapar a los barcos romanos por la proa, y mediante una serie de contrapesos elevar la nave hasta una gran altura y dejarla caer para provocar destrozos en la embarcación, y un irrefrenable pánico entre unos tripulantes que no pudieron más que maldecir la mala idea del dichoso sabio griego.

Las dificultades para tomar Siracusa obligaron a los generales romanos a abandonar su propósito de conquistar la ciudad, tomando la decisión de iniciar un largo bloqueo, tanto por tierra como por mar. Para complicar aún más las cosas, Roma sumó a su ya larga lista de enemigos a Filipo V, rey de Macedonia, que en este año del 214 a. C., rompió las hostilidades atacando Apolonia, un auténtico bastión romano en la península balcánica, provocando la primera de las guerras macedónicas, y aún peor, en el momento más comprometido para una Roma que seguía luchando por mantenerse en pie.

El nuevo año se inició con la elección de los nuevos cónsules romanos, Quinto Fabio Máximo, hijo del anterior cónsul y dictador, y Tiberio Sempronio Graco, pero debido a las responsabilidades de la guerra Marcelo continuó con su mando en Siracusa, mientras que Marco Valerio marchó hacia el Adriático para intentar frenar a los macedonios con una gran flota. La multiplicación de los escenarios de guerra y la relativa mejora de la situación en Italia permitió el reclutamiento de dos nuevas legiones urbanas, para sumarlas a las anteriores y afrontar con algo más de garantías los dos principales objetivos

Fetti, Domenico. *Arquímedes pensativo* (1620). Gemäldegalerie Alte Meister, Dresde (Alemania). La ciudad de Siracusa era una de las más grandes e importantes en el Mediterráneo del siglo iii a. C., y de ahí el interés de los romanos por hacerse con su control. En la lucha que se desató por el control de Siracusa tuvo un papel especial Arquímedes, cuyo intelecto puso contra las cuerdas a las poderosas legiones romanas.

militares para el 213 a. C.: la defensa de Tarento, auténtica obsesión de Aníbal, y el intento de frenar el avance de Cartago y de su general Himilcón para completar la conquista de Sicilia.

La presencia del ejército púnico en Sicilia tenía un claro objetivo estratégico, porque obligaba a los romanos a rebajar la presión sobre los hermanos Barca, tanto en Italia como en Hispania. Los Escipiones trataron de contestar a esta política enviando una embajada hasta Numidia para ganarse el favor de Sífax, el cual aceptó un tratado de amistad con Roma, por lo que el Senado de Cartago no descansó hasta conseguir el apoyo de Masinisa, el cual consiguió derrotar a los partidarios de Sífax con un potente ejército de caballería.

CAPUA DEBE CAER

La situación seguía siendo compleja para los romanos, pero en el 212 a. C. se consigue estabilizar los frentes y aumentar el número de legiones a las veintitrés, ahora bajo el mandato de los nuevos cónsules Quinto Fulvio Flaco y Apio Claudio. En Hispania los Escipiones seguían manteniendo sus posiciones, mientras que la amenaza desde Macedonia no inquietaba por las escasas repercusiones que tuvo el ataque de Filipo V. El principal problema seguía estando en Italia, en donde preocupaba el ya indisimulado empeño de Aníbal por conquistar Tarento. En esta ciudad, una facción liderada por Filémeno y Nicón logró encontrarse con Aníbal para cerrar un pacto por el que la ciudad pasaría a manos de los cartagineses a cambio de respetar su autonomía y las propiedades de sus habitantes, a los que tampoco se les podría grabar con ningún impuesto.

Para eso se debía engañar a los romanos, porque estos se encontraban perfectamente atrincherados en el interior de la urbe. Para ganarse la confianza de los centinelas romanos, Filémeno organizó continuas partidas de caza nocturnas, con la excusa de adquirir suculentas piezas para abastecer a los tarentinos, pero especialmente a los soldados romanos que guardan sus murallas. Una noche, el bueno de Filémeno convenció al confiado comandante romano para celebrar un festín y así degustar alguna de las presas que había logrado adquirir para placer de la guarnición latina. Este fue el momento escogido por Aníbal para hacer entrar sus tropas. Aprovechando la relajación de la vigilancia, un grupo de tarentinos logró dar muerte a los centinelas y abrir las puertas de la ciudad para permitir el acceso del ejército bárcida. Los romanos no pudieron hacer nada para frenar la avalancha, aunque algunos de ellos tuvieron el buen juicio de replegarse y buscar cobijo en la ciudadela de Tarento, la cual logró resistir, haciendo que la victoria de Aníbal no fuese total, ya que el puerto de la ciudad siguió estando bajo control romano.

El otro escenario bélico estuvo en la Campania, pero allí eran los romanos los que seguían intentando romper la resistencia de Capua, principal baluarte campano y fundamental para el control por parte de Cartago de esta rica región cerealística al sur de Roma. Asediada por cuatro legiones, los campanos enviaron embajadores a Aníbal solicitándole una ayuda inmediata para no sucumbir ante los ejércitos de la República. Oídos los argumentos de los solicitantes, Aníbal se vio por primera vez ante la disyuntiva de continuar haciendo presión sobre la ciudad de Tarento, o levantar su ejército para dirigirlo hacia Capua, y así obligar a los romanos a abandonar sus propósitos de controlar la ciudad. Por primera vez, el genial estratega cartaginés no tenía bien claro las acciones que debía de tomar, y por ello optó por una postura intermedia, la de continuar personalmente con su asedio a la ciudadela tarentina, mientras que por otra parte enviaba a su lugarteniente Hannón a la zona del Beneventum para abastecerse de trigo y enviárselo a los campanos. Cuando los romanos tuvieron noticia de la presencia de Hannón en la zona, organizaron una

La ciudad campana de Capua fue sometida a un largo asedio por parte de las armas romanas. La conquista de este enclave era fundamental para garantizar el aprovisionamiento de trigo, pero también porque su caída se consideraba necesaria para recuperar la lealtad de muchos pueblos itálicos ahora aliados con los cartagineses.

expedición a cuyo frente se puso Fulvio Flaco, el cual consiguió derrotar de forma épica a los cartagineses obligándoles a levantar su campamento y huir hacia el sur para reunirse de nuevo con Aníbal.

Capua estaba ya definitivamente aislada. Tres ejércitos romanos se ocuparon de mantener a la ciudad sin ninguna posibilidad de recibir asistencia exterior. A pesar de todo, la ocupación de la ciudad seguía siendo una tarea imposible para los romanos. Esto lo sabía Aníbal, y por eso trató de aligerar la presión sobre su aliada iniciando una marcha por la Apulia, con la intención de interceptar un ejército romano formado por reclutas bisoños y sin experiencia al mando de Fulvio, algo que consiguió cuando este se encontraba acampado en Herdónea. En este lugar se presentó el africano, cogiendo a los romanos por sorpresa y anotándose una nueva victoria. De los más de veinte mil hombres que formaban el ejército de Fulvio sólo lograron sobrevivir unos dos mil, mientras su jefe mostraba una imagen vergonzosa al dejar a sus hombres cuando las cosas empezaban a torcerse, huyendo con un pequeño destacamento formado por doscientos jinetes en plena batalla.

Este año de 212 a. C. fue también crucial para conocer el destino de Siracusa. Aquí seguía combatiendo Marcelo, pero una y otra vez todos sus intentos se estrellaban sin remisión contra las murallas de la gran urbe del Mediterráneo. La ocasión se presentó cuando el romano logró atraer el favor de un tal Epícides, un desertor que le informó sobre la celebración de unos juegos en honor a la diosa Artemisa. En estos actos, los griegos decidieron ser generosos con el vino, tal vez para compensar la falta de víveres provocada por el largo asedio de los romanos. Cuando cayó la noche Marcelo envió un destacamento de infantería cargado con unas escalas que sigilosamente se infiltraron dentro de la ciudad. Así, mientras los siracusanos rendían culto a la diosa Artemisa, los romanos, con la ayuda del dios Baco, pudieron abrir las puertas Hexápiles para iniciar una batalla campal en el interior de Siracusa, en donde se luchó barrio por barrio, y casa por casa.

La pronta llegada de refuerzos cartagineses dirigidos por Himilcón e Hipócrates hizo que se recrudeciese la lucha, pero no por mucho tiempo, porque nuevamente la infantería romana se demostró claramente superior, convenciendo a los siracusanos de la necesidad de iniciar las negociaciones con el general romano para poner fin a la presencia púnica en su ciudad y casi en el resto de la isla de Sicilia.

En 211 la situación ya era claramente contraria a los intereses cartagineses. En Italia, Aníbal seguía sin poder conquistar la ciudadela de Tarento, mientras que en Sicilia la presencia púnica ya era totalmente residual. Para colmo de males, la situación en Capua rozaba la desesperación más absoluta, ya que el africano no podía permitirse la pérdida de una ciudad en la que se estaba jugando su prestigio y la obediencia de muchas localidades italianas cuya alianza con los cartagineses pendía de un hilo, especialmente por la fuerza demostrada por los romanos en los últimos años de lucha. En el ámbito extraitálico las cosas no estaban mejor, porque la alianza con Macedonia se mostraba claramente inoperante, en parte por los lazos de amistad que ahora unían a los griegos con los romanos. Su única esperanza volvía a estar en Hispania, en donde Asdrúbal esperaba impaciente un enfrentamiento con Publio y Cneo Cornelio Escipión.

Los cónsules de este año fueron Cneo Fulvio Centumalo y Publio Sulpicio Galba, cuyo inicio de mandato vino marcado por un acontecimiento que hizo despertar el temor entre todos los ciudadanos romanos: la marcha de Aníbal sobre la capital de la República. Meses antes, el caudillo púnico había llegado hasta Capua para intentar levantar el asedio al que seguía sometida la ciudad campana. Su intento fue inútil, porque ninguno de los tres ejércitos romanos mordió el anzuelo y mantuvieron sus posiciones dejando a Aníbal sin la batalla campal que sin duda estaba buscando. No nos atrevemos a juzgar la reacción del general, pero este, por primera vez desde su llegada hasta Italia, decidió poner en movimiento a sus tropas para dirigirlas contra esa maldita Roma que siempre seguía luchando. Su intención nunca pudo ser la conquista de la ciudad, entre otras cosas porque no contaba con los medios necesarios. Lo que él pretendía era forzar a los ejércitos romanos que se encontraban en Capua para que le siguiesen los pasos, y acudiesen en defensa de Roma.

En el Senado de Roma se originó un fuerte debate sobre las medidas que se debían de tomar para salvar una situación que provocó el pánico entre los habitantes, muchos de los cuales llegaron a pensar que los ejércitos de Capua habían sido derrotados y por eso Aníbal, libre de todo peligro, se dirigía ahora hacia el norte para terminar de una vez por todas con la guerra. Afortunadamente para ellos, esto no fue así y los senadores tomaron la sabia decisión de hacer regresar sólo uno de los ejércitos de Capua, el de Fulvio Flaco, para la defensa de la capital. Cuando estas noticias llegaron hasta Aníbal, se sintió decepcionado, porque él por lo menos esperaba la llegada de dos ejércitos hasta el Lacio, aunque esto le daba la oportunidad de enfrentarse al comandado por Fulvio.

Una y otra vez el romano eludió el contacto directo con Aníbal, y para ello contó nuevamente con la ayuda de los dioses, que después de tanto tiempo parecían haberse reconciliado con los romanos, porque las adversas condiciones climatológicas fueron determinantes para impedir el combate entre las dos formaciones. El tiempo jugaba en contra de los intereses de Aníbal, que ajeno a cualquier posibilidad de encontrar provisiones en un territorio hostil, no tuvo más remedio que desechar la opción del enfrentamiento y dar la espalda a la ciudad de Capua, cuya suerte estaba irremediablemente echada, especialmente al adivinar el destino que les esperaba una vez conquistada la plaza. Capua cayó ese mismo año, y sus calles fueron testigo de uno de los baños de sangre más terroríficos de toda la guerra.

La estrella del cartaginés se apagaba cada vez más. Al menos, las noticias procedentes de Hispania eran más esperanzadoras.

LA PARTIDA SE JUEGA EN ITALIA

Como dijimos, la pérdida de Capua fue un duro golpe para Aníbal, porque desde este momento muchas ciudades de la Italia central y meridional se fueron pasando al bando romano, dejando al Barca cada vez más aislado en sus posiciones del sur. El peligro aún no había sido superado, pero por primera vez en mucho tiempo los romanos podían respirar algo más tranquilos, y prueba de ello fue la reducción del número de legiones de veintitrés a veintiuno, anticipando un problema que desde este año se va a dejar sentir de forma acuciante: las dificultades para el reclutamiento de nuevas legiones debido al agotamiento de los pueblos itálicos, especialmente los latinos y los etruscos.

El año 210 fueron elegidos cónsules Marco Claudio Marcelo y Marco Valerio Levino, y una de las primeras actuaciones fue fortalecer los lazos de amistad que ya antes se habían establecido con los griegos al formalizar una alianza con la Liga Etolia para luchar contra Filipo V de Macedonia. Mediante esta alianza se estableció que los griegos llevasen la iniciativa terrestre, mientras los romanos enviaban una flota compuesta por más de treinta quinquerremes para conseguir el control del Adriático. Los romanos conseguían de esta manera tener las espaldas cubiertas para centrarse en lo que realmente les importaba, la guerra contra Aníbal, el cual empezaba a dar muestras de debilidad al no encontrar la solución para frenar la pérdida de aliados en territorio italiano. El número reducido de tropas obligó al valeroso estratega a tomar una decisión que había intentado evitar desde el inicio del conflicto: la dispersión de sus tropas para proteger un territorio muy amplio al sur de la Campania.

La división de sus efectivos supuso para los cartagineses la pérdida de la iniciativa en el campo de batalla, pero además unas considerables pérdidas que se nos antojan decisivas a la hora de interpretar el desarrollo posterior del conflicto. No todo fueron malas noticias para los africanos, porque Aníbal seguía dando muestras de su genio en el campo de batalla, incluso en un momento en el que todo parecía estar en contra suya. En este año logró derrotar al ejército de Cneo Fulvio Centúmalo, obligando al cónsul Marcelo a ponerse en movimiento para frenar a su oponente en los campos de Numistrón, en donde ambos contingentes protagonizaron un despiadado intercambio de golpes que obligó a Aníbal a retirarse hasta Apulia con el cónsul romano pisándole los talones.

Mientras, en Sicilia, el cónsul Levino ocupaba las últimas posiciones en la isla, y más concretamente la ciudad de Agrigento, forzando a Hannón a retirarse con sus pocos efectivos disponibles hasta el norte de África, seguidos bien de cerca por el almirante Marco Valerio Mesala, el cual pudo informarse de la situación en la que se encontraba Cartago después de los últimos reveses padecidos en Italia. A las pocas semanas, el oficial romano se presentó ante el Senado con un informe cuyas conclusiones eran rotundas: los cartagineses estaban reclutando un inmenso ejército de mercenarios, mientras que el númida Masinisa se ponía al mando de cinco mil jinetes para embarcar hacia Hispania y ponerse a las órdenes de Asdrúbal.

En el 209 a. C. Quinto Fabio Máximo volvía a ser elegido cónsul de Roma, para volver a demostrar su valía al frente de las legiones acantonadas en Tarento. Su colega en el cargo recibió el control de la Lucania y Bruttium, mientras que Marcelo vio prorrogado su mando en Apulia y Publio Cornelio Escipión en Hispania. Con Capua en su poder, los cónsules de este año fijaron la atención en la recuperación de Tarento, pero para eso era necesario mantener alejado al ejército de Aníbal. Lógicamente la responsabilidad de presentar batalla al general púnico recayó en manos de Marcelo, cuyas tropas se pusieron rápidamente en camino hacia Canusio, encontrándose de frente con un desprevenido Aníbal que hizo todo lo posible por eludir el enfrentamiento directo con el romano, pero el acoso al que fue sometido terminó por obligarle a presentar batalla en unas circunstancias poco propicias para su causa.

El primer enfrentamiento fue favorable para el cartaginés, especialmente porque Aníbal atacó en un momento en el que los romanos no presentaban un orden de batalla organizado, haciendo cundir el temor entre los hombres de Marcelo. Pero el general romano era un hombre obstinado, con una osadía como pocos habían demostrado en esta guerra, especialmente en sus enfrentamientos contra el general bárcida, y al día siguiente, mientras sus legionarios se lamían las heridas, dispuso nuevamente a los suyos en orden de combate para caer de nuevo sobre Aníbal e infligirle unas considerables bajas. Las armas romanas habían demostrado estar a la altura de las circunstancias, y no sólo eso. La acción de Marcelo había dado sus frutos, ya que su tenacidad le dejó las manos libres a Fabio Máximo en su intento de conquistar Tarento, acción que consiguió después de atraerse el favor del jefe de la guarnición de los brucios, quien abrió las puertas de la ciudad a las tropas del cónsul. Por fin Tarento volvía a pasar a manos de los romanos, justo en el mismo momento en el que Escipión se dirigía a marchas forzadas hacia Cartago Nova para hacerse con el control de la ciudad más importante de los cartagineses en Hispania.

El Mediterráneo se disponía a afrontar su undécimo primer año de guerra. Italia había sido durante mucho tiempo un enorme campo de batalla y en 208 a. C. estaba, ahora sí, totalmente arruinada. La Liga Latina estaba exhausta, mientras que las ciudades de Etruria se negaban a entregar unos recursos de los que no disponían para continuar con la guerra. Aníbal no estaba en mejor situación, más bien todo lo contrario, porque después de la pérdida de Tarento su única esperanza estaba depositada en la anhelada llegada de refuerzos desde Hispania al mando de su hermano Asdrúbal. Los cónsules de este año, Claudio Marcelo y Quincio Crispino, conocían ya las intenciones de los cartagineses de concentrar todas sus tropas en la Italia Central para forzar a los romanos a una gran batalla en la que se decidiese el final de la guerra. Los cónsules debían hacer todo lo posible para evitar el reforzamiento de Aníbal, motivo por el cual marcharon hacia Locri para volver a presentar batalla a los cartagineses. Pero la fatalidad estaba a punto de cebarse en contra de los intereses romanos.

En esta localidad de Apulia los romanos y cartagineses se volvieron a encontrar frente a frente en un campo de batalla situado en una región árida y sin apenas vegetación, lo que imposibilitaba la organización de las emboscadas a las que tan aficionado era el africano. Entre ambas formaciones existía una pequeña colina sin apenas importancia desde el punto de vista estratégico, por lo que su posesión fue desechada por Aníbal, pero no por Marcelo, quien cometió el imperdonable error de convencer a su colega Crispino para hacer un reconocimiento personal de la zona, con tan mala suerte de encontrarse de frente con un destacamento de caballería númida que cayó repentinamente sobre ellos. Marcelo murió en el acto después de que una lanza atravesase su cuerpo, mientras que Crispino sufrió graves heridas que poco después provocaron su muerte.

Y, mientras tanto, Asdrúbal estaba a punto de salir de Hispania seguido de un enorme ejército en dirección a Italia.

LA BATALLA DE METAURO

Nunca antes en la historia de Roma, los dos cónsules legalmente elegidos por el pueblo habían fallecido durante el mismo año de su gobierno. Quiso el destino que esto sucediese justo en el mismo momento en el que parecía que se iba a decidir el resultado final del conflicto, porque los romanos supieron que finalmente Asdrúbal había burlado la vigilancia de Escipión al norte del Ebro y había partido hacia Italia al frente de un ejército compuesto por más de veinte mil efectivos. La nueva ola de inquietud desatada entre los romanos aceleró la elección de los nuevos magistrados de la República, pero para este año de 207 a. C. se precisaban dos hombres con el coraje suficiente para frenar las acometidas de los hermanos Barca. El primer cónsul en ser elegido fue el impetuoso Claudio Nerón, responsable del frente lucano y bruttio y por lo tanto de medir sus fuerzas contra Aníbal, mientras que el segundo cónsul fue Marco Livio Salinátor, más pausado y prudente que el anterior, y cuyo radio de acción se situó en la Galia.

Ambos se vieron nuevamente en apuros para poder reclutar nuevas fuerzas, especialmente porque las legiones volvieron a aumentar desde las veintiuna existentes hasta las veintitrés, por lo que tuvieron que recurrir a contratar tropas mercenarias, especialmente hispanas, númidas, sicilianas y galas.

Nada más iniciarse la campaña en la primavera de 207 a. C., Asdrúbal sorprendió a todos iniciando una vertiginosa marcha para atravesar los Alpes, de forma más rápida incluso de lo que lo había hecho su hermano muchos años antes. Los romanos dieron la voz de alarma, más aún cuando supieron que ocho mil soldados ligures perfectamente adiestrados para la guerra se habían unido al cartaginés para caer sobre su enemiga Roma. Esta era

233

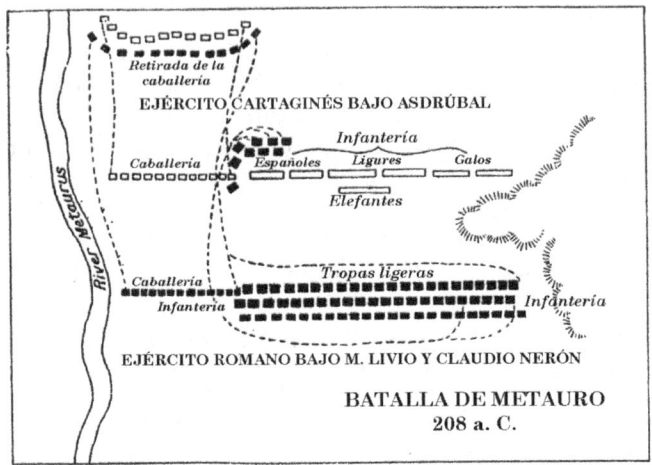

BATALLA DE METAURO
208 a. C.

Batalla del Metauro. Las esperanzas de victoria de Cartago fueron enterradas en los campos del Metauro, lugar en donde el ejército de Asdrúbal Barca, procedente de España para reforzar la posición de Aníbal, fue definitivamente derrotado por la unión de los dos cónsules de Roma.

la noticia esperada durante tanto tiempo por Aníbal. Inmediatamente, las huestes púnicas situadas en el sur de la península itálica marcharon en busca del anhelado Asdrúbal, pero en su camino se encontraron con Claudio Nerón, que había establecido su campamento en Grumento. En esta ocasión la iniciativa la tomó el cónsul, teniendo la precaución de ocupar una colina estratégica situada entre ambos ejércitos, y ordenando a su caballería cargar con gran virulencia a primera hora de la mañana para poner en desbandada al ejército del africano. Las bajas del gran general ascendieron a ocho mil provocando su retirada hacia su campamento de Canusio para esperar noticias de su hermano.

Pero Asdrúbal se retrasaba, entre otras cosas porque había cometido el error de perder un tiempo muy valioso en su intento de conquistar Piacenza. Dejando atrás esta colonia padana, tomó rumbo hacia el sur por el camino del Adriático en una larga marcha que sólo terminaría cuando sus hombres se encontrasen con los de Aníbal para así, una vez juntos, ver cumplido el sueño de su padre Amílcar de destrozar Roma. Desafortunadamente para él, los correos que envió para informar a su hermano fueron interceptados por los hombres de Claudio, quedando perfectamente enterado sobre cuáles eran las intenciones de Asdrúbal, mientras que Aníbal esperaba, mirando hacia el horizonte, la llegada de unos refuerzos que no parecían llegar nunca. Para el cónsul romano esta era, en cambio, la oportunidad que nunca podría dejar escapar. Aprovechando la debilidad del africano, dejó la mayor parte de sus tropas en manos de su segundo al mando para después protagonizar una vertiginosa marcha junto a lo más destacado de su ejército, unos seis mil legionarios aguerridos y curtidos en mil batallas y un importante destacamento de caballería formado por mil jinetes, y dirigirse al norte a reforzar las huestes de Livio.

Esto era algo que no esperaba Asdrúbal; sus fuerzas no eran lo suficientemente poderosas para enfrentarse con los dos cónsules de Roma. En un vano esfuerzo por poner tierra de por medio con respecto a sus perseguidores, el cartaginés decidió marchar hacia el río Metauro, pero el total desconocimiento de la región hizo imposible remontarlo, encontrándose bloqueado y sin ninguna posibilidad de escapar de unos romanos que no tardaron mucho en darle caza.

Cartago, otra vez, se encontraba en franca desventaja, pero él, el gran Asdrúbal, pertenecía a un linaje poderoso, y además esta no había sido la primera vez que su espada se había enfrentado contra la de un cónsul de

Detalle de un sarcófago del siglo II a. C. que muestra una carga de la caballería romana. Museo Nacional Romano, Roma.

la odiada Roma. Sin dar tregua a sus hombres, el general púnico ordenó a sus contingentes de infantería ligur ocupar el centro de su formación, poniendo frente a ellos a los diez elefantes que había logrado traer consigo. En el ala izquierda desplegó a los infantes y a la caballería gala, mientras que en el ala derecha puso a los mercenarios hispanos. Frente a él, el ejército de Roma formó con Claudio a la derecha, y Livio a la izquierda, quedando el centro de la formación en manos del pretor Lucio Porcio.

Asdrúbal no podía obviar su clara inferioridad, por lo que decidió golpear primero para asumir la iniciativa. Con gran arrojo ordenó a sus hombres atacar por su flanco izquierdo, poniendo en serios apuros a Claudio, iniciándose una lucha a muerte que sólo se decidió cuando los romanos lograron romper el flanco derecho púnico, ocupado por los iberos. Totalmente envueltos por los romanos, los cartagineses fueron masacrados llegando sus bajas a los veinte mil hombres, incluido el propio Asdrúbal, que cuando lo vio todo perdido cargó contra una cohorte de infantería romana para morir con honor y ante la mirada orgullosa de los cónsules de Roma, que ahora sí, vieron el camino expedito para marchar de nuevo y con toda su fuerza contra Aníbal.

Rápidamente Claudio Nerón marchó hacia el sur, llevando consigo la cabeza de Asdrúbal. Aníbal estaba a punto de recibir un «obsequio» que lo iba a sumir en la desesperación.

8

La guerra en Hispania

LA CLAVE ESTÁ EN HISPANIA

La conquista de la península ibérica fue una prioridad para los romanos y así lo seguirá siendo hasta el final de la guerra, pero las derrotas militares sufridas en territorio itálico ante los cartagineses, especialmente en Cannas, hizo que las posibilidades y los medios disponibles para desalojar a los africanos del solar hispano fuesen insuficientes.

Después de la conquista de Sagunto, Aníbal pasó el invierno en su base de Cartago Nova, ultimando sus preparativos para poner en marcha un plan que venía madurando desde hace mucho tiempo. Al año siguiente, el africano encabezó una épica marcha con un enorme ejército compuesto por más de cuarenta mil hombres que tras atravesar los Alpes cayó, de forma imprevista, sobre una indefensa Italia que a partir de ese momento se dispuso a sufrir para sobrevivir a tan ardua prueba. Pero a pesar de todo, los romanos no se olvidaron del lejano oeste, de Hispania, ni cuando la misma Roma llegó a peligrar ante el imparable avance de Aníbal por la península itálica.

El Senado no dudó en enviar a Cneo Cornelio Escipión hacia Hispania, al mando de una poderosa flota y un ejército compuesto por dos simples legiones que poco podían hacer frente a las fuerzas de Cartago, que por aquel entonces alcanzaban los veintiséis mil hombres. Tras desembarcar en Ampurias, Cneo Cornelio Escipión emprendió una rápida marcha para derrotar al pequeño contingente de Hannón y posteriormente ocupar la ciudad de Cesse, la futura Tarraco, por lo que se restableció la zona de influencia romana al norte de río Ebro. Esto es algo que no podían permitir los cartagineses, por eso enviaron una escuadra compuesta por cuarenta navíos de guerra hacia la zona de la desembocadura del Ebro, para ser nuevamente derrotados por unos romanos que desde ese momento se aseguraron el control del mar. Esta victoria animó a los senadores romanos, y por eso hicieron un nuevo esfuerzo enviando al hermano de Cneo, Publio Cornelio Escipión, con una nueva flota de más de treinta navíos y otros ocho mil hombres para reforzar la posición de Cneo, que ya miraba descaradamente hacia el sur de sus posiciones originales.

El gran problema de los romanos fue la imposibilidad de recibir refuerzos, y por eso los Escipiones decidieron, a pesar de todo, restablecer las operaciones militares en la campaña de 216 a. C., aunque sólo fuese para no ofrecer la imagen de un ejército inactivo y a la espera de los acontecimientos. El hermano menor, Cneo, se puso al mando de las tropas terrestres y llevó a cabo una serie de

Maqueta de Tarraco. La presencia romana en España se explica como consecuencia de los acontecimientos que se desarrollaron tras la declaración de guerra entre las dos grandes potencias del Mediterráneo. La ciudad de Tarraco se convirtió en la primera capital que tuvieron los romanos en Hispania, y fue aquí hacia donde dirigió su ejército Cneo Cornelio Escipión.

incursiones sin demasiadas repercusiones, mientras que su hermano Publio ponía en movimiento la flota para acosar las posiciones púnicas en el litoral levantino, y así dar una imagen de fortaleza ante los pueblos iberos y atraerlos a su causa.

Mientras tanto, Asdrúbal trataba de sobreponerse a los fracasos de las campañas anteriores, solicitando al senado cartaginés un esfuerzo complementario con el envío de unos cuatro mil soldados de infantería y quinientos de caballería, mientras que él redoblaba sus esfuerzos para reconstruir la flota y así proteger sus posiciones defensivas en las islas y en los enclaves de la costa sudoriental de la península, claramente amenazada como consecuencia de la aplastante superioridad naval de los romanos.

Cuando nuevamente se sentía fuerte, Asdrúbal marchó hacia el norte y estableció su campamento cerca del de los romanos, confiando, esta vez sí, en obtener un triunfo lo suficientemente importante para forzar a sus enemigos a abandonar sus posiciones y tener vía libre para marchar hacia Italia y reunirse con su hermano. Todo parecía ponerse a favor de los cartagineses, pero la situación volvió a dar un giro decisivo cuando el comandante de la flota púnica, que no había logrado perdonar la dureza con la que el general bárcida había tratado a los responsables militares de la flota por la derrota en la desembocadura del Ebro, marchó hacia el territorio tartesio y los convenció de la necesidad de revelarse contra la presencia de los Barca y del estricto control al que habían sido sometidas las tribus indígenas del valle del Guadalquivir.

Este episodio tuvo unas consecuencias inmediatas, porque Asdrúbal tuvo que posponer el ataque sobre los Escipiones en el momento más propicio para conseguir un triunfo decisivo. Volviendo grupas hacia el sur, el general cartaginés obligó a sus hombres a someterse a unas agotadoras marchas para sofocar lo más rápido posible este peligroso levantamiento. De esta forma, en pocas semanas su ejército se encontraba con el de los sublevados, que presentaron batalla sin orden y sin ninguna estrategia planificada, para ser rápidamente derrotados. A pesar de todo, ese tiempo empleado en devolver la tranquilidad a sus dominios fue suficiente para perder la posibilidad de recuperar la hegemonía en Hispania. Ante esta situación, Asdrúbal recibió la orden de desplazarse hacia Italia, para reforzar la posición de Aníbal después de sus grandes victorias militares, pero la marcha de Asdrúbal no debía comprometer la seguridad de las posesiones de Cartago en Hispania, por lo que el Senado envió a Himilcón junto con un nuevo ejército y una flota reforzada para defender los enclaves más estratégicos, entre ellos Cartago Nova, en el sureste peninsular.

La situación volvía a ser crítica para Roma, porque la unión de Aníbal con Asdrúbal supondría para la orgullosa República la imposibilidad de continuar ofreciendo una resistencia organizada para revertir un contexto que ya muchos consideraban insalvable. La supervivencia de Roma dependía de la posibilidad de impedir la llegada de estas tropas de refuerzo desde Hispania, por lo que se volvieron a mandar nuevos contingentes para apoyar a los Escipiones, pero estos no llegarían hasta los últimos meses del 216 antes de Cristo.

En la campaña del año siguiente, Asdrúbal, esta vez sí, se puso en movimiento para tratar de ver cumplido su sueño de reencontrarse con su hermano en Italia. Durante el invierno, mientras sus tropas ultimaban sus preparativos para superar esta nueva prueba, el general cartaginés había aumentado sus esfuerzos diplomáticos con la intención de conseguir que las tribus indígenas de la península pagasen un importante tributo para pagar a los pueblos galos y tener paso libre a través de los Alpes. La amenaza era lo suficientemente seria como para movilizar todos los recursos que Roma tenía en la península. Los romanos decidieron jugársela e intentar frenar el avance púnico hacia el norte, por lo que partieron hacia el Ebro, hasta encontrarse con las tropas norteafricanas al mando del mismísimo Asdrúbal.

La tensión fue grande, entre otras cosas por la repercusión que podría tener para cualquiera de los dos bandos una nueva derrota en un momento tan crítico de la guerra. Durante los primeros días, ambos ejércitos se dedicaron a tantearse, pero siempre respetando una mínima distancia de seguridad para no verse sorprendidos hasta estar totalmente preparados para la lucha; aun así no pudieron evitarse frecuentes escaramuzas entre ambos ejércitos.

Pero la lucha era inevitable, y por eso ambos generales desplegaron todas sus tropas con la intención de ganar esta nueva partida en la larga guerra por Hispania. Los romanos decidieron no experimentar, estableciendo un orden de combate tradicional, con tres líneas de infantería en el centro y con la caballería en ambas alas. Asdrúbal, en cambio, tomó una decisión más arriesgada, al situar a los iberos, su contingente más débil y de lealtad más dudosa, en el centro de la formación, estando los cartagineses a la derecha y los africanos a la izquierda, con la caballería y los elefantes delante de ellos, lo que no podía indicar otra cosa más que un intento de ataque en tenaza para envolver desde las alas al ejército enemigo.

Con lo que no contó el gran Asdrúbal fue con la reacción de los hispanos, los cuales se mostraron partidarios de ser vencidos en su propia tierra para no verse arrastrados hacia Italia si los cartagineses ganaban esta nueva partida que estaba a punto de iniciarse, por lo que nada más empezar el enfrentamiento decidieron retirarse y dejar el centro de la formación púnica totalmente desguarnecida. Los combates se centraron consecuentemente en las alas, allí donde los cartagineses tenían su mayor fuerza, pero al ver libre el camino los legionarios romanos agrupados en el centro marcharon hacia el frente con la intención de dividir a los cartagineses que, como no podría ser de otra manera, terminaron fragmentados en dos formaciones separadas y condenadas al fracaso.

La derrota púnica ya era inapelable, pero Asdrúbal tuvo al menos la habilidad de evacuar a la mayor parte de sus hombres cuando vio perdida la batalla, una decisión que le permitió al estado cartaginés no comprometer su presencia en Hispania, y eso a pesar de que con la victoria romana, y según palabras de Tito Livio, una buena parte de pueblos hispanos, excepto los ilergetes, se pasaron al bando latino: una buena noticia para Roma, pero aún menor que el hecho de haber conseguido evitar el envío de nuevas fuerzas hacia Italia. Desgraciadamente no hubo mucho tiempo para celebrar la victoria, porque en Italia la situación no iba a mejorar en los siguientes años, mientras que en Hispania, a pesar de su victoria sobre el ejército bárcida, las tropas de los Escipiones se encontraban en un situación precaria, casi sin ninguna posibilidad de fortalecerse y aumentar la presión sobre un ejército púnico ahora en claro retroceso.

En estos momentos se produce un episodio que se nos antoja fundamental para comprender el resultado final de la contienda. El gobierno cartaginés decidió enviar a Hispania unos refuerzos que tenían preparados para ir a Italia con el objetivo de ayudar a Aníbal. Según Tito Livio, este contingente estaba formado por doce mil infantes, cuatro mil jinetes, veinte elefantes y sesenta barcos, dirigidos por Magón, que desde ese momento empezaron a recuperar el terreno perdido a pesar de los esfuerzos de los Escipiones por no verse desalojados del solar ibérico. La llegada de estos refuerzos volvió a desequilibrar la situación en favor de los africanos, especialmente en Hispania, pero esta nueva posibilidad de imponerse a los romanos desapareció de golpe, como consecuencia de la rebelión en el año 214 a. C. del númida Sífax. La revuelta puso en serios aprietos incluso a la propia ciudad de Cartago, por lo que Asdrúbal tuvo que recurrir a una buena parte de las tropas acantonadas en Hispania para atravesar el estrecho y terminar de una vez por todas con la amenaza númida.

Roma se tiñe de luto

Durante los siguientes años no se produjeron acontecimientos destacados en la península. Entre 214 y 212 fueron muy pocos los hechos destacables, tan sólo el paso al bando romano de algunos enclaves importantes como Cástulo, Iliturgi y Munda, fundamentales por ser unos centros en donde los cartagineses extraían plata para financiar la guerra y pagar a los mercenarios celtiberos que nutrían sus ejércitos. Fue precisamente en Iliturgi en donde se produjo el enfrentamiento más destacado de estos años en Hispania, y en donde las tropas de Magón, compuestas, tal vez exageradamente, por setenta mil hombres, fueron rechazadas por un ejército romano que no debía de sobrepasar los dieciséis mil efectivos.

Por estas mismas fechas se conquistó la ciudad de Sagunto, aquella cuya conquista por parte de Aníbal había provocado el inicio de las hostilidades. Este fue otro gran éxito para los romanos, entre otras cosas porque se convirtió en la principal base de operaciones de los Escipiones, y cuya importancia será fundamental para planificar las nuevas operaciones en el sur de Hispania.

El año 211 a. C., Asdrúbal pudo regresar a la Península después de resolver todos los problemas en el norte de África. Una vez allí inició una fuerte ofensiva para recuperar los territorios que habían pasado a manos de los romanos durante su larga ausencia. Al mismo tiempo, los dos Escipiones se pusieron nuevamente en movimiento, aprovechando que el ejército cartaginés se encontraba dividido, para tratar de quebrar la resistencia de estos estratégicos enclaves mineros situados en la zona de Sierra Morena. Publio Cornelio Escipión asumió la responsabilidad de dirigir a las dos terceras partes del ejército para atacar contundentemente a los contingentes dirigidos por Magón y por Asdrúbal Giscón, mientras que Cneo, con el tercio restante y apoyado por los mercenarios celtiberos, marchó contra Asdrúbal.

Nuevamente las armas romanas trataron de imponer su ley en el campo de batalla. Cneo tomó la iniciativa del enfrentamiento al colocar a su ejército cerca del campamento de Asdrúbal, situado en la localidad de Amtorgis. La presencia de los celtiberos fue suficiente argumento para sumir al ejército cartaginés en la desesperación, pero en ese momento Asdrúbal supo ganarse la confianza de los mercenarios consiguiendo que se retirasen para dejar al romano en una preocupante inferioridad numérica, por lo que no tuvo más remedio que recular e intentar, a la desesperada, hacerse fuerte en una posición defensiva.

Al mismo tiempo, Publio a duras penas podía mantener sus posiciones en la zona de Cástulo, especialmente cuando los númidas de Masinisa llegaron en apoyo de los cartagineses. El general romano ya era consciente de la delicada situación de su hermano, pero las malas noticias no llegaban solas porque sus servicios de información ya le habían anunciado la llegada de un nuevo contingente formado por siete mil quinientos suesetanos al mando de Indíbil, para reforzar a las tropas de Cartago. Publio, que tan prudente se había mostrado en sus enfrentamientos contra Aníbal en Italia, no pudo encontrar mejor solución que atacar a sus enemigos antes de que estos pudiesen concentrar sus tropas y dar el golpe definitivo sobre ellos. Rápidamente, inició la marcha contra los hombres de Indíbil, los cuales no pudieron resistir al no tener información sobre la proximidad del romano, pero esta ventaja inicial de Publio se esfumó de inmediato cuando cayó sobre sus flancos la poderosa caballería númida dirigida por Hannón, mientras que Asdrúbal Giscón atacó sobre su retaguardia. La masacre del ejército romano fue total; pocos pudieron salvarse de la ira de los cartagineses, que vieron recompensado su empeño al ver morir al gran Publio atravesado por una lanza púnica.

La unión de todos los ejércitos púnicos terminó por estrechar el cerco de Cneo. Posiblemente, el comandante romano sabía que poco o nada podía hacer para salvar a su ejército, tan sólo rezar a unos dioses que parecían haberse puesto en contra de los intereses de la República. Tal vez una retirada a tiempo junto a su hermano Publio habría logrado salvar la situación a la espera de un momento más adecuado para reemprender la lucha contra los africanos, pero ahora todo estaba perdido. No quedaba otra salida más que luchar con honor, y eso fue precisamente lo que hizo, al tomar una posición defensiva, en lo alto de una colina pedregosa y árida situada, al parecer, cerca de la actual ciudad de Lorca. El ataque cartaginés quebró de inmediato la resistencia de los hombres de Cneo, muchos de los cuales huyeron para buscar refugio en el campamento de Tiberio Fonteyo, mientras que Escipión, el antes orgulloso Escipión, se sumaba a la lista de generales romanos caídos en la guerra contra Aníbal y la intratable ira bárcida.

Publio Cornelio Escipión en Hispania

El final parecía cercano, porque la derrota de los Escipiones significó perder todo el territorio hasta la línea del Ebro, a excepción de Sagunto, por lo que de nuevo la posibilidad de la unión de los ejércitos de Aníbal y Asdrúbal ponía a la República en una situación incómoda. Como una y otra vez demostraron durante su dilatada historia, los romanos se dispusieron a resistir. Especialmente porque no todo estaba perdido para ellos. Por suerte, los supervivientes de la derrota del 211 a. C. pudieron encontrar unos hombres con una voluntad de hierro que, sin saber muy bien cómo, lograron estabilizar de alguna manera la situación. Tiberio Fonteyo apremió a sus soldados para dirigirse rápidamente hasta el Ebro y sumarse a las escasas tropas de reserva acantonadas en Tarraco. Una vez allí, los romanos eligieron en comicios militares a un nuevo general, Lucio Marcio, un prestigioso soldado de la caballería romana, que aún tuvo el coraje de derrotar al ejército de Giscón cuando este se aproximaba, seguro de sí mismo, para dar el golpe de gracia a los romanos en Hispania.

Como sabemos, en la primavera de 211 a. C. Roma pudo recuperar Capua, y esto permitió enviar a Hispania un nuevo ejército formado por doce mil soldados de infantería y unos mil de caballería, a cuyo frente se puso el pretor Cayo Claudio Nerón, un hombre no demasiado brillante que estaba bajo la órbita de Fabio Máximo, cuyo objetivo fue llevar a cabo una política de contención en suelo peninsular, pero que cayó en desgracia cuando dejó escapar al ejército de Asdrúbal después de encontrarlo prácticamente encerrado en el desfiladero de Piedras Negras, en el Pirineo Catalán, aprovechando una repentina niebla y la burla de la que fue objeto al recibir una embajada de Asdrúbal pidiéndole el inicio de las conversaciones de paz, unas negociaciones que sólo podrían celebrarse el día siguiente porque el cartaginés debía de presidir un importante acto religioso, circunstancia esta que aprovechó para salir de la trampa en la que él solo se había metido, dejando al indolente Claudio como el hazmerreír de todos y cada uno de los hombres que formaban su ejército.

Después de esta burla, la *fraus púnica*, los comicios centuriados de Roma se reunieron para elegir a un nuevo general para la península ibérica, y este resultó ser un personaje fundamental en el desarrollo de esta Segunda Guerra Púnica: el joven Publio Cornelio Escipión, el más brillante de los grandes militares romanos, al menos hasta el siglo I antes de Cristo.

A pesar de su juventud, el nuevo Escipión mostró desde bien pronto una enorme determinación. Rápidamente marchó hacia la península ibérica con la intención de terminar un trabajo que antes habían empezado su padre y su tío. Con el viajaron unos diez mil hombres de infantería y otros mil de caballería, a los que se unieron los veinte mil soldados pertenecientes al ejército de Cayo Claudio Nerón. Desde Tarraco, se dedicó a fortalecer las posiciones romanas en el norte del Ebro, y cuando lo tuvo todo preparado puso en marcha un plan que venía madurando durante mucho tiempo: atacar la principal base de operaciones púnica en Hispania, la hasta ese momento considerada inconquistable Qart Hadasht (Cartago Nova).

Gracias a una espléndida operación combinada, Publio logró plantarse ante las mismas puertas de la localidad, sin que los ejércitos púnicos —el más cercano se encontraba en la Carpetania— se diesen cuenta del peligro que suponía perder este estratégico enclave de la Hispania levantina. Mientras la flota romana tomaba posiciones alrededor de lo que hoy es Cartagena, Publio ordenó un ataque casi temerario contra el trecho de la muralla que protegía el istmo que daba acceso a la ciudad, obligando a la guarnición cartaginesa a defender con gran esfuerzo esta posición. En ese mismo momento, se produjo un hecho que los romanos habían previsto anteriormente. Las aguas del almarjal que rodeaban Cartago Nova empezaron a descender como consecuencia de un fuerte viento que soplaba hacia el mar, situación que aprovecharon los atacantes para acceder hasta el interior de la ciudad utilizando unas largas escaleras de asedio. Ya era muy poco lo que podían hacer los cartagineses, que vieron con sus propios ojos cómo los defensores de la plaza eran masacrados mientras Cartago Nova era saqueada para conseguir un inmenso botín.

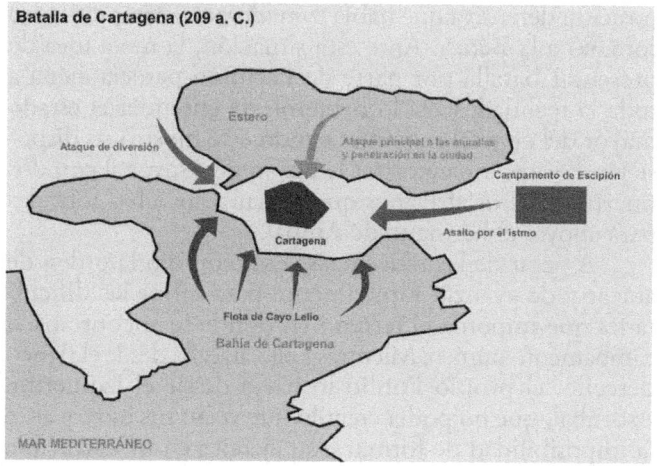

Diagrama de la batalla de Cartagena, en el 209 a. C. En Roma muchos consideraron a Publio Cornelio Escipión como a un joven e impulsivo general sin experiencia y por lo tanto sin la capacidad para dirigir los designios del ejército republicano en la Península. La conquista de Cartago Nova fue la primera de las grandes victorias que el Escipión cosechó durante la guerra.

A partir de ese momento, los cartagineses adoptaron una actitud claramente defensiva, tanto en Italia, en donde Aníbal no conseguía los apoyos necesarios para estrechar el cerco sobre Roma, como en Hispania. Aquí, tras la caída de Cartago Nova en 209 a. C., el camino hacia el valle del Guadalquivir y hacia la estratégica zona minera de Cástulo se mostraba expedito para una nueva ofensiva del aguerrido Publio, que una y otra vez fue derrotando a los cartagineses hasta obligarlos a presentar batalla en la localidad de Baécula en la campaña de 208 a. C., donde se encontró frente a un Asdrúbal extraordinariamente atrincherado en una posición defensiva que había tomado para evitar el acceso romano a la Bética. Ante esta situación, la mera idea de presentar batalla por parte de Escipión parecía ajena a toda la realidad, y así lo debieron de entender el estado mayor del general romano cuando este mostró su disposición de atacar para evitar la unión de Asdrúbal con dos nuevos ejércitos africanos que venían a marchas forzadas para apoyar al hermano de Aníbal.

A pesar de las reticencias, Escipión dio la orden de atacar y de avanzar rápidamente para salvar las dificultades que imponía el terreno en donde se encontraba el campamento púnico. Mientras Lelio atacaba desde el flanco derecho, el propio Publio lo hacía desde el izquierdo. Asdrúbal, que no podía creer lo que veían sus ojos, y ante la imposibilidad de formar a su ejército en un razonable orden de batalla, decidió, como en ocasiones anteriores, evacuar a la mayor parte de sus tropas para marchar con ellas hacia los Pirineos, y desde allí, costase lo que costase, hasta Italia, para tratar de ver cumplido un sueño que al final le costaría muy caro.

La desaparición de Asdrúbal fue un duro golpe para los africanos en Hispania, pero a pesar de todo el Senado cartaginés hizo un nuevo esfuerzo para reconducir la situación en la Península. La pérdida de este territorio permitiría a los romanos concentrar todas sus fuerzas para atacar a Aníbal en Italia, y peor aún, para organizar una expedición y tomar la capital cartaginesa como ya antes habían intentado durante la Primera Guerra Púnica de infausto recuerdo. En 207 la situación era desesperada, porque los generales cartagineses Hannón y Magón se vieron en todo momento superados por unos romanos dirigidos por el propretor Marco Silano, enviado por Escipión para no dar tregua a sus enemigos.

Sin embargo, los cartagineses aún pudieron vislumbrar algo de luz en un horizonte que se veía cada vez más oscuro, porque en 206 a. C. Asdrúbal Giscón y Magón lograron reclutar un enorme ejército formado por unos setenta mil hombres de infantería, cuatro mil de caballería y unos treinta y dos elefantes de guerra. Esta iba a ser la última oportunidad para los africanos de frenar al intratable Escipión, y por eso no iban a cometer de nuevo el error de separar sus tropas, por lo que todo este descomunal ejército fue concentrado en Ilipa, la actual Alcalá del Río.

Hasta allí llegó el romano al mando de unos cincuenta mil hombres. Asdrúbal Giscón se decidió a presentar batalla confiando en su relativa superioridad numérica, tratando de minimizar el peligro que suponía estar al frente de unas tropas poco curtidas en la guerra. Tras unas jornadas en las que predominaron las simples escaramuzas, el romano ordenó un ataque frontal ante un enemigo fabulosamente atrincherado. Una posición como esa parecía difícilmente superable, y por eso Escipión tomó una decisión más que arriesgada. En un último momento sorprendió a todos sus oficiales al colocar a los contingentes iberos en el centro de la formación, mientras que lo mejor de su ejército se concentraba en

Infante del Batallón Sagrado púnico,
Theodore Ayrault Dodge.

Lancero africano (1891). Theodore Ayrault Dodge.

Soldado de infantería hispana (1891). Theodore Ayrault Dodge.

Hondero balear, Johnny Shumate.

las alas. Con ellas inició el ataque contra los cartagineses, mientras que el centro de la formación púnica, en donde se concentraba lo más fuerte de su ejército, nada podía hacer para no dejar desguarnecida la línea defensiva de unos desesperados cartagineses que observaban, apesadumbrados, cómo los mejores soldados romanos se batían contra los más débiles del ejército púnico sin que pudiesen hacer nada para remediarlo.

La victoria romana fue total. Gades, que lo vio todo perdido, rompió todas sus alianzas con Cartago y abrió las puertas de la localidad a los ejércitos romanos, poniendo fin a la presencia de los cartagineses en Hispania.

Teatro romano de Cádiz. Muchos años atrás, los habitantes de Gadir recibieron con los brazos abiertos a Amílcar Barca, padre de Aníbal. El imparable avance de Escipión por Hispania y su gran victoria sobre las tropas de Asdrúbal Giscón hizo que la presencia en la Península de los cartagineses fuese inviable. Había llegado el momento de luchar en África para evitar la caída de la metrópoli en manos de las legiones romanas.

9

El hombre es un lobo para el hombre

Homo homini lupus. Con esta frase que da título a este capítulo hemos querido ofrecer al lector un descanso a tanta batalla y muerte. El contexto romano de la Segunda Guerra Púnica fue algo más que guerra para la posteridad. En el siglo XVII el famoso filósofo Thomas Hobbes, en su obra *El Leviatán* (1651), popularizó esta singular frase para mostrarnos que el estado natural del hombre es luchar contra el hombre. El hombre sería un animal salvaje, y presa de sus instintos más básicos es capaz de cualquier atrocidad. Pero es el mismo Hobbes el que da la solución a los irrefrenables instintos naturales del ser humano con el contrato social, la configuración de una comunidad civilizada con un poder centralizado que proteja a su sociedad de las individualidades agresivas que la conforman.

Wright, John Michael. *Thomas Hobbes* (s. xvii). National Portrait Gallery, Londres.

Apreciamos en lo que valen las intenciones de Hobbes, y al mismo Hobbes como filósofo y humanista, así como su papel en la democracia moderna y sus filantrópicas intenciones, pero la frase no es suya. La frase original en latín es *Lupus est homo homini*, «Lobo es el hombre para el hombre», y la escribió el comediógrafo romano Plauto en su obra *Asinaria* (*Comedia de los asnos*) imprescindible texto universal de la literatura y de la comedia de la antigüedad donde la frase completa, que le da mayor fama y que utilizó posteriormente Hobbes, es *Lupus est homo homini, non homo, quom qualis sit non novit*, «Lobo es el hombre para el hombre, y no hombre, cuando desconoce quién es el otro».

En la obra que la contiene, la *Asinaria*, como en toda la comedia romana, la acción se desarrolla en la antigua Grecia (Atenas), donde el pobre anciano Deméneto está subordinado a los caprichos de su rica esposa, que lo pone en dificultades para echar una mano económica a su hijo Argiripo, enamorado de la bella Filenia, hija de Cleéreta, vieja vecina alcahueta del barrio. Deméneto también desea carnalmente a Filenia, así que con la ayuda del pícaro Leónidas, un esclavo, se queda con el dinero de la venta de unos asnos. Mientras, un joven libertino llamado Diábolo, este también encaprichado con Filenia, pero sin ser correspondido, se percata de lo que ha hecho Deméneto y lo denuncia a su mujer, la rica Artemona…

El título de este epígrafe que nos sirve de introducción a este capítulo hemos querido que sea la expresión más clara y evidente de la fuerza del mensaje de Plauto, haciendo reír a toda Roma en plena Segunda Guerra Púnica. Porque es precisamente en este período de guerra total, de más que previsible apocalipsis del modo de vida romano ante una posible toma de la ciudad por parte de las tropas de Aníbal, cuando implosiona una nueva manera de reírse. Una comedia que enseña a los aterrados habitantes de una ciudad en grave peligro de extinción a burlarse de sí mismos, del equívoco, del sexo, de los siervos y de los amos, «el espectáculo debe continuar», aún en la tragedia más intensa que uno pueda imaginar. En resumen, inventan la comedia de enredo que tanto ha dado de sí en el Hollywood más clásico hasta la llegada del humor del absurdo de la mano de los Hermanos Marx. ¿Quién podría negar que la bella Filenia perseguida por multitud de pretendientes no es la forma primigenia de la película *Algo pasa con Mary*, o de tantas otras?

El mundo romano nos dejó algo más que leyes, arquitectura, religión o lengua, nos cedió el arte de la risa, quizá el más importante arte para la supervivencia misma, algo que atestiguan las obras de Plauto estrenadas y aplaudidas enormemente durante la Segunda Guerra

Púnica. Asistir al teatro a reírse tuvo que tener un efecto calmante sobre una población estresada hasta límites insospechados, con casi toda su población afectada por las grandes batallas contra Aníbal, donde pocas familias se librarían de tener familiares caídos. Una liberación a la ansiedad de saber si mañana estarás vivo o no. Y no debemos descartar la posibilidad de la instrumentalización de la distracción del pueblo para evitar o arrinconar posibles revueltas sociales dentro de la ciudad o una revolución de las clases bajas contra el orden establecido. Pero, ¿quién fue Plauto realmente?

TITO MACCIO PLAUTO

Poco sabemos sobre el más grande comediógrafo de la antigüedad. Se fija su fecha de nacimiento en 254 a. C. en la ciudad de Sarsina, en la Umbría. El origen de Plauto nos parece un elemento a tener en cuenta en el análisis de la Segunda Guerra Púnica porque tenemos a un itálico que se busca la vida en Roma, como veremos más adelante, convirtiéndose en uno de los máximos exponentes de las letras de la República y el Imperio, lo que nos da una medida muy justa del grado de romanización existente en la península itálica, romanización que chocará frontalmente con los planes de Aníbal de levantar a todo el suelo itálico contra la conquistadora Roma. Sarsina se encuentra a casi trescientos kilómetros de distancia de Roma, en los Apeninos, una de las regiones donde Aníbal intentó que toda la población se aliara con él en su cruzada contra los romanos. El cartaginés no tuvo en cuenta el grado de imbricación y penetración del elemento latino que ya existía al sur de la Galia Cisalpina. Si la Segunda Guerra Púnica hubiera sido una comedia de Plauto imaginaríamos al bárcida reunido con el consejo de la ciudad intentando convencerles de rebelarse contra los romanos, y a aquellos preguntándole porqué razón, y Aníbal contestando «¿qué os han dado los romanos?», alguno del consejo diría «malditos romanos» y otro añadiría «bueno, nos han dado carreteras» y muchos asentirían con la cabeza mientras el cartaginés se iba poniendo más nervioso... ¿Les suena?

Nacido, como hemos dicho, en Sarsina en 254 y muerto en 184 siendo Catón censor –la ironía de la vida quiso que viviera tiempos interesantes– las fuentes sitúan a un Plauto joven intentando ganarse la vida en la convulsa Roma del momento, primero como soldado y después como comerciante. Como soldado nos cuadra bastante, en 218 se declara la guerra a Cartago y Plauto cuenta entonces con 36 años, teniendo en cuenta que Roma se ve obligada a reclutar a todo hombre (joven, adulto o maduro) para luchar debido a las bajas brutales que le está ocasionando Aníbal, no nos extrañaría que un Tito Maccio participase en alguno de los grandes enfrentamientos como Trebia, Trasimeno, o Cannas. El hecho de que se hable de él como comerciante es corroborado por el manejo hábil que del lenguaje marinero ofrece en sus obras. La vida de Plauto se nos antoja dura, rozando la tragedia y la muerte. Las fuentes lo sitúan como actor de una compañía de teatro desde la que intentaría una operación comercial arriesgada que le salió mal y le llevó a la ruina. A partir de este momento leemos que tuvo que «empujar la piedra del molino», esta frase puede no ser literal ya que se usaba en sentido figurado para mostrar que alguien había caído en la más absoluta de las pobrezas. Tirar, como un animal, de un molino era lo más bajo que se podía caer para un hombre libre, por lo que tanto nos da si tuvo que trabajar moliendo o no, lo que sí es seguro es que era muy pobre. Es también en este período

Grabado de Plauto.
Fuente: Wikimedia
Commons

de dureza extrema cuando Plauto comienza a escribir sus comedias, adaptaciones de las *palliatas* griegas.

El género de comedia romana que emplea Plauto es el conocido como *fabula palliata* por el *pallium* o capa griega que llevaban los actores en la escena. La acción suele transcurrir en Atenas, ya que las fuerzas del orden romanas eran más permisivas si la depravación humana de la obra transcurría en un mundo griego y no romano; sin embargo la obra plautina es una crítica neta a los valores del mundo romano. Posiblemente la inversión de los comportamientos reconocidos y moralmente aceptables en el teatro de Tito Maccio sean herencia de las tradicionales fiestas del solsticio de invierno en Roma, las Saturnalias, equivalentes a las Navidades del mundo cristiano. En estas celebraciones el mundo se ponía del revés: señores y siervos comían juntos, los amos eran convertidos en esclavos y los esclavos elevados a la categoría de señores. Esta subversión del poder establecido, en clave de comedia, es lo que vemos en toda la obra de Plauto a través del humor del equívoco, atacando la devoción filial, el matrimonio o la religión (todo lo sagrado es susceptible de ser parodiado por Plauto). Es el mundo de lo irreverente donde todo vale. De ahí que la acción haya de transcurrir en Grecia para poder evitar la censura, siendo la comedia el mejor transmisor de la queja y el más aceptado por las élites. El autor hablaba de *pergraecari*, 'hacer el griego', para darle significado al hecho de escapar de la cotidianidad, *stricto sensu*, de la Roma de la Segunda Guerra Púnica. Este hecho de introducción del mundo griego, aunque sólo sea en la escena plautina, también nos está adelantando el mundo que se vislumbra en el horizonte, con una Roma dueña del Mediterráneo y de Grecia, que en un plazo breve de tiempo declinará, a través de sus clases dominantes (y los Escipiones serán el paradigma), la moral latina más estricta (*mos maiorum*) en favor de la relajación, el refinamiento y cierto gusto hedonista transmitido desde el mundo heleno.

Sin embargo la sátira y la crítica de la comedia de Plauto eran netamente romanas. En sus obras aparecían, sin esconderlo, pobladores y pueblos de la península itálica, incluida su ciudad natal umbra, Sarsina, hablará de los romanos como bárbaros desde el punto de vista griego, y aludirá, incluso jugándose el castigo por ello, a personajes reales, como veremos más adelante. Igualmente utilizará los términos más comunes del gobierno de Roma como pretor, comicios, senado, edil… También hablará sin cortapisas de dioses y leyes romanas. Si esto fuera poco, y esto es lo que le da sentido a nuestro título del punto uno de este capítulo (*The show must go on*), convierte sus obras en auténticos musicales con números de música y baile independientes del texto oral, toda una escena cantada, precursora dos mil doscientos años antes del Broadway más clásico. La estructura de la obra se dividirá siempre en tres partes: inicio, nudo y desenlace, con un lenguaje lleno de dobleces e ironía que abarca tanto al coloquio como a los nombres propios de los personajes, recurriendo a veces al uso de la metáfora. A veces la complejidad de las tramas abordadas en sus comedias de enredo le obligó a poner a un actor que al principio de la obra y a modo de prólogo explicara o deshilachara un poco todo lo que iba a suceder para que el espectador no se perdiera. Este actor podría haber sido incluso Plauto.

Tito Maccio también fue, que sepamos, el primer autor romano que logró vivir de su trabajo, profesionalmente hablando. Su vida estará marcada plenamente por la guerra, en la que con toda probabilidad participará como soldado, más que presumiblemente encuadrado en las tropas de aliados itálicos y totalmente expuesto en el campo de batalla, como hemos visto más arriba. Su primera obra se estima que fue estrenada en el año 215 a. C. con lo que pudo haber estado, previamente, en cualquiera de las tres batallas más sangrientas para los romanos, Trebia, Trasimeno o Cannas. Desde ese año de su primer éxito escénico hasta su muerte, de la que nos da noticia Cicerón, no parará de estrenar obras. Se le atribuyen hasta ciento treinta, pero que sepamos auténticas unas veintiuno, una vez descartados los imitadores. El trabajo del gran comediógrafo romano nos anuncia la comedia de enredo que llegará hasta nuestros días y que tanto juego nos da, presagiando el Siglo de Oro español a través de «el gracioso» o «el parásito» que tendrá su plasmación en nuestro «pícaro». También veremos la sombra plautina en las comedias medievales, así como en el Renacimiento. Las comedias de Shakespeare beben de Plauto, *El avaro* de Molière, o Boccaccio son un ejemplo de la impronta plautina.

Los personajes de Plauto son los mismos que los de las obras griegas, pero desde un punto de vista más grotesco y coloquial, al gusto del pueblo romano, con un objetivo claro, las instituciones que gobiernan Roma, y con histriónicos personajes, como jóvenes atolondrados, meretrices, alcahuetas, músicos, esclavistas, esclavos astutos, comerciantes, viejos sátiros, parásitos y, por encima de todo, un personaje que se repetirá en muchas de sus obras, el soldado fanfarrón, como en su trabajo *Miles Gloriosus*, cuya importancia durante la Segunda Guerra Púnica nos obliga a hablar de ella aparte.

MILES GLORIOSUS. ANTIMILITARISMO EN PLENA GUERRA

Miles Gloriosus es considerada por muchos la obra cumbre plautina. La acción transcurre en la ciudad griega de Éfeso, donde un idiota soldado fanfarrón del que todo el mundo se burla, Pirgopolínices, secuestra a la cortesana ateniense Filocomasia y se la lleva a Éfeso. Pléusicles, joven ateniense enamorado de Filocomasia, y correspondido por esta, decide irse a Éfeso a buscarla, alojándose en la casa vecina a la del militar. Palestrión, un joven esclavo regalo de unos piratas a Pirgopolínices, y que servía anteriormente al joven ateniense Pléusicles, hace un agujero que une las dos casas para que los amantes se encuentren de vez en cuando. Otro de los esclavos de *Miles Gloriosus*, Escéledro, los descubre y ante la evidencia, tanto los amantes como Palestrión lo niegan todo, haciéndoles creer que ha llegado en realidad la hermana gemela de Filocomasia, siendo el motivo por lo que la misma aparece en ambas casas así como besándose con Pléusicles.

Entre un vecino del militar fanfarrón, el joven amante y Palestrión, le tienden una trampa a Pirgopolínices, haciéndole creer que la esposa del vecino está enamorada de él. Palestrión aprovecha para aconsejarle que abandone a Filocomasia para que pueda regresar a Atenas junto a su querida hermana gemela, además de regalarle sus joyas como compensación por el daño causado. En el enredo, Pléusicles se hace pasar ahora por un capitán que viene a recogerlas. Pirgopolínices liberará a Palestrión en agradecimiento, y este se marchará junto a los amantes. Cuando el soldado fanfarrón entra en casa del vecino es acusado de adúltero y azotado, y a punto está de perder los testículos (la castración es un tema recurrente en la comedia de Plauto).

¿Por qué es tan importante esta obra? Se estima que Plauto pudo estrenarla en el contexto de los juegos plebeyos de 205 a. C., con Publio Cornelio Escipión hijo recién elegido cónsul para marchar a Sicilia y desde allí a Cartago a concluir una guerra que ya duraba más de trece años. Al mismo tiempo el poeta romano Nevio, amigo de Plauto, había sido encarcelado por los Metelo. Nevio era de Campania, posiblemente de la ciudad de Capua, y se había granjeado una fama de poeta y escritor que siempre decía la verdad, por ejemplo, en una de sus obras no tuvo cuidado de decir que Publio Cornelio Escipión había tenido una amante, lo que le granjeó su enemistad. Sin embargo su caída en desgracia la encontró con la familia patricia de los Metelo, concretamente con Cecilio Metelo, criticando su capacidad para gobernar abiertamente, y delante de él. Curiosamente, esto lo situó al lado del partido más conservador, el de Fabio Máximo y Marco Claudio Marcelo, adversarios políticos de Publico Cornelio Escipión, el flamante triunfador conquistador de Hispania. Nevio fue encarcelado.

En esta situación de tensión política y de final de la Segunda Guerra Púnica, Tito Maccio Plauto estrenará *Miles Gloriosus*, abordando abiertamente la injusticia del encarcelamiento de su amigo Nevio, en boca del propio *Miles*, en una clara crítica a los poderosos que lo han encarcelado. Tras esto se consiguió su liberación por la intervención de los tribunos de la plebe, pero tuvo que exiliarse a Útica, desde donde escribiría un poema sobre la guerra púnica antes de morir en el 201 antes de Cristo.

En el año 205 a. C. Roma estaba agotada por la guerra, el pueblo llano, fuera en las ciudades o en el campo, estaba harto; el número de ciudadanos había caído sensiblemente por la invasión y los campesinos estaban totalmente arruinados. Después de la batalla del Metauro se les obliga a regresar a sus labores agrícolas pero no hay casi esclavos, los cultivos han sido destrozados por Aníbal y las granjas destruidas. En esta situación socio-política se estrena el *Miles Gloriosus*, un legionario idiota y fanfarrón. Era toda una provocación.

Algunos autores han querido ver en *Miles Gloriosus* la parodia de uno de los grandes personajes militares de la época. Hay quién dice que podría haber sido el propio Escipión, algo que no compartimos, porque de ser así no creemos que hubiera podido promocionarse como lo hizo en Roma estando contra la todopoderosa familia de los Escipiones. Igualmente pensamos que la crítica al encarcelamiento de Nevio fue una llamada de atención a Escipión para que socorriera a su amigo, algo que Publio también pudo instrumentalizar para no darles armas políticas a sus enemigos conservadores. Más verosímil nos parece que se estuviera parodiando a Apio Claudio Pulcro, superviviente de Cannas, cónsul en 212 a. C. y conquistador de la Capua pro-Aníbal. Claudio Pulcro padre ya fue criticado por Nevio por su crueldad

Festival de teatro clásico L'Alcúdia. Todos los años la Universidad de Alicante celebra en el parque arqueológico de L'Alcúdia un festival de teatro clásico entre los monumentos arqueológicos de la ciudad iberoromana de Ilici. Fuente: Fundación Universitaria La Alcudia (Elche).

al diezmar las legiones (ejecutó a uno de cada diez soldados) tras la derrota del Drépano, y a Apio por su rapiña y crueldad sin límites en la captura de Capua en 212-211 a. C. Igualmente se ha hablado de Claudio Metelo como nuestro *Miles*. No estamos seguros de cuál fue la intención final de Plauto, seguramente durante las actuaciones el público romano identificaría inmediatamente guiños de la obra en un sentido o en otro para ver al personaje oculto, o quizás no fuera ninguno de ellos sino tan sólo una parodia general antimilitar, en un contexto irónico hacia todo lo castrense y soldadesco. Plauto se reirá así de personajes con un ego rayano en lo espasmódico y lo extremadamente ridículo, llegando a llamar *imperator* al esclavo Palestrión en una de las escenas.

También vemos en el *Miles Gloriosus* una feroz crítica a los autores «pelotas» del poder, quizás otro guiño a su amigo, encarcelado por el simple hecho de decir lo que pensaba. Poetas clientes de patricios y generales cuyos versos son empalagosas exaltaciones de unas virtudes más que dudosas, además de ridículas, como la *laudatio* que Quinto Cecilio Metelo hizo de su padre, Lucio Metelo, en la que su más que presumiblemente atildado hijo hace un exhorto a los más altos cargos desarrollados por su padre, así como a los más altos honores. En la misma no tuvo inconveniente en decir que su padre había reunido las diez cosas más grandes que buscan los sabios: el mejor guerrero, el mejor orador, el más valiente al mando, acometer las empresas más grandes, los más altos cargos, la mayor de las sabidurías, el mejor senador, el más rico pero honrado, tener mucha descendencia y ser el primer hombre de la ciudad. Para llorar… o para reírse, como hizo Plauto.

10

Todo debe terminar en África

FUEGO AMIGO

Vamos a pararnos un momento para dedicarle unos párrafos a los «otros» enemigos de Roma y Cartago durante la Segunda Guerra Púnica: como reza el título de este epígrafe nos estamos refiriendo al nefasto fuego amigo, a la mismísima Roma como enemiga de Publio Cornelio Escipión el Africano, y a la infame Cartago como pesadilla de Aníbal.

Ambos generales nacieron dentro de una aristocracia de corte helenístico de la ciudad-estado tipo correspondiente al siglo III a. C. Dentro de la nobleza había un desmedido ansia de poder y de conquista como vimos en el capítulo cuarto, pero estas ganas de sobresalir no paraban en los éxitos en el exterior sino que se reproducían en las intrigas y luchas por el poder interno de ambas ciudades, llegando en ocasiones a que facciones enfrentadas por la guerra tuvieran, sin embargo, intereses comunes en la misma contienda, tal es el caso de los conservadores romanos representados por Fabio Máximo o de la élite terrateniente africana de Hannón el Grande.

La *gens Cornelia*, a la que pertenecía Publio Cornelio Escipión el Africano, tuvo su máximo enemigo primero en el todopoderoso Fabio Máximo, y a su muerte en el no menos intrigante y famoso censor Marco Porcio Catón. Ambos, así como todo el patriciado más reaccionario de Roma acusaron a los Escipiones de filohelenismo (que vendría a equipararse como insulto de moda a lo que hoy sería el «progre»), cosa que era cierta, lo que no estaba tan claro es que una helenización marcada fuera algo malo para una Roma que se hacía más universal a cada batalla ganada. Si la República quería dominar y romanizar el mundo no tendría más opción que imbuirse en ese mundo, y la cultura mediterránea del momento era heredera del orbe que dejó Alejandro Magno a su muerte. Tanto Escipión como Aníbal tuvieron preceptores griegos, siendo el gran conquistador macedónico un ejemplo a seguir. Sin embargo, y como casi siempre ocurre con las facciones más conservadoras y que acumulan mayor riqueza en bienes raíces, en cualquier época y lugar los cambios necesarios tenían como consecuencia la plasmación en figuras tan reaccionarias como el Cunctator o Catón el Censor, que veían en el mantenimiento de las costumbres más arcaicas el sostenimiento y la perpetuación de sus fortunas y modo de vida.

Los enfrentamientos en el Senado eran constantes; por ejemplo, se acusó a Escipión a raíz de su comportamiento inadecuado para un romano de la siguiente forma:

> [...] se discutía también el estilo de vida del propio general, impropio no ya de un romano sino incluso de un militar: que se pasease por el gimnasio con

manto y sandalias griegas, que se dedicase a la lectura y a los ejercicios atléticos, que con todo su séquito disfrutara de los placeres siracusanos con igual abandono y molicie...

Livio 29, 19, 11-13

Estos ataques al modo sospechoso y helenizante de Escipión se tornarían insoportables sobre todo al final de su vida y de la mano de Catón el Viejo.

Pero por encima de todas las acusaciones la de querer convertirse en rey era la más peligrosa con diferencia. A finales del siglo VI a. C. los romanos, o mejor dicho, la oligarquía romana, había conseguido expulsar a los reyes que desde su fundación habían decidido los destinos de la todavía pequeña ciudad-estado. Sin embargo el recuerdo del poder absoluto de los mismos para hacer y deshacer todavía era, en el siglo III a. C. y hasta la configuración del Imperio, motivo de terribles pesadillas en el patriciado más poderoso. La sola mención de que cualquier patricio pudiera sobresalir por encima de los demás hasta el punto de proclamarse rey hacía temblar los cimientos del estado, de hecho fue lo que le costó la vida a Julio César en el año 44 a. C. Algo parecido le ocurriría Escipión que vio cómo sus éxitos ponían en evidencia al resto de iguales, especialmente a sus rivales políticos. En el año 208-207 a. C., cuando Escipión obtuvo la victoria en la batalla de *Baecula,* los iberos le aclamaron públicamente como «rey», algo que podría haberle traído de cabeza en Roma, así que inmediatamente habló con los líderes iberos, Edecón e Indíbil para que le aclamasen sólo como general, *imperator.*

Para Fabio Máximo esto era demasiado, y en 205, siendo ya Escipión el héroe de Hispania, le acusó:

Yo considero, padres conscriptos, que Publio Cornelio ha sido nombrado cónsul para el Estado y para nosotros, no para sus particulares intereses, y que los ejércitos han sido alistados para la defensa de Roma y de Italia, no para que los cónsules de forma arrogante como si fueran reyes se los lleven al lugar de la tierra que ellos quieran…

Livio 28, 42, 22

El enfrentamiento de Fabio Máximo Cunctator venía de lejos, pero tuvo su detonante en la forma en que cada facción quería hacerle frente a Aníbal, en 211 a. C., antes de la partida de Escipión a Hispania. El Cunctator insistía en que la mejor estrategia no era esa sino la guerra de guerrillas que él mismo iniciara con Aníbal antes de la batalla de Cannas. Hay que tener en cuenta que, aunque pensemos que Fabio estaba en lo cierto respecto a la estrategia a seguir en Italia, Escipión también estuvo acertado en la invasión de Hispania, de hecho ambas tácticas eran complementarias, pues al cortar desde Hispania la ayuda y suministros a Aníbal se profundizaba su soledad y aislamiento en Italia. No obstante las recetas fabianas, por efecto de carambola seguramente, hicieron enormemente rico al ya millonario Cunctator, hecho que Aníbal utilizó para forzar la batalla de Cannas como ya hemos visto.

El mayor ataque de cuernos de Fabio por la creciente figura del joven Escipión fue un discurso que pronunció en el Senado acusando a Publio de haber desobedecido al pueblo de Roma en su invasión africana, para después pasar a comparar su dilatada experiencia como prohombre de Roma con la juventud del bisoño Cornelio, que en esos momentos contaba con treinta años de edad. Continuó arengando al Senado, si Escipión vencía en África a Aníbal era en realidad una victoria suya al haberle debilitado en Italia previamente. Y para terminar ridiculizó la campaña en Hispania advirtiéndole de que la misma sería «un juego de niños» comparado con lo que

Busto de Publio Cornelio Escipión el Africano. Estatua procedente de la Villa de los Papiros en Herculano, Italia. Fuente: Wikimedia Commons

se iba a encontrar en África, para culminar acusándolo de ser tan arrogante como si fuera un rey. La postura de Fabio Máximo hizo mella en el Senado, el cual otorgó el mando a Escipión pero en unas condiciones pésimas: se le permitiría cruzar a África pero sin ejército completo, debería reclutar voluntarios y aportaciones económicas también voluntarias, algo que conseguiría, ya que el pueblo itálico había encontrado al héroe perdido en la figura de Publio. Se le asignaron las tropas acantonadas en Sicilia, las dos legiones supervivientes de Cannas, que transitaban su peculiar destierro por la derrota de esta forma. Mientras, en Roma la facción de los Fabio no cesaba en las acusaciones y similitudes con déspotas extranjeros, cuando no de la connivencia con los mismos enemigos de Roma, acusaciones que estuvieron a punto de hacerle perder el consulado.

275

Como no hay mal que cien años dure, Fabio Máximo murió en el 203 o 202 a. C., siendo muy viejo, aunque otro mal, quizá peor, empezaba para Escipión a la vuelta de África, su nombre era Marco Porcio Catón, joven amigo de Fabio Máximo.

Si el Africano tuvo un frente de batalla abierto en su propia casa, como si del destino de un drama Shakesperiano se tratara, a Aníbal le ocurría lo mismo en Cartago. Y también el choque entre familias venía de lejos. Muchos autores recalcan la idea de hegemonía de corte helenística en la invasión bárcida de Hispania. En la que tanto el padre de Aníbal, Amílcar, como el propio Aníbal serían más un *hegemon* al más puro estilo de Alejandro Magno que un general a las órdenes de Cartago. A favor está el hecho incontestable de ser general helenístico con todas sus consecuencias, con una educación militar apoyada en bibliografía y preceptores griegos. Lo cual no quita para que siempre estuviera bajo las órdenes de Cartago, aunque su halo de rey helenístico (llegando a acuñar moneda propia en Hispania) llevó aparejadas las consecuentes acusaciones de pretender forjar su propio reino. Esta corriente de acusación hacia la familia de los bárcidas estuvo encabezada por Hannón el Grande desde la llegada de Amílcar a Iberia en 237 a. C. También en Cartago se puso en marcha el peligroso juego de rivalidades entre clanes familiares por el dominio económico, social y político. Con anterioridad Hannón ya se había enfrentado abiertamente a Amílcar durante la primera guerra púnica, para después oponerse también al nombramiento de Asdrúbal el Bello, yerno de Amílcar, como comandante en jefe de Cartago en Iberia. ¿Fue la muerte de Asdrúbal en Hispania en realidad un asesinato ordenado por Hannón? Nunca lo sabremos.

Mientras Aníbal asediaba Sagunto en 218 a. C. Hannón habló al Senado de Cartago en contra de la guerra que iniciaría contra los romanos si tomaba una ciudad aliada de los mismos, y pidiendo públicamente que Aníbal fuese entregado por la osadía. La siguiente faena que Hannón le hizo a Aníbal fue de una trascendencia vital: consiguió evitar que Cartago enviase refuerzos a su general tras la batalla de Cannas. ¿Qué hubiera pasado si Cartago hubiese enviado una flota al bárcida llena de provisiones, elefantes, soldados y máquinas de asedio que le hubieran permitido poner sitio a la mismísima Roma? De hecho el desgaste al que Hannón y sus partidarios sometieron a Aníbal fue tal que cuando las tornas cambiaron, y la brisa de la victoria soplaba del lado romano, toda la nobleza púnica echó la culpa sobre las ya cargadas espaldas del veterano general cartaginés.

Cuando todo estaba en contra el mismo Senado que había negado refuerzos a Aníbal exigía ahora su vuelta a África para pararle los pies a Escipión, que acababa de desembarcar con dos legiones. El texto que Livio nos ofrece del trago amargo que tuvo que suponer para Aníbal el cinismo de sus compatriotas, seguramente una licencia literaria del historiador romano, refleja bien el estado de ánimo en el que el cartaginés debió estar antes de la decisiva batalla de Zama:

> Ya no reclaman mi vuelta con rodeos sino abiertamente los que ya antes querían forzar mi salida de aquí impidiendo el envío de refuerzos y dinero. Aníbal, pues, ha sido vencido no por el pueblo romano, tantas veces derrotado y puesto en fuga, sino por el senado cartaginés, con la calumnia y la envidia. Y con este vergonzoso retorno mío no se alegrará y ufanará tanto Publio Escipión como Hannón, que hundió nuestra casa con la ruina de Cartago, ya que por otro medio no fue capaz.

> Livio 30, 20, 3

TIEPOLO, Giovanni Battista. *Aníbal mirando la cabeza de Asdrúbal* (1725). Museo de Historia del Arte, Viena.

De hecho, algunos autores latinos como Cornelio Nepote, pro Aníbal, no tiene ningún reparo en atribuir la derrota de Cartago al clan de los Hannón.

LA INVASIÓN DE ÁFRICA. BATALLA DE ZAMA

Tu nombre es Servio Furio, segundo hijo de Tito Furio y de Julia Asinia. Tu hermano mayor, Tito Furio, murió en la trampa mortal del lago Trasimeno a la edad de veinte años, cuando tú sólo contabas cinco. Tu padre cayó heroicamente en el campo de batalla de Cannas al año siguiente. El infame Aníbal ultrajó a tu familia y destruyó vuestra humilde granja y cultivos, sucumbiendo tu madre y tú a la más terrible de las pobrezas. «Salve» a Fabio Máximo Cunctator que os compró la propiedad y os dejó vivir allí a cambio de parte de vuestro trabajo. Eres un soldado de la República de Roma porque te alistaste voluntariamente en el ejército del joven Escipión, Marte lo proteja e impida su derrota siempre, para buscar fortuna y gloria, y derrotar al monstruo que asoló vuestras tierras. Tu juventud unida a tu falta de recursos te obliga a encuadrarte en los *velites* del ejército proconsular de Publio Cornelio Escipión, formado en este mismo instante en la llanura de Zama. Frente a ti tienes una línea de ochenta gigantes grises que jamás en tu vida habías visto y que, pese a lo que te habían contado los veteranos de Trebia, Trasimeno y Cannas, junto a los que compartes fortuna, nunca pensaste que existieran de verdad. Tras los paquidermos, el ejército cartaginés, tres filas heterogéneas de malditos mercenarios, aguerridos combatientes cuyo único objetivo es matarte. El procónsul os ha levantado muy temprano, os habéis hidratado bien y desayunado mejor, aun así te encuentras en una extraña tensión, tus ojos miran al horizonte intentando abarcar la totalidad de la formación de las huestes enemigas, pero no puedes, es como si vieras una imagen al final de un túnel, la imaginación te hace creer que has distinguido al temible Aníbal, subido a un elefante, detrás de sus hombres, uno de sus ojos es una concavidad yerma tapada con un parche, el

279

general parece mirarte cual Polifemo amenazante, y su cuerpo es un curtido cuero oscuro cruzado por mil cicatrices. Está rodeado de sus veteranos de la invasión de Italia, a los que no necesita darles órdenes, sólo mirarlos. A tu alrededor tus compañeros alivian su estrés, algunos sollozando o rezando, otros se orinan o defecan encima y los más dispuestos se envalentonan dando ánimos al resto. Tus ojos son dos platos que ni siquiera la luz de la mañana consigue entrecerrarlos, tu cuerpo está a la vez rígido y tembloroso, es una palpitante masa muscular entrenada duramente por tu general para este momento, sudas y tienes frío al mismo tiempo, la mano que aprieta tu jabalina está roja por la presión ejercida. Te echas a un lado y vomitas sin poder evitarlo. Golpes secos, rítmicos y en composición acelerada martillean tus oídos, pero no sabes distinguir si son los latidos de tu corazón o los tambores de guerra del enemigo. Crees haber soñado hace unos minutos que el sol se ponía durante un espacio de tiempo indeterminado y luego volvía a lucir, como una broma o una bendición, no sabrías decir, de los dioses. De repente una nube de polvo se levanta en el horizonte y los bramidos de los elefantes se confunden con las trompetas del hades. Empieza a relajarse algo tu cuerpo y a dilatarse tus pupilas, en tu mente y en tus oídos resuena una palabra que es un coro a tu espalda y a tus costados, toda Roma está en esta batalla gritando, a la vez que sus espadas impactan contra sus escudos: ¡VENGANZA... VENGANZA... VENGANZA!

En el último tercio del año 206 un joven Publio Cornelio Escipión regresaba triunfante de su campaña en Hispania. Ya no quedaban cartagineses en la otrora Iberia púnica. Roma, el pueblo de Roma, ya tenía a su héroe, la vara de medir su grandeza estaba alta, muy alta, y se llamaba Aníbal. Sólo derrotando al gran general cartaginés el joven aristócrata se convertiría en un salvador de la patria por encima de sus iguales, emulando al mismísimo Alejandro Magno. Para enero de 205 a. C. el futuro *Africanus* presenta su candidatura a cónsul de la República romana. La intención de Escipión era meridianamente clara, la misma estrategia que utilizó anteriormente: llevarse fuera de Italia la guerra, esta vez a África. Inmediatamente tuvo enfrentada a toda la bancada conservadora, que no veía con buenos ojos desproteger Roma dándole un ejército consular para irse a África mientras siguiera en Italia Aníbal con sus veteranos. Bajo las protestas de Fabio Máximo y sus partidarios también se escondía la vergonzosa plasmación de su incompetencia frente a las victorias de un joven Cornelio, de mentalidad más abierta y orientalizante, que además amenazaba el puritanismo (*pietas*) y el tradicionalismo (*mos maiorum*) de las huestes más reaccionarias de la *nobilitas*.

El Senado estaba más que dispuesto a escuchar a Fabio Máximo, pero la apasionada defensa de su plan por parte de Publio así como el apoyo del pueblo a su flamante nuevo héroe hizo que la curia de la ciudad adoptase una decisión salomónica que quizás hubiera hecho sucumbir en sus ambiciones a alguien menos joven y menos decidido que el conquistador de Cartago Nova. Se decidió que Publio tendría mando en Sicilia con las dos legiones allí acantonadas, las legiones castigadas derrotadas en Cannas. Para ampliar su fuerza debería recurrir al pueblo que le aclamaba, es decir, ni un sestercio saldría de las arcas del estado para ayudar a Escipión en su invasión de África. Sin embargo como su popularidad era grande, sobre todo en las zonas más asoladas por Aníbal, Etruria y Umbría, en un breve plazo de tiempo consiguió hacerse con los medios necesarios para la construcción de treinta naves y el reclutamiento de siete mil voluntarios.

En esos precisos momentos el hermano de Aníbal, Magón, se encontraba acuartelado en las islas Baleares, e informado de las intenciones de Escipión de invadir África decidió salir rumbo a Italia desembarcando con catorce mil hombres y apoderándose de Génova, con la intención de sublevar a los galos de la zona tal y como hiciera su hermano en su invasión. Sin embargo los tiempos habían cambiado. Aníbal estaba lejos, en el Bruttium, imposibilitado para avanzar hacia su hermano. Además las tribus galas, tras el desastre del Metauro, se negaron a dar más apoyos a los cartagineses; al parecer tenían claro cuál era el actual rumbo de la guerra. Así y todo Magón intentó, sin hombres suficientes, atravesar Liguria en un desesperado intento de unirse a Aníbal, le fue imposible, e incluso cayó herido de gravedad.

Mientras esto tenía lugar en la Península, el cónsul trataba de poner orden en unas desorganizadas y desmoralizadas legiones en Sicilia. Escipión llevó tanto su experiencia en el mando en Hispania como a sus mejores segundos, a cuya cabeza estaba Cayo Lelio. Pese a estar en Sicilia y no tener mando en la Península asistió con sus hombres a la reconquista de la ciudad de Locri, que se había pasado al bando cartaginés. Logró disputarle la conquista del enclave al mismísimo Aníbal, primer encuentro entre ambos desde Cannas, donde Escipión sólo era un joven tribuno. Sin embargo dejó al mando de la plaza a su legado Quinto Pleminio, un incompetente que abusó inmisericordemente de los habitantes de Locri, que terminaron enviando una queja al Senado, que ni corto ni perezoso, y seguramente azuzado por Fabio Máximo, abrió una investigación contra Publio Cornelio. La curia decidió enviar una delegación antes de revocar el mando del cónsul, tal y como exigía el Cunctator. Dicha comisión se presentó en Sicilia a principios de 204 a. C. El joven cónsul había puesto en marcha todo un plan de re-adiestramiento de las tropas sicilianas durante el invierno previo. Tal fue el cambio que vieron los comisionados en las indisciplinadas tropas sicilianas que aconsejaron la inmediata invasión de África. No tuvieron que decírselo dos veces, aunque su segundo al mando y amigo Cayo Lelio ya había efectuado alguna incursión en la costa africana y había contactado con su aliado Masinisa (príncipe númida derrotado por el régulo Sífax y su hijo Vermina, aliados de los cartagineses, y obligado al destierro) el cual le insistía en la oportunidad del momento, con parte del ejército cartaginés en Italia y sin capacidad de hacer daño.

Terminado su consulado, Escipión embarcó a todo su ejército hacia África con mando como procónsul, desde el siciliano puerto de Lilibeo hasta el enclave púnico de Útica, donde se les unió Masinisa con su caballería númida. Las huestes romanas sitiaron la ciudad, pero tuvieron que retirarse ante la inmediata respuesta cartaginesa en una acción combinada entre la caballería númida del rey Sífax y las tropas púnicas de Asdrúbal Giscón, quién había entregado a su bella hija Sofonisba como esposa a Sífax, y de la cual Masinisa también estaba enamorado. El odio entre las dos caballerías númidas era a muerte. Las tropas de invasión tuvieron que fortificarse en un promontorio saliente que a partir de ese momento se denominó *gens Cornelia*. Los cartagineses dividieron su ejército en dos campamentos, uno púnico y otro númida, a unos pocos kilómetros del promontorio romano. Escipión, necesitado de tiempo para conocer bien el terreno que estaba pisando, decidió fingir una paz entre Roma y Cartago. Asdrúbal aceptó con la condición *quo ante bellum*, es decir, volver al *statu quo* anterior a la guerra, algo que evidentemente el romano no podía aceptar porque hubiera significado la pérdida de toda la conquista de Hispania, y esto también lo sabía Asdrúbal que, imaginamos, intentaba ganar tiempo para recibir refuerzos.

En la primavera del 203 a. C. Cayo Lelio y Masinisa atacaron con nocturnidad y alevosía el campamento númida incendiando sus estructuras de cañas y paja. El caos permitió una matanza de jinetes norteafricanos. Al mismo tiempo el propio Escipión se lanzaba contra el otro campamento, contra Asdrúbal, al que horas antes aún trataba de convencer de la conveniencia de un tratado de paz. Los romanos habían aprendido la lección que Aníbal les había dado en Italia en el juego de la trampa y el engaño. Escipión, pupilo superviviente de batallas como la de Cannas, se había convertido en maestro… y esperaba a Aníbal en su propia casa.

Un sorprendido Asdrúbal y un no menos desesperado Sífax volvieron a reunir los restos de sus ejércitos, a la vez que incorporaron mercenarios hispanos, y se enfrentaron al ejército del procónsul en la batalla de los Campos Magnos, al sudoeste de Útica, donde fueron derrotados. Asdrúbal volvió a Cartago y Sífax a Numidia, siendo perseguido por Lelio y Masinisa, que trataba de recuperar a su reino y a su amada. Consiguió ambas cosas tras la batalla de Cirta, desposándose con Sofonisba y evitando que los romanos la hicieran prisionera por haber compartido cama y objetivos con el enemigo.

Cartago había jugado sus cartas en África sin la ayuda de Aníbal, y había perdido. No le quedaba otro remedio que exigir la vuelta de su mejor general para la defensa de la urbe, para ello necesitaba ganar tiempo, así que mientras exigían la vuelta a sus generales en Italia, pidieron un nuevo tratado de paz a los romanos, que se firmó provisionalmente y en el que Cartago perdía todas sus posesiones fuera del continente además de reconocer al nuevo rey Masinisa. El tratado fue ratificado por el Senado y el pueblo de Roma, sin embargo un ataque

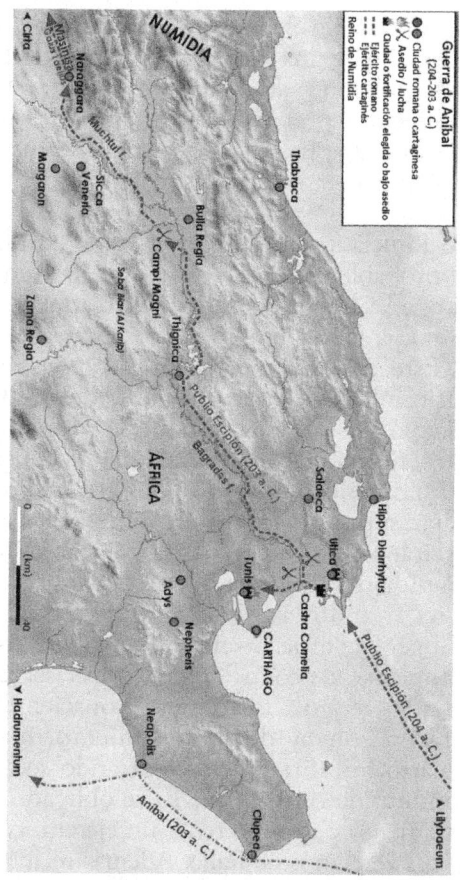

Invasión romana de África. En 204 a. C. Publio Cornelio Escipión pone rumbo al norte de África con las dos legiones malditas de Sicilia, excombatientes de las grandes derrotas contra Aníbal (Trebia, Trasimeno y sobre todo Cannas), además de con unos siete mil voluntarios itálicos, para poner en jaque a la todopoderosa Cartago y terminar la guerra. Fuente: Wikimedia Commons cartaginés a unas naves de provisiones romanas que se habían refugiado de una tormenta en Túnez deshizo otra falsa paz. Aníbal con todo su ejército y el de su hermano Magón (fallecido en el viaje) ya estaban de vuelta. La guerra se reanudaba. El Africano y Aníbal se enfrentarían en la batalla más decisiva de la antigüedad.

Aníbal inicia un movimiento hacia Numidia oriental con la probable intención de conseguir aumentar su caballería con las huestes del aliado de Cartago Vermina, hijo de Sífax, a la vez que intentaba poner en jaque a Masinisa. Este, sin embargo, se dirige con seis mil soldados y cuatro mil jinetes a las proximidades de Cartago, donde Escipión le espera para ponerse en marcha hacia el interior, en una clara búsqueda del enfrentamiento con un todavía no preparado Aníbal. Ambos ejércitos se hallan ahora próximos entre sí en la llanura de Zama. Escipión finge una retirada y el cartaginés envía una acometida de caballería que se saldará con victoria italiana, recortando las vitales monturas del ejército púnico. El general africano tiene que enfrentarse a otro terrible problema, desconocido en los dieciséis años que pasó en Italia, el agua. El romano, consciente de ello, emboscará un convoy de abastecimiento, matando a más de cuatro mil cartagineses y dejando seco al resto de los hombres de Aníbal, que se ve obligado a buscar el enfrentamiento pese a no tener un ejército compacto, salvo por sus veteranos de Italia. Además recibe la orden del Senado de Cartago de enfrentarse a Escipión, cuyo ejército sí dispone de abastecimiento de agua.

Con los dos contingentes acampados cerca se produce un verosímil encuentro entre ambos generales del que nos dan cuenta las fuentes, tanto Apiano como Polibio o Tito Livio coinciden en lo esencial de la entrevista: fue a iniciativa de Aníbal (quizá para ganar tiempo) y junto a los generales había traductores, aunque estos no hacían falta ya que ambos hablaban griego a la perfección. Según parece fue un encuentro altamente educado entre ambos. El bárcida hizo saber a Escipión que deseaba un acuerdo de paz y el romano le exigía una rendición sin condiciones, algo a lo que el cartaginés no podía ni quería someterse, con lo que de haber sido real la reunión es posible que la intención fuera la de verse las caras y estudiarse el uno al otro, sin descartar cierta admiración mutua.

La ubicación del campamento cartaginés en la llanura de Zama era una trampa sin agua que sólo dejaba una opción. Al estar una colina próxima justo detrás del ejército romano que mantiene intacto su acceso a la hidratación, obliga a los soldados africanos a fortificarse fuertemente y a estar cavando durante toda la noche para tener pozos desde los que aguar al contingente lo mínimo imprescindible. El Africano desplegará a su ejército en orden de batalla frente al campamento cartaginés a la mañana siguiente, el 19 de octubre del año 202 antes de Cristo.

El contingente itálico lo conforman dos legiones de veinticinco mil hombres, mil quinientas monturas itálicas, los númidas de Masinisa (6.000 infantes y 4.000 jinetes) más otros mil seiscientos efectivos de caballería de Decamas. La distribución es la clásica romana, con los *velites* en primera línea y tras ellos otras tres líneas con los manípulos en formación de tablero de ajedrez, lo que permitirá articular una estrategia contra los temibles elefantes de guerra de Aníbal. La primera línea tras los *velites* la forman los *hastatii*, la segunda los *princeps*, y la tercera los veteranos *triarii*. El ala derecha romana la dirigirá Lelio y la izquierda Cneo Octavio, la caballería númida se dividirá en las dos alas de la formación, una parte, la diestra, al mando del propio Masinisa, y la otra con Decamas. Tras toda la formación se encuentra el mismísimo Escipión con la caballería italo-romana de reserva.

Enfrente Aníbal formará a su ejército con ochenta paquidermos entrenados para el combate, tras los que estarán las tropas de su malogrado hermano Magón, ligures, baleares, galos y mauros, los primeros en entrar en combate. La segunda línea la aguantaría un contingente de africanos, macedonios enviados por Filipo y cartagineses, para cerrar la formación con una fila de fieles brucios traídos de Italia. Aníbal, con una pequeña reserva de caballería, estaría detrás de todo, igual que Escipión. Los efectivos totales del bando púnico rondarían los cuarenta mil hombres y unos cuatro mil jinetes, además de los ochenta elefantes.

Con los dos ejércitos formados uno frente al otro se produce un eclipse de sol que muchos legionarios interpretarán como una señal divina de la futura victoria. Los dioses están con el procónsul, o el romano está bien informado por sus sabios de lo que esa mañana los astros podían deparar.

Aníbal inicia la batalla lanzando a sus elefantes contra el enemigo, los jóvenes *velites* romanos aprietan sus jabalinas mientras el suelo tiembla a sus pies. Sin embargo, África no es Italia, los caballos númidas de Masinisa y de Decamas conocen bien a los elefantes y están acostumbrados a su olor, no huyen, y lo aprovechan para desde las alas hostigar a las bestias con armas arrojadizas. A su vez la estructura en tablero de ajedrez de los romanos permite a la caballería de reserva acercarse y lanzar las jabalinas a los elefantes y retirarse otra vez; muchos paquidermos entran en pánico y se revuelven contra su propio ejército, mientras que otros ven una vía de escape en los pasillos dejados en la formación romana y

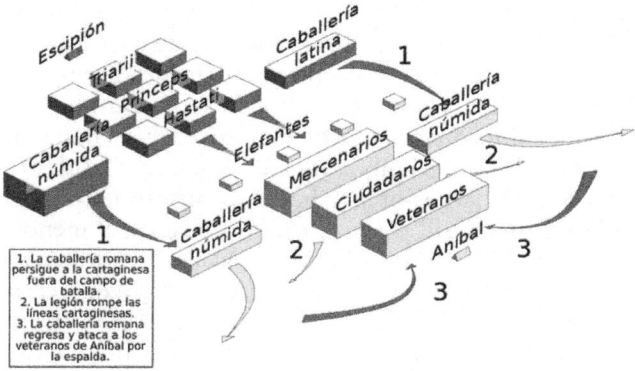

1. La caballería romana persigue a la cartaginesa fuera del campo de batalla.
2. La legión rompe las líneas cartaginesas.
3. La caballería romana regresa y ataca a los veteranos de Aníbal por la espalda.

La batalla de Zama. Aquí podemos estudiar la disposición de ambos ejércitos antes de la batalla, y cómo una vez que la caballería romana pone fuera de juego a la cartaginesa, regresa y sorprende a Aníbal por la retaguardia, obligándole a la rendición total. Fuente: Wikimedia Commons

una vez dentro son alanceados desde todos los frentes. El temible efecto destructor de la caballería pesada africana ha sido neutralizado y en el caos subsiguiente la caballería númida de Masinisa aprovecha para atacar ambas alas de la caballería africana, y con la ayuda de Lelio al frente de las monturas romanas de reserva consiguen poner en fuga a los jinetes africanos y neutralizar el elemento más mortífero de los ejércitos anibálicos, su caballería, tal y como hiciera el legendario Alejandro Magno en la batalla de Gaugamela contra los persas de Darío III.

Los *velites* supervivientes del primer choque contra los elefantes se retiran detrás de la formación y la línea de los *hastatii* carga contra la primera fila de soldados púnicos, haciéndoles retroceder; sin embargo celtas, ligures, mauros y baleares no reciben el apoyo de los soldados africanos de la segunda línea de batalla africana, sino que son empujados, entrando en pánico e intentando buscar una salida hacia los laterales. Es evidente que Aníbal no podía ofrecerle al inteligente Escipión la misma estrategia que utilizara en Cannas, un ejército en formación convexa que fuera retrocediendo hasta una forma cóncava que embolsara a las legiones y las destruyera. Sin embargo intenta hacer lo mismo pero engañando al procónsul y a sus propios soldados, al menos a los que pertenecían a su hermano Magón. La intención del cartaginés es que estos combatientes formaran en las alas ampliando el frente de batalla y encerrando en una forma cóncava, otra vez, a los romanos. Escipión se dará cuenta de la táctica inmediatamente, haciendo retroceder a los *hastatii* y reagrupándolos en el centro a la vez que ampliaba las alas de su formación con la incorporación de los *princeps*, evitando así el temible flanqueo de sus tropas que estaba intentando Aníbal.

Otro terrible choque de tropas se produce contra la segunda línea cartaginesa. Se impone la superioridad de la formación romana que hace retroceder a los africanos, macedonios y cartagineses, y el general púnico vuelve a ordenar a sus fieles brucios que repelan a sus propios soldados de la segunda línea, intentando envolver a los romanos una vez más. Escipión, otra vez percatado de la insistencia del cartaginés, replegará en el centro a *hastatii* y a *princeps* y reforzará las alas ampliando el frente con los *triarii*, que entran así en batalla. La batalla se condensa en este momento clave en el que la caballería romana y númida que había puesto en fuga a las monturas púnicas regresa para decantar la balanza del enfrentamiento. Se produce una masacre en el ejército cartaginés. Aníbal, consciente de la derrota, ordena a sus fieles hombres, veteranos de Italia, muchos de ellos amigos personales desde que cruzara los Alpes e incluso puede que desde la toma de Sagunto, que se rindan para salvar sus vidas.

La batalla de Zama (1567), ilustración de Cornelis Cort. Fuente: Wikimedia Commons

Aníbal huirá a Hadrumetum por miedo a que sus propios soldados menos fieles intenten entregarlo al enemigo.

Las bajas reflejan, de manera inversamente proporcional a lo que ocurriera en las grandes batallas de Aníbal en Italia, la superioridad de Publio Cornelio Escipión *Africanus*. Unos veinte mil efectivos de Aníbal habrían sido muertos y otros tanto hechos prisioneros, un desastre de unos cuarenta mil hombres. Los veteranos de Aníbal constituirían el grueso de las tropas que se rinden y también de las que huyen. Las bajas en el lado romano no llegarían a diez mil efectivos según las fuentes.

La capacidad estratégica de Aníbal tras el estudio de la batalla de Zama se nos antoja intacta. El intento de sorprender a los romanos volviéndolos a embolsar como hiciera en Cannas pero sin ofrecer una formación similar que lo delatara y utilizando la propia huida de su primera línea de combate es una genialidad. Sin embargo, ya no tenía enfrente a un estúpido Sempronio o a un impulsivo Varrón o a un capaz Flaminio pero sin la misma altura intelectual. Se encontraba con un igual combatiéndole, más joven y que no le subestimaría por muchas trampas que le pusiera en el camino, además de la clara ventaja que Escipión supo buscar frente a la caballería púnica, determinante en las grandes batallas, y a la que anuló magistralmente. Los romanos habían aprendido bien la lección y cómo enfrentarse a un disciplinado ejército de corte helenístico con preeminencia de la caballería que tantos estragos había causado en suelo itálico. Aníbal fue superado por lo más parecido a un alumno aventajado, un Publio Cornelio Escipión superviviente de Cannas y conquistador de Hispania, invicto, y apodado a partir de ahora, por primera vez en la historia de Roma, *Africanus*.

EL FINAL DE LA GUERRA, EL ANTICLÍMAX DE LOS HÉROES

Durante las saturnales de 202 a. C. Escipión acabará además con Vermina y su caballería definitivamente, matando a más de quince mil hombres, aunque el príncipe destronado logra huir. Escipión despachará a Roma una flota con todo el botín de guerra y trasladará su cuartel general a Túnez, recibiendo allí a la embajada cartaginesa. Escipión forzó un tratado de paz que el mismísimo Aníbal defendió en el Senado de Cartago. Los púnicos perdían todo su imperio no africano, se le privaba del derecho a ir a la guerra sin el permiso de Roma, fuera contra quién fuera. Masinisa quedaba definitivamente restituido como único rey de Numidia y felizmente desposado con Sofonisba como si los dioses le hubieran ofrecido todos sus deseos al más puro estilo de un cuento de

DEVOSGE, Anatole. *La muerte de Sofonisba* (s. XIX). Museo Magnin, Dijon. Ante la humillación de verse paseada como prisionera en el triunfo de Escipión el Africano en Roma, Sofonisba toma un veneno para acabar dignamente con su vida.

las mil y una noches, pero los dioses a veces dan tanto como quitan, ya que al poco tiempo Escipión exigiría a Sofonisba para su triunfo en Roma; un veneno evitaría la humillación. Además Cartago quedaba obligada a devolver a todos los prisioneros y/o desertores de la guerra, entregar todas sus naves y elefantes, menos diez trirremes, soportar el mantenimiento de las tropas romanas en África durante tres meses y al pago de una indemnización de diez mil talentos en cincuenta años, a razón de doscientos anuales. Para asegurarse el cumplimiento de las duras condiciones el propio Escipión seleccionaría a cien rehenes de la nobleza cartaginesa.

Pese a la dureza de las condiciones, Cartago mantenía su independencia como ciudad-estado. Quizá este fuera el motivo de la rápida asunción por parte de Aníbal de la firma del tratado, ya que seguramente estaba pensando en rehacerse y volver a ofrecer lucha a los romanos en cuanto pudiera, algo que no podría hacer si su ciudad fuera destruida totalmente.

¿Cuáles fueron las causas de la derrota de Cartago en la Segunda Guerra Púnica? Si obviamos las causas inmediatas como la derrota en el Metauro o Zama, la falta de ayuda de Cartago a Aníbal, su incapacidad en la ciencia de la poliorcética, o la figura determinante de Escipión, y nos vamos a las causas profundas y maximalistas del análisis, podemos afirmar que el modelo colonial y comercial cartaginés chocó con el modelo estatal republicano y confederado de la península itálica. Efectivamente, Aníbal entendía como algo lógico que los pueblos sometidos por Roma en Italia se rebelaran contra esta ante la posibilidad de que fuera destruida por los cartagineses. Y así fue en las zonas en las que Roma prácticamente acababa de imponerse, como en la Galia, o en algunas ciudades helenas de la Magna Grecia. Sin embargo con lo que Aníbal no contó es con la romanización, es decir, la asimilación cultural, política, jurídica, social y económica que Roma hace de gran parte de la península itálica. La ciudad eterna a finales del siglo III a. C. no era sólo una ciudad-estado, sino mucho más, lo que le permitió el lujo de perder una gran cantidad de soldados en Trebia, Trasimeno y Cannas, ya que a cada legión perdida la federación creada durante siglos le permitía colocar otra legión más para hacer frente al enemigo, siendo sólo cuestión de tiempo que apareciera un general igual de capaz que Aníbal. Mientras que esto mismo era imposible en Cartago.

En la península itálica las ciudades que se habían confabulado con el enemigo fueron terriblemente castigadas, siendo la Italia central la más fiel a Roma sufrió mucho menos, aunque toda Italia había quedado agotada por la guerra y muchos campesinos se vieron obligados a vender sus propiedades, destrozadas por el paso de Aníbal, a grandes terratenientes, debilitando la economía de pequeños propietarios y creando una gran bolsa de pobreza que dará lugar, durante los siglos II y I a. C., a las conocidas como guerras civiles, así como a la reforma del ejército que hizo Mario y que sirvió como canalización de esa bolsa de pobreza que ahora sí podía engrosar las filas de las legiones, haciendo de las mismas un ejército profesional. Roma tras la Segunda Guerra Púnica se alzaba con una voz única y potente en todo el Mediterráneo, donde difícilmente nadie podría hacerle frente con posibilidades de derrotarla.

Cuando Plutarco escribió su obra *Vidas paralelas*, y emparejó a Epaminondas con Escipión, se equivocó terriblemente, ya que al Africano con quién tendría que haberlo emparejado sin duda alguna hubiera sido con su enemigo, Aníbal, con el que tenía más cosas en común que con la mayoría de sus iguales en Roma o en Grecia.

Tras Zama a lo mejor pudiéramos pensar en un Aníbal destruido moralmente y retirado, y en un Escipión glorioso y ovacionado durante el resto de su vida en Roma. Nada más lejos de la realidad. Ambos sufrirían la traición de sus ciudades y conciudadanos de manera muy amarga y casi trágicamente paralela. En el 196 a. C. Aníbal sería sufeta de Cartago, máxima magistratura de la ciudad, desarrollando una intensa labor reformista que empezaba a dar sus frutos, quizá con la intención de recuperar el poder económico y el orgullo suficientes para volver a enfrentarse a los romanos. Los enemigos del cartaginés, esto es, el clan de los Hannón y Giscón, convencieron a los romanos de que posiblemente Aníbal estaba urdiendo una nueva guerra contra Roma en alianza con Antíoco III. Esta circunstancia provocó la huida desesperada de Aníbal, que ya se veía preso y encadenado sirviendo de espectáculo en un triunfo de Roma. Sus posesiones en Cartago fueron confiscadas y arrasadas, pese a que el mismísimo Escipión se opuso a ello.

Aníbal pasó al servicio de Antíoco III como almirante, pero sin éxito, ya que evidentemente no era un general de marina. Tras la derrota de los ejércitos de Antíoco III en la batalla de Magnesia (en la que no dejó participar a Aníbal), donde los romanos, al mando del hermano de Publio Cornelio Escipión, Lucio (Publio tampoco pudo estar en la batalla por encontrarse gravemente enfermo en el campamento, aunque según parece sí influyó mucho con su consejo en su hermano) derrotaron a los seléucidas, Aníbal tuvo que volver a exiliarse, y tras su corto paso por la isla de Creta se refugió en la corte del rey de Bitinia, Prusias. Sin embargo, acosado e intimidado el reino de Bitinia para la entrega de Aníbal, este decidió suicidarse en su casa a la edad de sesenta y cinco años (183 a. C.), antes que darle el placer a los romanos de apresarlo con vida.

El Africano tuvo su espectacular triunfo en Roma tras la paz con Cartago. En el 199 a. C. fue nombrado *princeps senatus*, el gran honor de ser el primero de la lista de la curia. También se le había dado el prestigioso cargo, culmen de todo el *cursus honorum*, de censor. En el año 193 a. C. lo vemos como embajador en Cartago, seguramente para evitar una alianza entre los partidarios de los bárcidas y los seléucidas que planteaban la guerra a Roma. Tras la batalla de Magnesia Escipión se vio sacudido en Roma por una serie de acusaciones de malversación de fondos públicos, así como de connivencia con el enemigo para rescatar a su hijo, prisionero de Antíoco III. Ataques dirigidos y orquestados desde el bando conservador

Caricatura del siglo XIX que representa la muerte por envenenamiento de Aníbal (1850), de John Leech. Aníbal, al igual que hiciera Sofonisba, no soportaba la idea de estar prisionero en Roma y ser paseado como un trofeo y ejecutado públicamente, por ello ante el inminente apresamiento en su casa de Bitinia, decide tomar un veneno que dé paz a los romanos. Fuente: Wikimedia Commons

encabezado por Marco Porcio Catón, que lanzó las acusaciones en el aniversario de la batalla de Zama. Todos estos infortunios y persecuciones en su propia ciudad le amargaron profundamente, y si Aníbal se vio obligado al destierro, Escipión acudió al mismo voluntariamente, retirándose a su villa en Literno (Campania) donde moriría sin querer ser enterrado en Roma, a la edad de 53 años, en 183 a. C., con apenas unos meses de diferencia con la muerte de Aníbal.

Queremos recordar, no obstante, el final de Aníbal y Escipión no como un anticlímax triste e ingrato con quién lo dio todo por su patria, sino a través de las palabras de Apiano (Siria, 10), en un texto catalogado por los historiadores modernos como apócrifo, pero que también atestigua Tito Livio, y que nos sitúa un curioso encuentro entre el cartaginés vencedor de Cannas y el romano vencedor de Zama en unas termas de la ciudad de Éfeso:

> Se cuenta que, entre estas conversaciones habidas en el gimnasio, tuvo lugar una, en cierta ocasión, entre Escipión y Aníbal acerca del generalato, con gran número de asistentes, y que, al preguntar Escipión a Aníbal quién le parecía a él que había sido el mejor general, este le respondió: «Alejandro el Macedonio». Escipión no opuso reparos a este nombre... pero volvió a preguntar, de nuevo, quién ocupaba el segundo lugar después de Alejandro, y Aníbal respondió: «Pirro el epirota» [...] Escipión estaba ya más picado, pero, no obstante, volvió a preguntarle, una vez más, a quién le daría el tercer lugar, pues estaba de todo punto confiado en obtenerlo. Sin embargo Aníbal respondió: «A mí mismo» [...] Cuando Escipión se dio cuenta de que se excedía en su autoalabanza, dijo sonriente: «¿Dónde te habrías colocado, Aníbal, de no haber sido vencido por mí?». Y este, al percatarse ya de su envidia, le dijo: «De seguro que me habría puesto antes que Alejandro...». De este modo Aníbal persistió en su autoelogio y aduló a Escipión de forma subrepticia por la sugerencia de que había vencido a quien era mejor que Alejandro.

Epílogo

CARTHAGO DELENDA EST

En el año 157 a. C. el ya viejo censor, Marco Porcio Catón, formó parte de la delegación que visitó Cartago para mediar en una disputa territorial entre la urbe y el reino de Numidia, y quedó horrorizado ante la riqueza y el esplendor que mostraba la otrora mortal enemiga de la República de Roma. ¿Qué había pasado?

Tras la batalla de Zama, como hemos visto, se firmó una rendición en la que los púnicos, entre otras humillaciones, quedaban impedidos para formar un ejército. Así que quedando libres del enorme dispendio que supone el mantenimiento de tropas regulares para una ciudad, dedicaron todo su esfuerzo e ingresos al florecimiento económico. El viejo censor quedó tan conmocionado que enseguida conectó la supervivencia de Roma a la destrucción de Cartago y a partir de ese momento todas sus intervenciones en el Senado las finalizaría con una frase, que aunque haya pasado a la historia, no sabemos exactamente cómo era por la contradicción de las diversas fuentes antiguas, o bien cómo la hemos puesto en el título de este epílogo o bien en su versión latina más larga: *Ceterum censeo Carthaginem esse delendam* «Más aún, yo aconsejo que Cartago debe ser destruida».

¿Estaba equivocado Catón? Podemos hacer un ejercicio de historia ficción e imaginar qué hubiera pasado si Cartago hubiera seguido haciéndose rica y poderosa, ¿habría peligrado Roma? Creemos que no, que Catón exageraba, ya que era muy dado a las hipérboles en todas las facetas de su vida y esta no iba a ser menos. Pensamos que Roma era imparable y que no tenía ya en todo el Mediterráneo rival alguno, salvo a sí misma, como de hecho así fue. Sin embargo sí que existen ejemplos a lo largo de la historia, paralelos que pueden hacernos pensar que el miedo del amigo del conservador Fabio Máximo no era del todo infundado ni irracional. Existe un país que tras el Renacimiento y debido a su aislamiento geográfico, por su condición de isla, no tuvo que dedicar inmensas fortunas de su tesoro ni pedir prestado para contener sus fronteras, como sí tuvieron que hacer los países europeos continentales, como España. Estamos hablando de Inglaterra, que pudo dedicarse e invertir en comercio, convirtiéndose en un próspero y emergente nuevo imperio. Así que, aunque de manera exagerada, nuestro amigo conservador Catón algo de razón sí tenía. Y le hicieron caso.

También puede ayudar el hecho de que Catón y la facción conservadora y latifundista a la que representaba vieran y estuvieran constatando ya el hecho de que Cartago era un fuerte rival económico para sus negocios, y que una vez destruida estos irían viento en popa. Además de la propia inercia del funcionamiento de la república, que le hacía dependiente de estar buscando nuevas tierras, tanto para expandir los cultivos que dieran de comer a la plebe como para quitarse de encima el excedente de población. Y la zona fértil alrededor del actual Túnez era perfecta. Como ya dijimos, el freno a la expansión romana fue en un gran porcentaje la escasez de tierras fértiles en el máximo apogeo de crecimiento del imperio.

No hemos querido hablar de la tercera guerra púnica como tal, ya que consideramos que es la historia de la destrucción y aniquilación de una ciudad, nada más. Así fue, en el año 151 a. C., Masinisa, el viejo rey de Numidia, amigo de Escipión, decide atacar territorio púnico. Cartago sufrió la afrenta cambiando de gobierno hacia otro más proclive a defenderse haciendo caso omiso a los tratados con Roma. No obstante, la pequeña aventura militar contra Masinisa terminó en desastre y Cartago se vio obligada a pagar otra indemnización, ahora a Numidia. De hecho, acababan de terminar de pagar la indemnización de la Segunda Guerra Púnica, lo que les sirvió de excusa para defenderse militarmente otra vez, algo que sirvió de excusa también a Roma para volver a declararles la guerra. El partido más a favor de la paz tomó otra vez el control condenando a muerte a los líderes del partido militarista. Roma había conseguido desestabilizar a la nueva próspera Cartago, y no iba a parar ahí.

Una vez declarada la guerra el horror se desató en Cartago, que inmediatamente se rindió incondicional-mente: entregaron trescientos niños hijos de la nobleza púnica a los romanos como prisioneros en señal de sumi-sión y además aceptaron cualquier orden que viniera de un cónsul romano asentado en suelo africano. Los romanos sólo tenían ya una idea fija en la cabeza, destruir Cartago para siempre, así que desembarcaron en Útica con un contingente de ochenta mil legionarios, Cartago a petición de los cónsules les entregó toda su flota, armas de asedio y doscientos mil equipos individuales para soldados. Como hacían cualquier cosa que Roma exigiera, se decidió exigir algo imposible, a saber, que se destruyera la ciudad y esta se emplazase unos ochenta estadios (15,4 kilómetros) tierra adentro, es decir la destrucción de toda identidad cultural y la imposibilidad de tener salida al mar para seguir comerciando. Cartago decidió morir luchando antes que inmolarse voluntariamente. Estas exigencias descritas en las fuentes se nos antojan sospechosamente parecidas a las que Aníbal hizo a Sagunto para su rendición antes de tomar violentamente la ciudad.

El pueblo de Cartago se puso a fabricar armas día y noche así como máquinas nuevas de guerra; todos los ciudadanos se disponían a defender hasta la muerte su ciudad. Cuando los romanos llegaron para poner asedio al bastión púnico se encontraron que, pese a haber requisado todo equipamiento de guerra, Cartago estaba otra vez lista para la lucha. Asdrúbal el Beotarca se encargaría de la defensa. Durante el primer asalto romano todos los prisioneros latinos que cayeron en sus manos fueron crucificados como ejemplo de la nueva determinación y orgullo de los africanos.

El asedio a la ciudad se prolongó durante dos años más en los que Cartago pudo seguir sus actividades comerciales marítimas gracias a sus poderosas fortificaciones y a la capacidad de sus generales para asegurar las vías de aprovisionamiento y salida. Al mismo tiempo el campamento romano iba relajando la moral hasta el punto de convertirse en una auténtica ciudad del placer con acceso a prostitutas, comerciantes (no descartamos que muchos de ellos cartagineses), juego y un largo etc., donde el término disciplina militar comenzaba a ser desconocido para los legionarios.

La curia romana estaba consternada por lo que pasaba en África, donde el conquistador estaba siendo conquistado a través de los placeres ofrecidos en la tierra del enemigo. Así que decidieron nombrar al nieto de Escipión el Africano, Publio Cornelio Escipión Emiliano, nuevo cónsul y comandante supremo del ejército en África en el año 147 a. C. Sus acertadas decisiones no se hicieron esperar: como Masinisa había muerto un año antes el nuevo cónsul, ante la posibilidad de una guerra civil en Numidia, decidió dividir el territorio entre sus tres herederos, y todos contentos. Expulsó a todo civil del campamento romano, sobre todo a prostitutas y a comerciantes, e impuso una terrible disciplina militar.

En poco tiempo los romanos estaban en condiciones de plantar cara al ejército de Asdrúbal, y así lo hicieron, derrotándole y consiguiendo el aislamiento terrestre total de la ciudad. Al mismo tiempo la flota romana cercó el golfo de Túnez aislando, de esta forma, cualquier posibilidad de entrada o salida por mar. Cartago estaba completa y definitivamente atrapada. La escasez de alimentos provocó la proliferación de epidemias causando verdaderas mortandades dentro de la ciudad. En menos de una año la debilidad púnica era tal que en la primavera de 146 a. C. un contingente de legionarios penetró por el puerto y abrió una brecha en un lienzo de muralla con la ayuda de un ariete, y apoyados además con escalas y una torre de asalto entraron y redujeron la fuerte resistencia de los exhaustos habitantes de la ciudad. Tras los muros calló el ágora sin encontrar, prácticamente, resistencia alguna. De allí intentaron tomar el resto de la urbe donde sí tuvieron que ir vivienda por vivienda asesinando a todos los habitantes que se defendían con todo lo que tenían a su alcance. Seis días y seis noches de terribles enfrentamientos calle a calle, puerta a puerta para poder llegar al corazón de la ciudad, la

VANDERLYN, John. *Mario ante las ruinas de Cartago* (1807). M. H.
Young Memorial Museum, San Francisco (EE. UU.). Durante la
guerra civil entre Mario y Sila, a principios del siglo I a. C., Cayo
Mario buscó refugio en el norte de África. Ante la exigencia del
pretor Sextilio de que saliera de su territorio, Mario contestó: «Di
a Sextilio que has visto a Mario sentado en las ruinas de Cartago».
Frase que inspiró esta obra. Fuente: Wikimedia Commons

ciudadela fortificada de Birsa, en una colina escarpada
en el centro de Cartago. Se iba matando, destruyendo
y saqueando a la vez. Asdrúbal, aún con vida, dirigió la
defensa de los últimos cincuenta mil cartagineses refu-
giados en el templo de Eshmún (el Esculapio romano),
desde donde acabaron rogando a Escipión por sus vidas.
La mujer de Asdrúbal, sin poder soportar la rendición
de su ciudad a los romanos, se arrojó al fuego con estas

palabras: «vosotros, que nos habéis destruido a fuego, a fuego también seréis destruidos», algunos autores incluso hablan de que acuchilló a sus hijos y los lanzó al fuego con ella. Se cuenta que el mismísimo Escipión Emiliano rompió en llanto mientras recitaba la *Ilíada*.

La esclavitud a cambio de la vida fue la recompensa de los supervivientes. Aunque Catón no vivió para ver destruida Cartago (murió en el 149 a. C.) sus seguidores sí consiguieron imponer su voluntad y la ciudad, que aunque en estado ruinoso seguía en pie, fue reducida hasta los cimientos, se pasó un arado durante diecisiete días seguidos y los surcos se rellenaron de sal para que nada volviese a crecer allí, todo en contra de la opinión de Escipión Emiliano.

Todas las posesiones de Cartago pasaron a engrosar la nueva provincia de África, y parte de esos territorios fueron cedidos a los herederos de Masinisa como premio por su lealtad y ayuda durante la guerra.

Bibliografía

ABAD CASAL, Lorenzo. *Benalúa, Tossal de Manises y el emplazamiento de la ciudad de Lucentum LQNT, patrimonio cultural de la ciudad de Alicante.* Alicante: Ayuntamiento de Alicant, 1993.

—, *L'Alcúdia d'Elx. Un paseo por la historia y el entorno.* Alicante: Publicaciones Universidad de Alicante, 2016.

APIANO. *Historia Romana* (Sancho Royo, Antonio, trad. y notas). Madrid: Biblioteca Clásica Gredos, 1980.

BIELER, Ludwig. *Historia de la literatura romana.* Madrid: Gredos, 1992.

BENDALA, Manuel (ed.). *Fragor Hannibalis. Aníbal en Hispania.* Madrid: Museo Arqueológico Regional, 2013.

Blázquez Martínez, José María. *Las guerras en Hispania y su importancia para la carrera militar de Aníbal, de Escipión el Africano, de Mario, de Cn. Pompeyo, de Sertorio, de Afranio, de Terencio Varrón, de Julio César y de Augusto.* En: Gabinete de Antigüedades de la Real Academia de la Historia, http://www.rah.es/gabineteAntiguedades.htm

Faulkner, Neil. *De los neandertales a los neoliberales. Una historia marxista del mundo.* Barcelona: Pasado & Presente, 2013

Frontino. *Stratagems.* (García Valdés, M., trad. y notas) Madrid: Biblioteca Clásica Gredos, 1988.

Quesada Sanz, Fernando. «Aníbal Barca y Publio Cornelio Escipión el Africano: vidas divergentes, muertes paralelas». En: García Romero, Fernando y Moreno Hernández, Antonio (eds.). *Enemistades Peligrosas.* Madrid: Universidad Autónoma de Madrid, 2013.

Justino. *Epítome de las Historias Filípicas de Trogo Pompeyo* (Castro Sánchez, J., trad. y notas). Madrid: Biblioteca Clásica Gredos, 1995.

Kovaliov, Serguéi I. *Historia de Roma* (ed. rev. y amp. por Domingo Plácido). Madrid: Akal/Básica de bolsillo, 2011.

López Gregoris, Rosario. «La toma de Sagunto: Polibio y Fabio Píctor». En: *POLIS, Revista de ideas y formas políticas de la Antigüedad Clásica* 8 (Universidad Autónoma de Madrid), 1996: 207-231.

Martínez-Pinna, Javier. «La Segunda Guerra Púnica en España». En: *Vive la Historia*, 2015; n.º 20: 90-94.

Mira Guardiola, M. A. *Cartago contra Roma*. Cuenca: Aldebarán, 2008.

Peña, Diego y Martínez-Pinna, Javier. «Los Graco, orígenes de una revolución». En: *Vive la historia*, 2015; n.º 21: 67-71.

—, «Sertorius, guerra en Hispania». En: *Vive la historia*, 2016; n.º 27: 82-87.

Polibio. *Historias* (Villar, J. A. y Balasch, M., trad. y notas). Madrid: Biblioteca Clásica Gredos, 1981.

Martínez López, Enrique Javier. «El tratado de Asdrúbal: firma, vigencia, muerte, torcimiento y metamorfosis». En: *Separata del Boletín Anual del Centro Arqueológico Saguntino*, 2013; ARSE, n.º 47: 43-101.

Mommsen, Theodor. *Historia de Roma*. Madrid: Turner, 1983.

Nepote, Cornelio. *Vidas* (Segura Moreno, Manuel, trad. y notas). Madrid: Biblioteca Clásica Gredos, 1985.

Quesada Sanz, Fernando. «Aníbal, *strategos* carismático, y los ejércitos de Cartago». En Bendala, M. (ed.). *Fragor Hannibalis. Aníbal en Hispania*. Madrid: Museo Arqueológico Regional, 2013

Roldán, J. Manuel. *Historia de Roma I. La República Romana*. Madrid: Cátedra Historia, 1995.

Romeo Marugán, Francisco y Garay Toboso, Juan Ignacio. «El asedio y toma de Sagunto según Tito Livio XXI. Comentarios sobre aspectos técnicos y estratégicos». En: *Gerión*, 1995; n.º 13: 241-274.

Villalba, J. Carlos. *Plauto y el Miles Gloriosus, (una comedia romana estrenada en el año 205 a. C.).* Zaragoza: Departamento de Latín IES Pedro de Luna, 2013.

Tito Livio. *Historia de Roma desde su fundación* (Villar, J. A., trad. y notas). Madrid: Biblioteca Clásica Gredos, 1993.

Webs

Batallas de la Segunda Guerra Púnica
https://2gpu.wordpress.com/

La Segunda Guerra Púnica. Aníbal
http://www.historia-roma.com/09-segunda-guerra-punica-anibal.php

Historias y Biografías HB, «Segunda Guerra Púnica Causas Consecuencias Batallas Cartago Roma»
http://historiaybiografias.com/roma_antigua91/

Atlas histórico del Mediterráneo. La Segunda Guerra Púnica
http://explorethemed.com/Punic2Es.asp?c=1

- *Breve historia de la Corona de Castilla*, José Ignacio Ortega
- *Breve historia de entreguerras*, Óscar Sainz de la Maza
- *Breve historia de los godos*, Fermín Miranda
- *Breve historia de la Cosa Nostra*, Fernando Bermejo
- *Breve historia de la batalla de Lepanto*, Luis E. Íñigo Fernández
- *Breve historia del mundo*, Luis E. Íñigo Fernández
- *Breve historia de los dirigibles*, Carlos Lázaro
- *Breve historia del Románico*, Carlos Javier Taranilla
- *Breve historia de la Literatura española*, Alberto de Frutos
- *Breve historia de Cervantes*, José Miguel Cabañas
- *Breve historia de la Gestapo*, Sharon Vilches
- *Breve historia de los celtas (nueva edición)*, Manuel Velasco
- *Breve historia de la arquitectura*, Teresa García Vintimilla
- *Breve historia de la guerra de los Balcanes*, Eladio Romero e Iván Romero

PRÓXIMAMENTE...

- *Breve historia del África subsahariana*, Eric García Moral
- *Breve historia del Gótico*, Carlos Javier Taranilla de la Varga

Made in the USA
Monee, IL
07 July 2026